U0897773

财经易文

www.ewinbook.com

向格雷厄姆学思考
向巴菲特学投资

[美] 克尼厄姆／著　　王　庆　徐　隽／译

How to think Like Benjamin Graham and invest Like Warren Buffett

中国财政经济出版社

图书在版编目(CIP)数据
向格雷厄姆学思考,向巴菲特学投资/(美)克尼厄姆著;王庆、徐隽译.—2版.
—北京:中国财政经济出版社,2005.1(2007.9重印)
书名原文:How to think Like Benjamin Graham and invest Like Warren Buffett
ISBN 978-7-5005-7738-6
Ⅰ.向... Ⅱ.①克... ②王... Ⅲ.投资-研究 Ⅳ.F837.124.8
中国版本图书馆CIP数据核字(2004)第119600号
著作权合同登记号:图字01-2001-3073号

by L. Cunningham
How to think Like Benjamin Graham and invest Like Warren Buffett
ISBN 0-07-1369929

中国财政经济出版社 出版
URL:http://www.cfeph.cn
E-mail:webmaster@ewinbook.com
(版权所有 翻印必究)
社址:北京海淀区阜成路甲28号 邮政编码:100036
发行电话:010-88191017
三河市和达印务有限公司印刷 各地新华书店经销
787×1092毫米 16开 18.5印张 250千字
2005年1月第2版 2008年5月北京第8次印刷
定价:39.80元
ISBN 978-7-5005-7738-6/F·6790
(图书出现印装问题,本社负责调换)

目　录

第二部分 告诉我"钱"在哪里

第三部分　可信任的管理者

序：我们的游艇在哪儿？

张志雄

<1>

顾名思义，《向格雷厄姆学思考 向巴菲特学投资》（以下简称《学思考 学投资》）是一本有关格雷厄姆和巴菲特投资理论与原则的导读。但与一般的导读不同，作者没有亦步亦趋地简单介绍，而是将自己的研究心得和大量的当代投资观点和实例融入此书，颇有些“六经注我”的意味。

不管反对还是赞同，大多数金融财务投资书籍首先都得对有效市场理论表态，因为它是当代投资市场的显学，并被人称之为引发了一场当代的“投资革命”。《学思考 学投资》也不例外，它用了不少的篇幅论证有效市场理论在多大程度上是有效的，并为贯穿全书的主线——提倡投资的商业分析思想而反对市场分析思想——提供基础。

有效市场理论说复杂可以很复杂，说简单也很简单。简单地说，有效市场理论认为有关市场的一切信息已都反映在股价上，因此市场是完美的，投资人不可能持续地获得超过市场平均利润的业绩，不可能持续地战胜市场。说到这里，忽然想起一个有点插科打诨的例子：一个信奉有效市场理论的教授和他的学生走在校园中，发现地上有一张百元大钞，学生想去拣起来，但被教授阻止。因为如果它是真钞，早被人拣走了，轮不到便宜你。

比喻是生动的，但也会造成争议。因为这个例子会勾起我们这些都曾“拾金不昧”过的少年记忆，凭什么不是我第一个发现人家刚丢的钱呢？有效市场理论问世后确实造成了很大的轰动和“误会”，传统的投资经理和顾问发现这威胁了他们的生存，更别提抹杀了他们的成就感。倡导该理论的经济学大师萨缪尔森就直言这些职业投资人和基金经理应该改行，成为水电工、希腊文教授或实业公司管理人，这样会为国民生产总值做些贡献，“如果没人推一把，很少人会甘心跳楼自杀”。

遭众人质疑的结果是，有效市场理论做出了修正，根据不同的市场，分成弱式、半强式和强式。即便如此，该理论对传统的投资理念杀伤力仍是不小。比如弱式理论强调的是不能根据过去的价格信息历史来判断今后的股价走势，很明显，这至少是对流行的技术图形派的轻视。如果没有了这个根基，技术派还谈什么头肩顶数什么波浪。

半强式有效市场理论则强调影响公司基本面因素的股利分红等信息也早已在股价上做出了反映。这一判断又使那些行业公司分析员失业。至于强式，也就是完美的有效市场理论，论证几乎所有的基金经理人和投资顾问只不过是金融市场的寄生者。因为他们只靠顾问费、管理费、手续费过活，而不是凭投资能力。

那么为什么如此毁灭性的革命理论会被投资业内人士接受，并在当代市场大行其道呢？

首先，这个理论修正者暗含的思路是辩证的，也就是说看似消极的实际上是“积极”的。因为如果市场要有效，就需要无数投资人积极地获取信息，让市场价格充分反映这种状况，然后才能有效。有人说这是狗咬尾巴的套套逻辑，但它有解释这么多贪婪和理智的投资人整天忙忙碌碌存在的道理，也就够了。

其次，市场的不可战胜无疑释放了大多数投资业内人士的压力。人的天性取向与怠惰，如果没有压力又能赚大钱，那何乐而不为？有效市场理论的出现让投资机构管理人找到了“科学”根据。他们的专业不是在于为投资者获取最大的回报，因为市场本身就是最大的回报者；他们的专业在于模拟市场，比如设立一个指数基金，被动地投资，这样他们不必研究宏观面、技术面、基本面，也不必去公司和行业调研，照样高枕无忧。

第三，有效市场理论相对应的是当代投资组合资本定价模型，它为大量的交易提供了数量化的基础。当代市场的基金和投资机构呈几何爆炸式的成长，使得原来传统投资组合无法应付。传统的投资组合规模比较小，且是手工作坊式的量身定做，比如为老年人设计股利型的公司保守组合，为还想继续富裕的中年人设计激进的成长组合，还有根据人口统计数据设计的新兴行业的组合，等等。但若管理庞大的资金，且种类繁多，靠人力就难以作为了。如果能用高速运转的电脑数量化设计和操作，且有相对固定的理论模式，投资组合可以变化无穷。

我之所以如此絮叨，相信稍稍了解中国股市的人都会明白，这是我们很快面临的大趋势。

< 2 >

《学思考　学投资》当然也对有效市场理论作了充分的评价，我这儿不再赘述，只结合当今中国股市已有实践和可能出现的问题，做出一些探讨。

第一，我们没必要拘泥有效市场理论在多大程度上是“有效”的，你可以完全赞同本书作者克尼厄姆认为1/5的市场是无效的观点，也可以自认为市场1/4是无效的，关键是市场确实存在无效的地方。这似乎有点陶渊明先生“不求甚解”的意味，但我个人认为，有效市场理论体系与黑格尔的哲学体系一样，很有魅力，却像迷宫，看似开放实际是封闭的。比如，你质疑它的假设条件，它说理论只要解释力就够了；你质疑它的解释力，它可以不断进行分类修正。它完全可以说在不断的修正中完善自身，而且诸如此类的修正也似乎很有趣也值得探索。总之，它总能自圆其说。

所以，去证明市场有效的程度对拓展经济学疆域的人士而言，可能是值得鼓励的，但对一些市场的实践者来说，还不如看看市场的部分无效能给我们什么投资机会（其实，在格雷厄姆20世纪60年代的《证券分析》修订版中，至少也暗示了有效市场的部分存在，但这不是重点）。说得直接点，也正是市场部分无效，我们才能通过价格与价值的背离，获得获利机会。如果市场是彻底无序无效的，大部分人连后知后觉都不会，凭什么说价值回归呢？市场部分的无效只不过表明价格是无法迅速甚至很长一段时间内无法“正常”罢了。

第二，有效市场理论和现代投资组合和资本定价模型不仅强调了控制风险的重要性，也提醒了人们如何正确看待“运气”和“机会”的关系。也就是说，当你获得了超额利润或暴利后，要想想这是运气还是把握“机会”的能力所赐。一般而言，包括商业在内的任何成功，运气必不可少，问题是运气的成分占了多少。如果你不能正确地评估，把运气都视为自己能力的体现，那么你注定要在今后有坎坷，如果不是沉沦的话。而据我观察，在市场上这类例子比比皆是。永远记住，天下没有免费的午餐，吃了一顿免费的午餐，只是运气。你若推而广之，有一天只能做饭店服务员或乞丐。

第三，有效市场理论很容易导致相对主义式的主观论。因为任何价格都是合理的，只要你有足够的分散组合能力和合理的风险与报酬目标，就可以入市。从小处而言，在十分重要的夏普资产定价模型中，只代表了市场的波动程度和风险，而我赞同格雷厄姆的观点，市场波动幅度只是股票价格风险的外在表象，它对短线客有用，却无助于说明背后的公司真正风险。如果你要评估公司的长期价值，? 值的作用很小。

从大处而言，现代投资组合理论虽然强调了系统风险和非系统风险，但它却消极地回避了系统风险。举一个例子，如果你购买一个楼房，物业管理公司告诉你它可以负责房屋的修缮和娱乐设施等，却无法对放火乃至偷盗负责，你会怎么想。我想你会惶恐不安吧。

同样，系统风险难以预防，却必须预防。我们不能推托大势是无法预测的，就可以推脱责任。大家都知道，市场真正可怕的是周期性的熊市和大的股灾，因为它让你过去所有的成绩化为乌有，甚至巨亏。在牛市或多头市场中，你委托不委托管理顾问，财富的变化充其量是多一点少一点，而在牛熊转折时期，却是质变。

这种说法可能太苛刻了点，但当代投资理论和技术确实有将市场波动视为证券投资惟一所在的嫌疑。正如前述，当代投资革命从过去“买入持有”的一个极端走向了另一个极端，就是鼓励过度交易。大交易量、高换手率让人们感到管理公司“物有所值”，因为他们很勤奋啊。殊不知，它也制造了诸多的假相。上个世纪早期出过一本《客户的游艇在哪儿》的小册子，值得一读。当客户望着停泊在曼哈顿港湾的经纪人游艇时，无比羡慕。继后茫然自问：“我的游艇在哪儿?”

第四，有效市场理论真正在世界金融市场受推崇是在20世纪70年代初的美国熊市之中，市场“无厘头”式地跌落，让传统的投资理念和模式受到了剧烈冲击，使用现代组合投资理论来控制风险成为当务之急。目前中国股市的巨挫和混乱，在资产委托管理方面也引发了集中投资与分散投资的讨论，并有向分散投资组合模式转移的趋势。从赢利的角度而言，集中投资是比较快速而有效的途径，可是也有巨大的风险，尤其是在空头市场中。中国股市的资金大多采用集中投资，而且大资金喜欢采取坐庄的方式。关于坐庄的模式，大家都谈得很多。我也撰文讨论过，应该说它是集中投资的一种极端化方式，如果不是说畸形的话。而这种极端化方式的典型便是长庄，高度锁定股票筹码，持有时间长。现在大家都感到“流动性”问题了，也就是说长庄变现困难，而且一旦想变现，成本极高。

但这仅是通过市场价格波动表现出来的一个方面。长庄之所以表现得如此自信，至少还有两个投资理论基础。一是成长理论，那就是如果中国的经济持续成长，那么成长行业的优秀公司，股价虽然有些高，但随着宏观经济、行业、公司的成长，股价仍会不断攀升。事实上，关于此类理念，在世界股市中一直循环往复，历史上比较典型的三个阶段就是美国的20世纪20年代、60年代和90年代市场，它最终结果无不以股市的萧条告终。成长理论与任何投资理论都有其正确的一面，但过犹不及。过分强调成长性的一个致命的结果是，公司在整个行业乃至宏观经济体中不可能持续保持高速增长，它们很快就会碰到自己的极限。正如格雷厄姆所言，预测公司业绩最容易犯的错误是将它视为是线形上升的，过去的成绩并不代表未来也是如此。这本是常识，但人们往往由于贪婪或各种各样的错觉，会相信过去就是今天和明天。一旦这种预期破灭，市场突然清醒，就会走向事物的反面。

第二点就是对巴菲特理论的误读。庄家吕梁曾在媒体宣扬要将中科打造成巴菲特式的投资公司，但他却不求甚解到无知的地步。关于这点，下面再深入探讨。

所以，从过度的集中投资到适度的分散组合，当然是应当的。但痛定思痛后，我们仍应反省的是，仅仅是市场投资策略出了毛病？

<3>

除了模拟市场指数化式的被动投资外，任何带有主动投资特点的机构或个人仍应记住投资的商业分析思想要比市场分析来得重要，我对本书作者克尼厄姆投资理念的总结是非常赞成的。

当然，我对克尼厄姆的观点稍稍作了修正，格雷厄姆和巴菲特师徒并没有“反对市场分析”，而是如何对市场正确分析。他们对市场分析有着丰富的理解力。格雷厄姆最常为人引用的两个比喻是，市场从长期而言是“称重器”，短期而言是“投票机”。另一个比喻更为有名，那就是“市场先生”。在格雷厄姆眼里，“市场先生”是个喜怒无常、浑浑噩噩的人，它每天要出个不知所云的价格，你同意了，他就成交，视心理情绪及各种意外的“噪声”影响而定。很明显，格雷厄姆对完美的有效市场是不以为然的。

格雷厄姆对市场的进一步认识是来自于对“投资与投机的区别”。我建议不管是对投资与投机区别抱着赞同还是反对的人，都应该认真阅读一下他的巨著《证券分析》，因为我们惯常的认识未必是对的，而格雷厄姆针对几种常见的区别都提出了自己的看法。比如报章上一提到投机就是短期的，投资就是长期的，这在通常情况下是如此，但它不构成投机与投资的本质区别。我曾举过这样一个例子，你买了一只股票，认为它严重低估，但不想一个月后，股价暴涨两倍，又严重高估了。这时，按格雷厄姆的看法，你获利了结了，才是正确的投资观。如果你认为它涨了还会再涨，这明显是趋势投机了。

更深层次而言，格雷厄姆对不分清投资与投机本质区别的所谓的“长期投资”至少是颇有微辞的，他曾著文指出1924年美国史密斯的《作为长期投资的普通股》一书终结了传统的谨慎的投资时代，为随之而来的大牛市做了理论准备，同时开启了1929年股市大崩溃的大门。因为史密斯总结了股票投资作为一个整体，在此之前的半个世纪中已被证明是远优于债券的购买对象，这也就意味着，只要长期持有股票，你可以稳赚大钱。

但是，这一看来是真理的历史结论，却隐藏了不少陷阱。因为它无疑告诉大家，不管股价有多高，长期而言总是赚钱。可是，我们想没想过，长期是个模糊概念，它没有指明具体的时段。如果你从1929年的道·琼斯指数高点买入股票，要到20世纪50年代才解套。这仅是从指数而言，你持有的股票对应的公司还是个未知数。因为即使构成道·琼斯指数的公司，也不断在变化更新。而在1990年买入日经指数高点的投资者，10年过去了，还不知长期投资到哪一天。

这是比较极端的例子。但从一般的市场周期而言，你在牛市的高点买入股票，然后总算度过了公司可能被下市清算的风险后，几年过后，只落得个勉强解套的下场，你认为这是投资吗？一个正常人会问，为什么我就不能够在公司股票价值被低估时去买呢？为什么长期的等待不能换来丰厚的投资收益呢？

对这个问题的解答通常有两种答案，一是包括有效市场理论信奉者在内的人认为，因为我们不能预测未来，所以我们只能分散投资来抵御非系统风险，至于整个市场的系统风险就不可知了。我们早说过没法战胜市场。另一种答案是图形技术学派，他告诉你我只要敲一敲电脑，便知何时是顶何时是底。你照我的做，没错。

格雷厄姆对这两种答案都不满意。他认为虽然未来确实带有极大的不确定，但我们可以通过分析公司的内在价值找到低估的股票，如果给予恰当的分散投资组合，就能最终赢得市场的胜利。如果我们更谨慎，可以利用市场的不理性，在人气极度低迷的时候，找到比公司清算价值低的股票价格去投资。而对图形技术学派，格雷厄姆把它归类为趋势投机，认为是“时代的灾难”，它只会助长市场走向泡沫化。

那么格雷厄姆心中的投机与投资的区别观究竟是什么呢？他在《证券分析》的第四章中定义道：“投资是根据详尽的分析，本金安全和满意回报有保证的操作。不符合这一标准的操作是投机”。

这里最值得注意的便是“详尽的分析”，它主要指的是公司价值分析，或按克尼厄姆的说法，是“投资的商业分析”。

< 4 >

《学思考　学投资》认为投资的商业分析方法包括三个方面的内容，即财务、会计和管理，这是很有见地的。其实我们在上述相当篇幅都在谈论作为管理资金和其他资产学问的“财务”。而格雷厄姆和巴菲特对有效市场理论最不以为然的，就是抹杀价值与价格的区别，而强调两者的区别也正是格雷厄姆财务学的基石。

至于如何确认价值的含义和对价值的衡量构成了第二部分会计分析的内容。包括《学思考 学投资》在内的各种公司价值衡量都有固定的公式和指标，将数据套入及理解这些指标的含义也没有多少歧义。一个智商正常的人，最多一个月就可以基本掌握。

可惜的是，作为企业语言的会计学，赋予了企业管理者对具体会计准则的自由决定权。而我们都知道自由是件很好的东西，但一旦滥用，危害也极大。

由于2001年中国股市的上市公司业绩和财务数据的虚假性被频频曝光，银广夏、郑百文、麦科特、东方电子、亿安科技、三九医药、美尔雅等作假违规公司的事例让人们再次体认到会计欺诈这一古老手法的危害性。

如果把时钟往后拨个百年，那么美国股市亦是如此。在那个年代，一张薄纸几行数据就是年报，而且这已是信息披露的模范公司了。当时的问题股称之为“掺水股”，极为普遍。到了格雷厄姆出道的20世纪20年代，美国公司的会计欺诈依然十分严重，而且“业内人士”置若罔闻。格雷厄姆曾调研到一家上市公司存在恶劣欺诈问题，并将结果告诉了同事。没想同事恶狠狠地警告他：“你这样会毁了这个行业。”

当然，真正毁了这个行业的是1929年的大股灾，格雷厄姆虽在此前做了大量的分散投资，却仍逃不过此劫。劫后余生的他在其后的《证券分析》等著作中，对假冒伪劣的诸多手法作了仔细剖析。

在这方面，《学思考 学投资》的作者克尼厄姆看来深得大师真传，特辟“数据的制造”一章，对当代的会计欺诈案例作了大量的分析，而这在类似的价值分析书籍中是很少见的。

美国虽然在1929年的大股灾之后，对各种证券欺诈进行了严厉的监管，并制定了各种章程和法律文件。但正如一些负面的古老行业一样，包括会计在内的欺诈迎合了人性的弱点的需求，照样大行其道，只不过显得更为“文明”和“艺术”。更让人感叹的是，绝大多数当代会计欺诈案例的一个共同点还是给利润注水，与当年的“掺水股”无异。

在分析层出不穷的造假案例时，克尼厄姆深有体会地指出，“这些常受批评的处理技术方法并不总是不道德的，也并不必然违反一般会计准则。然而，它们会经常地影响财务报告的真实性。更糟糕的是，如果公司采用一种宽容的态度允许这种攻击性操作行为的存在，那么会带来财务报告等级下降的危险，即开始极微小的虚假行为，最后可能演变成为一场灾难性的财务欺诈。”

更让人束手无策的是，许多造假行为是一个系统的工程，并不容易被发现。巴菲特就警告过：“被偷走大量数额的钢笔，要比被偷走少量枪支安全得多。”所谓神不知鬼不觉也。

<5>

这些问题最终要诉诸管理人员尤其是公司领导者的诚信了。

它当然是包括在企业价值分析的第三个内容管理方面。而关于管理，涉及的又是一个专门的学科。管理学与股东利益相关的，除了公司的正常体质外，还有就是诸如上市公司治理结构等方方面面的制度建设。不过，你只要认真思索又对企业有一定的经验，就会发现企业的管理者是最重要的。如果企业管理者心术不正，那么再多的内外制度也是白搭。也就是说公司高层管理者的态度性格，是决定企业是否诚信受人尊敬的重要标准。

可是，如果说我们不鼓励会计语言是一种艺术，那么评判公司管理人员可真是艺术，或者说是直觉。我采访过不少上市公司的领导者，也有判断大失水准的地方。我反复总结经验教训，大概有这么几条：第一，企业的领导人的气质偏向“生意人”要比“政治家”好，其中的理由很多，我现在却不想展开。第二，那些在“大跃进”等假大空运动中表现最为显眼的地域的公司，出毛病概率较大。第三，领导人在描述自己企业未来时，超越了市场经济规律的天马行空，是企业以后可能坎坷的重要信号。

关于最后一点，只要你具备足够的知识和常识，判断起来倒不必有太多的直觉。我们都喜欢谈中国的国情，不过，中国最大的国情就是处于市场经济的初级阶段，企业整体而言也无法逾越这个阶段。惊人的奇迹可能会有，但我建议投资者从谨慎乐观的角度，不要相信你会和创造奇迹的公司领导人很容易有缘。这正如你未来的女婿和你大谈想成为盖茨或李嘉诚，姑且听之比较好（当然你的儿子又另当别论，至少心理上有满足感。而女婿则容易赔了夫人又折兵）。比如中国股市中经常冒出整合行业甚至几个行业所谓的企业家言论，一看就是要学金融寡头摩根，你能相信吗？

让人哭笑不得的是，取法巴菲特的庄家吕梁几乎囊获了上述所有的怀疑经验。第一，想做政治家，大谈做股票讲政治，要“做多中国”；第二，作为一个不成功的艺术工作者，将假大空的伪艺术用于商业运作；第三，超越了中国的企业现实，不清楚和巴菲特控制选择的企业目标是两码事。

关于巴菲特如何选择企业，是一个很大的题目，这里不可能展开。我只转引《学思考　学投资》中巴菲特的一段话：“一个好的管理记录（以经济收益来衡量）更多的是源自于你所登上的企业那艘船的功能如何，而不仅是你的船划得如何出色（以智力和努力在对企业选择作出判断。尽管这也有一定作用）。”

即使在毁誉参半的20世纪80年代华尔街敌意购并潮中，购并者的目标物的基本素质是相当不错的，有的是百年老店，它们缺乏进取动力；有的是家族公司，领导人已厌倦商场忙碌，自己又缺乏合适的继承人，所以想出手；或者是企业的财务政策过于保守等等。而绝大多数中国企业需要一代甚至两代人的努力，才能达到美国企业目标物的水平。如果用美国购并者的期望和方法，并让中国企业也有类似的效果，那么最后的失败不可避免。我们相信不管中外，企业领导者并不是每个人下车伊始就准备欺诈的，而是能力与向公众期许的目标太远，才萌生不诚信念头的。也就是说，如果充分考虑自己的能力，不承受自己无法抵御的压力，不诚信的程度要减轻许多。

同样，一些人在目前的深沪股市鼓吹“蓝筹股”“新蓝筹股”“蓝筹股指数”的依据是不足的。《学思考　学投资》将美国的企业分为三类，经典企业、业绩卓越企业和新兴企业。

经典企业是那些建立了很长时间，走过了许多商业周期循环、经历了经济衰退考验、具备良好企业组织架构、拥有强有力的全球化产品和市场位置的企业，如通用电气、可口可乐和迪斯尼公司等。

业绩卓越企业是已存续一段时间，但发展历史仍相对较短的企业，它在一些新兴领域和行业内快速发展，如思科、英特尔和微软。

新兴企业则是企业品牌是新创立的，甚至所从事的行业也是新兴的，这类企业根本没有任何历史记录可以追踪，如网络中的“雅虎”和“美国在线”。

严格来说，成功的经典企业才是蓝筹股，有代表性的业绩卓越企业也可以是新蓝筹。而中国内地到目前为止，是没有经典企业的，我们不能回避历史，因为在20年前，中国内地的所有生产单位不是真正企业，所以谈不上“经典”。

比较有歧义的是“业绩卓越企业”，笼而统之，我们会承认也许中国的内地股市有这么一类企业，但具体到个别公司，谁都没把握。

唯其如此，如果我们抱着谨慎的态度评估公司，那么把中国内地的上市公司归为新兴企业是比较妥当的。我们确实有不少老国企，但它们要艰难地与政府行为告别，要与市场结缘，要建立符合市场经济的企业组织，它们所要面对的问题并不比刚发展建立的企业少。同样，我们对“海归”的中国“红筹股”等国企资源垄断型公司也应有一定的谨慎态度，虽然它们确实最有希望成为中国的“蓝筹股”，而且像中移动、中联通已成为恒生指数的成分股。像这类企业中的代表，凭借着垄断或半垄断的优秀资源，相对于其他国内企业，目前可以说是“业绩卓越企业”，但肯定不属于经典企业。因为它们从庞大的政府单位切割出来也只是20世纪90年代后期的事情。也正因为如此，我们只能说这位未来的可能女婿继承了一笔殷实的家产，但如何合理理财，并将它们发扬光大，至少还可以观察个10年。也就是说，这类企业需要在相对持续的真正的市场竞争环境中证明自己的业绩卓著。

<6>

从格雷厄姆和巴菲特价值投资的财务、会计与管理三方面的内容而言，它们确实没有有效市场理论衍生出来的许多当代投资理论那么系统化或体系化。所以不少人认为价值投资只是一种方法而不是一种理论。

问题是，投资学能不能与自然科学相比拟，有它的公理或定律，构成一种“社会科学”理论？有效市场理论是试图这么做的，比如著名的MM定律和金融工程之类的名称术语，而且这些理论的开拓者和后继者都是数学、物理等自然科学的爱好者或专家。

在这个问题上，另一位很有争议的投资家索罗斯因吃透了波普尔的科学哲学的要义，对自然科学和投资学的区别很清晰。索罗斯有一本名作称之为《金融炼金术》，一个未对自然科学发展史有研究的人，可能会认为他在标榜阿里巴巴的芝麻开门式的神秘主义。事实上，索罗斯对“金融炼金术”有明确的定义，它是指“前科学”的状态。也就是说，在近代自然科学兴起的前一阶段的“科学”探索，比如炼金术是开启化学这门科学的先驱，但“炼金术”不是科学。

与化学这类炼金术不同的一点是，金融投资学的未来走向不是彻底的科学化，而是一种哲学和智慧。有效市场理论一如泰勒式的科学管理，它们都为各自的学科引入了十分模式化的量化实践，功不可没。可是当代投资理论家与格雷厄姆、巴菲特等人虽然都对不确定性这一困扰金融市场的核心问题着迷，但前者却希图一劳永逸的消除不确定性，这种姿态确实迎合了绝大多数人的心理状态，因此获得了很大成功，可也为1987年的投资组合保险与1998年的长期资本管理公司的失败“奠定了基础”。

格雷厄姆和巴菲特等人没有宣称能通过某种方法来为不确定性“保险”，恰恰相反，他们认为投资成功的要诀在于利用不确定性。对价值投资而言，价值和价格经常是脱节的，我们能够通过投资价值低估的股票获利；对索罗斯的对冲基金而言，全球资本主义的理想与现实世界经济也是脱节的，我们可以通过利用各个市场板块的缝隙和不协调来获利；还有对市场大趋势转换敏感的投资家兼经济学家凯恩斯，利用牛熊市不同的心理和操作思维来获利……

在积极的利用市场不确定性的同时，他们也对包括自己在内的人类思维的极限抱有相当的警惕。因为他们不约而同地发现了市场不时出现的非理性一面，正如当代混沌学指出的“亚瑟效应”和“挪亚效应”。前一个效应是指丰年七年灾年七年的市场周期性，后一个效应是指市场突发性的崩盘和大灾难。这两个出自于《圣经》的人类智慧总结恰恰是希望市场均衡的当代投资理论家不愿或不想学习的。

我再次提醒对价值有兴趣的人们注意，格雷厄姆不是不注意市场的分析，而是希望大家不要沉迷于市场，最后不能自拔。格雷厄姆是经历过1929年股灾的人，在他的许多文章中都详细分析了市场和个股的波动特征，绝非仅是个公司财务专家而已。只是，作为精通希腊神话的格雷厄姆，不会不想到《奥德塞》中的那个有着魂牵梦绕歌声的海中女妖塞壬，她的歌声一如市场的价格波动，让英雄迷失了回家的路。

格雷厄姆认为，避免撩人的歌声的最好办法不是在耳中装塞子，而是一心一意地往灯塔游去。在股市中这个灯塔就是投资价值分析。

< 7 >

既然成功的投资是一种智慧，这就得主要依靠自己。中国的投资者被各种证券欺诈不诚信和各种以其昭昭使人昏昏的权威、顾问所困扰。我们认为，随着市场环境的不断严格，市场的监管者处于自保或各种压力当中，会在一定程度上有所作为；而欺诈者因得意忘形从欺骗他人演化为自欺，相当一部分也会在市场中迷失和毁灭。可是，如果认为这个市场环境会有彻底改善，而且进一步认为市场诚信和理性是唾手可得，那只不过是美好的愿望罢了。

我们认为人性是无法改变的，虽然对人性的表述与时俱进。说得乐观些，在我们的一生中，是看不到显露人性方方面面并由此构成的金融市场本质会有多大变化的。同样，我们也经常将市场的缺陷弊端归咎于各种制度安排，比如国家股和法人股不能流通。是的，制度安排很重要，可是解决了它，我们市场的问题就不存在了？说得大些远些，100 多年来，我们的各种仁人志士大多认为是制度让中国落后，并找到了目标，但目标实现了，制度更改了，可还是需要不断的革命和改革。归咎于制度，不管是市场问题，还是别的，它只是让人对自己的作为无需负责而已。

不过，不管归咎于什么，世界上的哪个股市都会越来越不确定性，波动也会加大。按价值投资解释，是因为最终导致市场变化的上市公司处于一个剧烈动荡的世界，全球化或地缘市场的结盟与对抗都使得影响企业的因素复杂化多样化。而且企业作为 20 世纪最成功发展的组织将在 21 世纪受到各种意识形态目标不同的新兴组织的挑战，以利润最大化为目标的西方企业早已在社区责任自然环境等压力下做出修正妥协。

我们中国投资者有权也有必要要求政府、监管部门、司法部门对市场种种违法违规行为采取行动，但后者不可能也没必要对上市公司业绩和市场的不确定性负责，对各类商家的不诚信负责。换句话说，政府及公共部门的作用很重要，但范围很有限。

我们经常会发现一个奇妙的悖论，那就是一方面我们斥责中国股市是个“政策市”，朝令夕改让市场随之大幅波动；另一方面，我们又对政府和政策有着很强的依赖感。比较典型的论调是，政府有关方面要投资者长期投资，可上市公司一年一个样，三年大变样，越变越糟，我们只能短期投机了。其实，监管部门有教育投资者注意风险和各种市场规则的责任，可没有教会你投资成功的义务，即使让它做也做不到。恰恰相反，我们要时刻提醒督促政府改进上市公司质量这把双刃剑。因为我们经常提及的上市公司“变脸”，不是质量问题，而是上市公司包装掺水利润欺诈的结果。上市公司的质量提高只能有待于中国整体经济和企业本身的成长和努力。如果我们营造政府有必要改善上市公司质量的氛围，只会纵容各地政府和国家各部委资产重组的“积极性”，注入大量“油水”，最后水留在“壳”里，油流了回去。

也许我们最终会发现，无论市场改进得多么完美，还是上市公司的诚信度大大改善，要正确投资发现价值都是件极困难的事。如果我们继续沿用投资一家上市公司就好比选女婿的比喻，那么，好在每个人的女儿都不多，而且女儿的年龄不同，让你可以有时间和精力去挑选。只要你不是孤儿院院长（比如投资基金和顾问公司），就没必要为这么多的干女婿去设立过度分散的投资组合。

股市上没有救世主，我们自己投资理财亦好，托付给别人亦好，最后还是取决于我们自己的判断力，这需要苦乐参半的努力。否则，港湾上停靠的游艇永远是别人的。

二○○一年十月二日于浦东花木

致　谢

本书的主要思想是沿着本杰明·格雷厄姆（Benjamin Graham）和沃伦·巴菲特（Warren Buffett）的思想体系发展而来的。格雷厄姆本人我无缘得见，但我必须对他表示深深的感谢；对于沃伦·巴菲特，我有幸与之相识相交，从他的著作、言论及彼此的交谈中，我学到了大量深刻而富有哲理性的知识和见解。当然，上述两位前辈并不需要对本书内容负任何责任，因为尽管本书内容是对由他们发展起来的理论体系的详细阐述，由于本人的水平问题和理解上的偏差，有些内容与两位的本意可能会有一些出入。对此，深表歉意。

应该再次感谢巴菲特先生。感谢他允许我把他写给伯克利·哈撒韦公司股东们的信件进行搜集整理，汇成《沃伦·巴菲特论文集：美国企业的教训》一书，还感谢他和查理·芒格一道参加我组织的专题研讨会，对本书提出的宝贵建议和批评！也要感谢那本论文集的读者，尤其是大学和商学院的教授们，把它作为授课教材。正是这些教授、学生们对这本论文集的良好反应和积极评价，才促使我要完成本书的写作。

还要感谢的是鼓励我进行本书写作的其他人员，包括：我在摩根·斯坦利的朋友们，如大卫·德斯特和约翰·斯尼德，戴维丝投资顾问公司克里斯·戴维丝，道·琼斯公司的工作人员，以及大量使用投资分析方法的各种公司的支持者。在此，一并表示感谢。

从教育背景和职业习惯来看，我是一名公司律师。但是现在公司律师不仅仅要求掌握法律知识，还要具有包括财务、会计和管理等商业知识。这种认识思想的形成，让我受益颇深，这得感谢我的朋友们和我以前在公司工作的同事们的帮助。

并非所有的律师都能认识到法律和商业知识逐渐交叉的现状。我在Cardo法学院的同事们，目前正在金融、会计、管理等看似与法律没有直接关系的领域内进行研究，以支持我的上述观点。这些人当中，特别要感谢门罗·普瑞斯把我介绍给沃伦·巴菲特认识。还要感谢两位院长保罗·沃库尔和米歇尔·赫兹给我放长假，让我专心从事本书创作工作。

也应该谢谢我的老师们，特别是现任亚利桑那大学法律教授伊里亚德·维斯，他很久以来一直提醒我关注格雷厄姆和巴菲特的投资思想，不断让我从他那里分享知识财富。还感谢《公司法律和政策》一书的其他几位合作者，乔治城大学法律中心的杰弗里·D. 保曼教授，感谢他们允许我在本书中使用那本合著中的一些原始素材！也要感谢西屋公司，允许我使用我在另一本著作《律师的会计和财务知识读本》中曾经使用过的一些素材。

最值得我感谢的一个人，是我的妻子乔安娜，她不辞辛苦地对本书的初稿进行了细致的修订和加工润色，并在我的创作过程中一直给予我极大的鼓励和支持。

导论：Q 文化

合乎常理是投资和企业管理活动的重要特征。但这个“常理”实际上又是充满矛盾的。例如，人们经常说某一只股票或股市总体市场水平要么被“价值低估”了，要么被“价值高估”了，其实这种说法只是一种空谈。无论是单只股票，还是反映在市场指数中所有股票的总和，本身都具有一个内在价值，这个价值是该股股票或市场指数未来创造出的现金流的现值之和。

预测未来现金流的大小和它的现值是十分困难的，但正是这种做法定义了股票的价值，这个价值与人们的希望和猜测无关。人们希望和主观猜测的结果，可能有时会与分析的结果相一致，但更多的时候并不能真实反映股票或市场总体的价值水平。因此，更精确地描述某只股票或一个市场指数的用词，应该是被“过高定价”或“过低定价”，而不是“价值高估”或“价值低估”。

让价格随基本价值变化而变化的观点是有其普遍性的，但是这种看法与现在流行的看法有一点冲突。以纳斯达克市场主要的市场指数“纳斯达克 100”（NASDAQ100）为例，该指数的代表符号是 3 个大写英文字母——“QQQ”。“美国证券商交易协会”（National Association of Securities Dealers）的营销专家们当初之所以选用 3 个“Q”来代表市场指数，或许是因为“Q”本身代表了冷静，是一个有品牌能力的字母（考虑一下字母的下标形状）。因此，在可供选择的 5 个字母——N，A，S，D 和 Q——中，他们选中以 3 个重复的 Q 来作代表符号，而 Q 又表达了报价（quotation），这样就暗示了“NASDAQ100”这个创立于 1989 年中期的反映“新经济”发展状况的市场指数，具有了强烈的“报价单驱动”性质的文化特征。

对股价的报价长期以来一直是人们注意力集中的焦点。在现代股票市场中，股票的买卖双方可能对报价单背后隐藏的企业并没有什么认识，但双方的交易却很精确地确定了股票的价格。报价水平的高低反映了人们对企业分析的态度，对市场走势的看法以及对企业本质的认识能力。可以说报价单是日交易者每天对股票做出的评价。这样就形成了一种游戏性质的市场文化，在这种文化中，对股票严格的数量和质量分析被非理性冲动驱动的快速交易反应所取代。因此，"QQQ" 是反映 "NASDAQ100" 这个股市历史中最具波动性市场指数的恰当符号。

在这种 Q 文化当中，人们把价格作为制定市场交易决策的基石，完全忽略了对企业商业价值的分析，这种 "Q 交易者"（Q trader）把价格视为一切。但是，聪明的投资者知道真正的价值是多少，他们首先把价估作为关注的焦点，然后比较股票的价值和价格，来考察对个股的投资是否会有一个较好的收益率。这种分析思路就要求投资者成为一名商业分析者（business analyst），而不是市场分析者（market analyst）或证券分析者（securities analyst），当然也不是 Q 交易者（Q trader）。

本书为矫正 Q 文化的不正确思想，发展了一套商业分析思路，讨论了各种选股工具，对考虑市场和价格所涉及的一些重要领域做了说明，也分析了与企业和管理者有关的知识，建立了一个填补目前市场空白的价值分析框架。

本书内容安排是这样的：首先向读者说明为什么以市场分析者身份进行交易和考察以市场为基础估价的做法是错误的；然后分析说明在考虑企业业绩和价值时用到的工具方法，并对可能误导投资者投资决策被扭曲的财务信息的形成方式提出警告；进而，讨论进行理性投资所必需的首要要素，即有能力判断出企业管理层（特别是首席执行官和董事们）的可信赖程度。

投资的商业分析方法，粉碎了目前 Q 文化中流行的投资知识所创造出的神话。例如，以商业分析观点来看，目前流行的把投资区分成 "成长型投资" 和 "价值型投资"（或把股票划分成 "成长型股票" 或 "价值型股票"）的做法，是错误的。一些企业的利润增长率可能会高于其他企业，但是企业的各种增长比率都是企业价值的一个构成成分。上述这种区分出现于 20 世纪 70 年代初期，但在以后的发展中不断相互融合，因此人为地做这种划分是没有任何分析价值的。

但是，商业分析方法强调了对投资与投机（或赌博）的区分。诚然，任何一项投资都是有风险的，所有投资都包含了一种投机成分在内，然而聪明的投资，应该是在合理的经调查确定的价值评估基础上比较价格和价值之后做出的。

投机和赌博式投资的典型例子，是人们购买新上市公司股票和新成立网络企业股票。人们对所买入企业知之甚少甚至一无所知，购买之前也没有首先阅读公司的年报，或者说不知道该从年报中了解什么内容。这种赌博式投资，只是撞大运，尽管也有许多一夜暴富的神话为人们所关注，但是少数成功背后绝大多数是失败的例子，只是不为人所知罢了。

20 世纪最充满智慧的投资思想家本杰明·格雷厄姆（Benjamin Graham），创造了一个虚构的“市场先生”（Mr. Market）来加强投资的商业分析思想而反对市场分析思想。他认为在资本市场的交易中，价格与价值相偏离，是由于资本市场本身明显的“躁郁症”特征造成的，绝大多数情况下总是处于两种极端状态中，要么过分地乐观，要么过分地悲观。这种看法，与流行的认为市场有效可以对证券进行准确定价的错误观点正好相反。

作为一个商业分析者，知道怎样看待企业和股票以后，下一个问题就是该到哪里去看。这里的关键点是建立你自己的能力圈（Circle of Competence）。能力圈的概念是由 20 世纪最成功的投资专家和企业分析专家沃伦·巴菲特（Warren Buffett）提出的，它定义了你理解企业产品和企业经营环境的能力。能力圈的大小形状随定义它的人的不同而发生变化。所有的投资者都要面对这样一个挑战——使用当前和过去的企业信息来估计企业未来的经营绩效。

对绝大多数投资者而言，那些已经建立了很长时间、走过了许多商业周期循环、经历了经济衰退考验的企业，是很容易做到这一点的。在这类企业中，有许多历史记录证明它们可以被称之为经典企业——具备良好企业组织架构，拥有强有力的全球化产品和市场位置。如宝洁公司、通用电气公司、可口可乐公司、迪斯尼公司等。其中有的企业会一直持续健康地发展下去，而有的则会败下阵来（如通用电气公司对属下的西屋电器公司的处理）。在价值评估过程中判断出哪些企业会持续健康发展下去，哪些会出现重大变故，并不是一件容易的事，因为彻底地理解这些不同类型的企业，是需要不同的专业技术方法的。

评估那些成立不久企业未来的发展前景和绩效表现则比较困难。这类企业可以被称为“业绩卓越企业”——企业已存续一段时间，发展历史仍相对较短，企业在一些新兴领域和行业内快速发展，像思科公司、英特尔公司、微软公司等是这类企业的代表。这类企业可供追踪的历史记录较少，对许多人来说比较难于正确把握企业状况。但也有一些人有能力很好地理解它们，并能以报告的形式判断出它们的未来前景。

像那些经典企业一样，卓越企业在发展中也开始出现分化，其中一些成为获胜的勇者，一些则缓慢发展，被甩在后面。以个人电脑业为例，在1990～1999年期间，戴尔公司建立了个人电脑的直销模式企业，取得了惊人的利润，公司的销售额和利润水平以惊人的速度快速膨胀；康柏公司紧随其后也取得很大的发展；而苹果公司则明显被落在后面，发展缓慢；同期则有更多的同类企业饱受竞争之苦，在蹒跚中艰难生存，如AST，Digital，Tulip，Commodore，Kaypro等。

第三种企业类型是“新兴企业”——企业品牌是新创立的，甚至所从事的行业也是新兴的，这类企业根本没有任何历史记录可以追踪。它们走在时代发展的前沿，情形如同钢铁时代的钢铁企业，汽车时代的汽车企业，以及后来的塑料制品企业和21世纪之交出现的网络企业。目前新兴企业的代表是20世纪90年代出现的“雅虎”和“美国在线”等网络企业，它们根本就没有经济发展历史可以谈论。

即使这样，也有一些投资者使用目前流行的工具手段对这些新兴企业的未来表现做出预测。2000年，参照美国在线公司的表现，另一家公司Time Warner的高层管理者发表声明，宣称他们对自己公司未来同样充满信心。他们的判断是否成立还有待时间的检验，但是可以确定的是有些企业会成为短命英雄，但也有一些将会逐渐成长起来，成为卓越企业，甚至成为经典企业。毕竟，每个企业都是从初创阶段开始起步的。

这样说来，能力图的核心特色就是圈的设计必须适合于个人。这并不是说要让聪明的投资者避开挑选那些难以理解或变化速度较快的企业，相反，这样的投资者知道什么样的企业对别人来讲是难以理解的，能够比别人更好地评估企业和它所处的行业，因而投资具有一种明显的优势。但是，任何一个投资者要想准确地把握自己的能力圈之内，仍然需要一定的技巧性判断。

下一个问题是“在你的能力圈内要寻找什么”？主要是你评估一个企业长期经济特征的确定性有多大。对新兴企业，需要一个较大的置信程度，业绩卓越企业次之，经典企业则所需的置信程度最小。但是，在所有的这些类型企业当中，评估企业长期业绩特征都是最为重要的。

要获得价值评估所必需的可靠程度，就要具体回答几个数量方面的问题。在本书的第二部分中你将会看到，企业的财务报表可以帮助你回答以下 3 个与企业有关的问题：

- 在债务到期时，企业有能力还清债务的可能性有多大？
- 企业管理层经营企业的好坏程度如何？
- 企业的价值有多大？

利用一系列关键性的企业财务比率，我们可以得到一个足够让人满意的可靠程度，从而对上述几个问题给出标准化答案。这些关键性的财务比率是与企业的营运资本、负债、存货管理、其他短期资产项目、权益收益率，以及未来利润前景等直接有关的。

像每个投资者个人的能力圈会有所不同一样，对于这些财务特征，不同的人会形成不同的判断。最终，一个企业的价值等于它在未来时间内所能创造出的现金流的现值之和。由于没有人可以准确地预知未来，因此对这些数字的计算就需要利用正确的工具和准确的判断。

有了这些工具之后，当你在能力圈内进行选择决策等工作时，你就能决定为了得到合理的估值结果你需要什么类别的证据。然而，到目前为止，还没有哪一个单一的工具可以让人很可靠地指出企业价值是多少，因此，聪明的投资者必须观察格雷厄姆和巴菲特所说谨慎投资原则中的首要原则：在你支付的价格和得到的价值之间，要获得一个安全边际（margin of safety）。

在你坚持回答这些问题过程中，对于企业财务报告中的数据，你必须保持审慎地怀疑，因为会计习惯和会计判断有可能会歪曲企业的实际情况。例如，与存货和应收账款回收有关的会计准则会歪曲企业营运资本数据；一些陈旧过时的或非竞争性的固定资产，它的实际残余价值可能会低于报表中公布的账面价值。

另一方面，有些资产的价值，在资产负债表中可能被低估（如天然气公司的储备物价值和土地价值）。因此，与环境问题、员工退休后福利保障和管理层股票期权有关的表外负债项目，应该作为调整项来调整报表中数据。你不需要知道每一个细节，但是对此有一定了解是必需的，这也是商业分析思想的一小部分内容。

与确定一个企业长期特性的确定性相关的一点，是你要确定性地知道你能相信管理者会把企业利润回报给股东。在对投资的企业进行价值评估时，企业的月流水经济账目是最重要的变量。企业恶劣的经济状况很少能够有效地治愈，即使过去曾治愈过，或管理状况相当出色。但管理水平的低劣会对一个好企业造成严重的伤害。

面临市场潜力不充分和财务数字不可靠双重压力的管理现状，要求投资者在商业分析时也要评估分析的质量水平如何，其中最重要的是要看企业是否具有所有者导向的质量意识。

拥有所有者导向意识并不是要求企业管理者把它作为一项法律条文来对待，或者在实践中实现它。这种导向关系的取得，可以通过以一定方式合理安排企业的管理方式和原则来实现，如拥有更多人数的企业外部董事，把企业首席执行官和董事长两者职能相分离等。因此，对管理层的关注就是对他们的可信赖程度的关注。

评估企业管理者的可信赖程度，与评估一个未来女婿的可信赖程度很相似。这样做有其深刻意义，是投资思想中必需的一环。对于企业管理者而言，评估他们在管理上的可信赖程度，要看企业的财务记录和企业与股东交流沟通的质量，特别是首席执行官每年给股东的公开信。本书最后一部分内容给出了这样的案例，在最后一章中讨论了一些知名大企业杰出领导人写给股东的信件，这些人物具体包括杰克·韦尔奇（Jack Welch，通用电气公司首席执行官）、迈克·伊斯尼（Mike Eisner，迪斯尼公司首席执行官）、罗伯托·乔伊斯塔（Roberto Goizueta，可口可乐公司首席执行官）。

俗语中常说的“注意你的 P 和 Q”（minding your Ps and Qs），并不是指价格和报价（prices and quotes），而是一种普遍意义上的说法。在投资学中的含义是要你抓住企业财务、会计和管理方面的基本面资料，从中考察以下现象的发生：

- 有效市场理论在4/5 的情况下是成立的，投资者可以利用剩下的1/5来获利。
- 财务状况分析这种传统的投资分析工具仍是投资者最好的朋友，但是，利润管理手段和会计造假是投资者最可怕的敌人。
- 聪明的投资者对企业管理者是谁、他们是否可信任保持特别的关注。

注意这些 P 和 Q，并不要求我们做大量的工作，只需像防治“Q 烧症”（Q fever）那样，提前打好预防针就足够了。

这种对策可以带领你进入到“V 文化”（V culture）的光辉世界之中。V 文化至高无上的传教者——本杰明·格雷厄姆，同时也是一个成功的实践者。沃伦·巴菲特，格雷厄姆最杰出的学生，也是一位赫赫有名的实践者，也是一名杰出的老师。他们的所有学生都严格遵守这两位老师的教诲，在实践中发展这一框架体系。巴菲特也是这样做的，和其他格雷厄姆的信徒们一样，他们都牢记这种思想的核心，以各种不同的但都极为成功的方式，对理论做了深入的发展。

这种差别是很微小的。巴菲特从来坚持格雷厄姆的商业分析思想的核心内容而毫不动摇，他特别注意价格与价值之间的差异，坚持在投资时一定要有充分的安全边际。两人在实践中有一些小的差别：巴菲特更强调对投资企业管理者角色的关注，对格雷厄姆钟爱的购买廉价货的做法不是那么热衷，也不像格雷厄姆那样强调股票投资的分散化策略，巴菲特比格雷厄姆更强调企业无形资产的价值。但是这些差别并不能掩盖两人之间的共同之处，相反反映了两人在更深层次上的一致原则：投资中独立判断的重要性。

格雷厄姆其他的信徒们选择了不同的方式来应用这些主要思想，有的人强调分散化，有的人则采用集中化策略，对企业基本状况的关注程度也不尽一致，有人多一些，有人少一些。在本书中，我冒昧地对两位大师的观点作了一些说明，陈述了格雷厄姆的思想和巴菲特对这一思想所做的发展和实际应用。相对来讲，本书是对当今环境下投资观念的更宽更广范围内的描述，因为现在与格雷厄姆生活的年代已经有了很大的不同，有些东西是否适用还不得而知；而巴菲特所做的只是在每年股东公开信和报表等相对结构化品牌框架内来阐述其投资理念，范围不够广泛。

任何时候，商业分析的思想都是建立在“价格—价值”划分和安全边际原则基础之上的，它深深地扎根于 V 文化当中，尽管我对此也略知一二，但真正的权威将永远是格雷厄姆和巴菲特。

第一部分

两个市场的故事

A Tale of Two Markets

第一章

动荡、泡沫、崩溃

——疯狂的市场先生

有这样一个病人，他患有典型的癫狂症，经常做出两种性质截然相反的混乱反应。他可以持续几个月地进行疯狂消费，到处借钱来买一些他根本不需要的东西，而在另一时期内他又善于言谈并充满了思想智慧。他可能在兴奋时会引诱你去买下布鲁克林大桥（布鲁克林，纽约市西南部的一个区），然后又突然改变脾气，陷于长达数月之久的消沉寡言之中，即使是极为细小的一点点烦恼，如一个很不重要的坏消息或一个令人失望的预期结果等，都会让他大动干戈，怒气冲天。

上述的例子只是一个比喻。我所描述的这个“病人”，实际上就是股票市场。股票市场有时极端地兴奋，有时又充满了恐惧。当有大量资金投入时，它会扶摇直上；而当资金大量撤出时，它又一落千丈。它反反复复，上上下下，就像马戏团里跳弹簧床的小丑一样，不断地编织着不费吹灰之力而一夜暴富的神话，而一旦有哪个公司没有达到预期的每股收益目标时，它就会板起面孔，骤然下跌，进行调整。

对市场行为有深入了解的聪明的思考者已经认识到，股票市场存在的这些症状是无药可救的，它总是脱离商业或经济现实，无缘无故地变胖，然后又快速减肥。尽管这样，还是有机构参与到市场当中来，对市场做出的导致恐怖性萧条的威胁行为和极端行为进行管理，必要时关闭市场，诸如证券交易委员会这样的政府机构，以及如纽约股票交易所这样的私人机构。

然而，目前并无灵丹妙药可用。在本杰明·格雷厄姆看来，“市场”

先生总是拒绝承认自己的癫狂，因为有无数的研究颂扬它是如何“理性”的；有难以数计的调查和书籍著作证明它是如何“有效”的；人们编写出大量描述“β”值的图书来说明它是如何简单而准确地揭露股票本身含有的风险的；投资组合的分散化策略成为降低风险的惟一有效手段，并被人们认为它是金科玉律，至理名言。所有这些，导致“市场”先生对自己病症的否认。当然，不承认有病，也就无法对症下药来治疗。

让我们对格雷厄姆的“市场”先生的症状做进一步分析。有一种叫“立克次氏体”的恶性微生物，它会引起一种类似伤寒症的疾病，这种疾病的症状是不省人事和精神混乱。它总是萎靡消沉和极度亢奋两种状态间歇性发作。这种病症通过一种叫 tick 的吸血寄生虫来传播，这种寄生虫还传播一种叫 Q 烧症（Q fever）的疾病。

当你冒险进入股票市场的时候，一定要像在森林中远足那样保护自己、把自己装备好以同 Q 烧症做斗争。本杰明·格雷厄姆和沃伦·巴菲特都对如何同“市场”先生斗争提供了药方。他们建议：认识不到自己的患病征兆和有病不治是愚蠢的，同样，卷入其中把自己暴露在传染病面前也是愚蠢的。相反地，应该利用“市场”先生，使之为我所用。

格雷厄姆所说的“市场”先生和上面的 Q 烧症的比喻，都不是暗指市场参与者的心理状态。但是，人们独立操作的理性行为往往也会产生非理性的市场效果。许多投资者只是简单地听从专家的意见或是大多数人的看法，这种跟着羊群一块走的做法也许是理性的和聪明的，但是你往往也会和他们一起直接跌下悬崖。

1.1 摇摆、泡沫和崩溃

价格这种寄生虫驱动市场波动性有疯狂变化，在现代股票市场传染瘟疫。趋势交易者和板块交易者不仅是受害者，同时也是 Q 烧症的传染体。在人们蜂拥而来追抬某种所谓持久的增长趋势时，疾病就在市场中蔓延，成为流行性传染病。弗雷德·施罗德（Fred Schwed）在他的经典著作《客户的游艇在哪里》一书中，用嘲讽的语言，对人们的这种总是试图形成某种决断性趋势的幻想进行了否定。

股票价格平均的年波动率在50%左右，然而股票所对应的商业价值却相对稳定得多。股票换手率是极高的。以交易量占总流通股数的比例来分析：纽约证券交易所在1982年至1999年期间，该比例从42%上升到78%；纳斯达克市场中该比例在1990年至1999年间，从88%骤升到221%。某些股票一夜之间就可能暴升数倍，也可能猛跌不止，而与潜在商业价值的变化并无任何关联。

相对于过去的几十年，现在投机行为越发猖獗，股价的波动速度也大幅增加。伴随着信息的迅猛增长，无论出现真实的还是虚假的信息，市场的波动性都迅猛增长。在市场上升前入市，在市场将下跌之前撤出已成为交易者奉行的圣经。这显示出不仅“市场”先生真实存在，而且还有成千上万的同谋者为虎作伥。

在整个有组织的证券交易所市场中，历来存在许多依据股价水平来进行跟风操作的人们。这种跟风，往往是与主要的价格指数同升共降。但是，从20世纪90年代末期开始，直到21世纪初，市场出现了两种不同的交易途径：道·琼斯工业平均价格指数引导工业企业走一条路径，而纳斯达克平均指数则引领高科技企业向另一个方向发展。市场分化已经出现。

尽管新经济中包含五大泡沫，但是它的狂热追随者们仍然把一些新的高科技类股票价格吹捧到一个疯狂的高点，即使这些企业利润甚微甚至为负值；对那些利润保持稳定增长的传统经济（Old Economy）中的股票不屑一顾。结果在纳斯达克市场萎靡不振时，道·琼斯指数也起伏不定。一方下跌时，另一方会从中受益。总之，可用一个词来描述这个疯狂市场，那就是乱七八糟，一团混乱。

在这样的市场中，任何想要对市场转变的规律性做出预测的想法都是不可能的。看看2000年4月14日这天的市场情况，你就明白我为什么会这么说。在4月14日这一天，各种股指一起大幅跳水，道·琼斯指数下跌6%，纳斯达克指数下跌10%。然而在下一个交易日，又双双大幅反弹。道·琼斯指数上升近3%，纳斯达克指数上升6.6%（再下一个交易日，双方又分别上升近2%和超过7%）。

对这些反常的升跌和价格的大幅偏差，根本就无法做出任何合情合理的逻辑解释。所能得出的惟一结论是：“市场”先生是反复无常的。仍以

2000年第一季度为例，纳斯达克市场在这段时间内有4次跌幅超过10%，而每次下跌后又迅速回升，单就2000年4月份而言，它就创造了两次历史最高升幅和3次历史最高跌幅的纪录。在世纪之交的这几年中，道指的大幅下挫也是极为常见的，下表列出了超过3%跌幅的市场情况：

道指下跌统计

日　期	收盘价	下跌点数	跌　幅
1997年10月27日	7161.15	-554.26	-7.18%
1998年8月4日	8487.31	-299.43	-3.41%
1998年8月27日	8165.99	-357.36	-4.19%
1998年8月31日	7539.07	-512.61	-6.37%
2000年1月4日	10997.93	-359.58	-3.17%
2000年3月7日	9796.03	-374.47	-3.68%

道指在1998年4月的下跌的影响是十分巨大的，它抵消了纳指当年的全部收益；2000年3月的下跌也同样，它让道指又回到了一年前的水平。

如果上述这些让你不感兴趣，我们可以再来看看“市场”先生令人愉快的一面。下表列出了在20世纪90年代末期到21世纪初的几年中，道指升幅超过3%的市场情况统计：

道指井喷状况统计

日　期	收盘价	上升点数	升　幅
1997年9月2日	7879.78	257.36	3.38%
1997年8月28日	7498.32	337.17	4.71%
1998年9月1日	7827.43	288.36	3.82%
1998年9月8日	8020.78	380.53	4.98%
1998年9月23日	8154.41	257.21	3.26%
1998年10月15日	8299.36	330.58	4.15%
2000年3月5日	10131.41	320.17	3.26%
2000年3月16日	10630.60	499.19	4.93%

抛开上述的变化量不谈，单独考虑道指下跌与上升之间的邻近性。这两张表显示了两个逆转趋势：1997 年 10 月 27 日下跌 7.18%，紧接着第二天上升 4.71%；1998 年 8 月 31 日下跌 3.68%，紧接着第二天上升 3.82%。1998 年 8 月有 3 次大幅下挫，紧接着在 1998 年 9 月有 3 次大幅攀升；同样地，2000 年 3 月 7 日股指大幅下跌，而在当年 3 月 15、16 日两天又大幅上升。以上事实表明，很难有理由让人们相信这些上升与下跌之间的成功变换是依据企业基本面信息的变化来进行的。如果投资者是以企业基本面信息来进行理性和有效操作的话，就根本不可能发生这样巨大的变换趋势。

除了上述几年内道指和纳斯达克市场的极度上升和下跌变化外，让我们回想一下“市场”先生曾经对华尔街做过的一些事情。其中之一是 1987 年的股市大崩盘，道指一天内蒸发掉 22.6%，在一个月时间内下跌 33%。而且 1987 年的股灾不仅仅涉及道·琼斯工业平均价格指数中的 30 种成分股，还带来全世界范围的股市崩盘，纽约证券交易所、伦敦证券交易所以及东京证券交易所都难逃厄运。

如果股票的市场价格真正服从有效市场理论并准确反映了有关企业价值的信息，那么有关信息的变化应该对这次崩盘产生适当的调整。许多人试图把这次股灾解释为 1987 年，特别是 10 月中旬的一些市场变化所带来的必然的理性反应。这些市场变化包括：

- 1987 年 9 月 4 日，联邦储备委员会提高了折现率。
- 1987 年 10 月 13 日，住房开支筹款委员会（the House Ways and Means Committee）投票通过了收入所得税立法议案，驳回了企业融资的债务利息减免的提议。
- 1987 年 10 月 18 日，财政部部长詹姆斯·贝克尔（James Baker）公开表示美元要贬值。
- 由于长期历史积累，股指处于历史高位。

也有一些专家把 1987 年股灾归咎于一些机构交易者的交易行为，包括程序化交易和投资组合保险。当市场价格下跌时，大规模投资者为了避免投资组合损失，往往有计划地大量抛售手中持有的股票，这种行为加剧了市场的崩溃。另外一些专家把责任归于衍生金融工具。这些工具的价值随利率或汇率等标杆物价值的变化而变化，如果衍生工具设计合理的话，可以降低风险和市场的波动性，反之，它们就会使市场价格的波动更加恶化。

但由于股灾具有全球性影响，并且程度如此之深，以至于几乎没有人会同意上述的种种解释。绝大多数人相信，对于像1929年股市崩盘，1987年崩盘，1989年发生股市大动荡，以及世纪之交的价格大波动等等这类极端价格变动情况，是不可能给出一个合乎理性的解释的。市场狂乱不能简单地用有效市场理论来解释，它是除企业基本面信息发生变化之外，各种复杂力量综合作用的产物。

像这样的市场狂乱情形并不是孤立发生的，在现代金融的发展历史中也屡见不鲜。股价远远高于其真实价值的市场泡沫状态是极为经常发生的。目前已发生过的较大的股市泡沫状态有：从1959年至1961年的科技股泡沫；在20世纪60年代末70年代初发生的所谓“漂亮五十”（Nifty－Fifty）股票泡沫；1978年发生的投机性股票泡沫危机；70年代末期的石油和能源类股票泡沫；1986年至1987年间发生的家庭购物泡沫；从90年代早期开始并持续到现在的生物技术泡沫；以及20世纪末到21世纪初的狂热的网络泡沫等。

截至2000年年初，网络行业的市场资本额（等于股价乘以流通股股数）将近1万亿美元，年销售额3000万美元，每年损失达30亿美元。1999年期间数以十计的网络概念股被发行上市，纷纷拥入只允许极少数获利公司可以存在的这个新兴行业。具体来看，这些网络股的业务范围分为：17家从事医疗保健业务的公司；7家B2B电子商务公司；6家音像制品销售公司；5家人才招聘站点和3家旅行代理公司。一时间触网热潮不断，网络业就像“圣诞节的12天”那样充满了勃勃商机。

技术革新的蛊惑驱使资金大量流入网络业，这种蛊惑和以前的市场泡沫危机本质上并无大的区别。像20世纪60年代的技术泡沫缘起于彩色电视和商用喷气飞机的技术革新，它带来了电子类和以“真空管”命名企业的新股发行热潮，从这种意义上来讲，它和1999年的网络热潮在根本上是

一致的。在这两个时期，股票换手率都十分惊人，产生了大量高价股，创造了许多企业帝国的神话，开创了一个崭新的历史：60 年代的那次热潮被称为“新范式”；而世纪之交的这次浪潮的代名词是“新经济”。但是正如巴菲特先生所说的那样：“**如果某样东西不能永久存在，那么它必然走向灭亡。**”

像 20 世纪 60 年代的电子技术泡沫那样，网络泡沫也不会突然消失，它很可能会走日本 80 年代股市泡沫消退的老路，用整个 90 年代的 10 年时间逐渐地对东京证券交易所的全部股票进行价格调整，以消除过大的市场泡沫。60 年代和 90 年代的这两次技术泡沫有一个共同点，即出现了防御高价格的新方法，这个共同点也是投机性泡沫的最常见特征之一。

在 20 世纪 80 年代的日本，股票定价的依据不是企业所能创造出来的利润或现金流，而是企业所拥有的相应资产的价值。这导致各种企业纷纷把资金投入到当时认为升值空间巨大的房地产投机当中，结果造成了日本经济长达 10 年的萧条。同样地，我相信，在 21 世纪美国也会遭受同样的灾难。

这些例子表明现在美国股市状况极有可能是一些历史悲剧的重演：近者如 20 世纪 80 年代日本股市情况，远者是 17 世纪 30 年代荷兰郁金香球茎的狂潮和 18 世纪 20 年代英国南海公司股票热潮。而这些例子中的任何一个，引发疯狂抢购的主要原因看起来都是合乎情理的：郁金香作为一种新鲜花种，又是荷兰的国花，其珍稀的郁金香球茎当然极具价值；英国南海公司垄断了同西班牙的贸易往来，其股票也当然富有投资价值。

但是结果却都是蜂拥而入，空手而出。越来越多的资金被投入到郁金香球茎和南海公司股票的期货交易合同当中，投入的资金越多，紧跟着需要再投入的资金也越多。直到有一天，美梦破灭，恐慌降临。在荷兰，疯狂抢购使郁金香价格达到如此之高，以至于投机者付不起他们有权购买的那些郁金香所需的资金；在英国，南海公司也最终并没有取得投资者们所期望的巨额利润。大量资金被套牢，恐慌性抛售最后导致了股市的崩溃。

如果有效市场理论是真实的，那么美国股市不仅在全世界范围内，而且在整个的历史当中，都是独一无二的。让我们来看一下市场观察家约瑟·德·拉·维格（Joseph de La Vega）在 17 世纪末期对当时的阿姆斯特丹股票交易所的评论，这段评论是以一个商人和一个投资者之间的对话形式来完成：

> 商人：从事股票交易的那些人都是相当愚蠢的，他们变幻无常，常常做出疯狂的行为，充满了骄傲和愚笨。他们总是没有任何动机就买进股票，又常常毫无理由地抛售。
>
> 投资者：这些人其实是很聪明的，他们发现在股票价格有下降趋势的时候，价格会有一个上涨，而在市场处于狂热之中时，价格就会下跌。特别值得一提的是市场中有两类投机者。第一类构成了牛市，第二类构成了熊市。牛市就像长颈鹿一样，无所畏惧，他们喜欢任何事物，表扬任何事物，夸大任何事物。即使着大火了他们也毫不在意，灾难也不能扰乱他们。而熊市呢，恰恰相反，他们被恐惧包围着，充满了神经质。在这些人眼中，兔子可以变成大象，小旅馆内的吵闹可能就是叛乱造反，有点阴影他们就认为下面是无底深渊……价格的下跌是不需要有限制的，同样价格上升也有无限的可能性。因此看到股票的超高价格，你也并不需要感到吃惊。

是不是听起来有几分相似呢？唉，除了骄傲自大和厚颜无耻之外，我们不应该相信美国股市确实是世界历史上独一无二的吗？

1.2 市场中的一些反常现象

有效市场理论也无法解释许多与市场价格有关的问题，如摇摆、泡沫和崩溃。大量无法给予合理解释的市场现象对有效市场理论进行了有力的反驳。这些反常现象如：

- 一月效应（股价有在 1 月上涨的趋势）
- 内幕效应（指公司内部人员向证券交易委员会披露购买信息后，股价会上升；反之披露抛售信息后，股价会下跌）

- 价值线效应（指有高评估价值的股票的价格会超出市场平均水平）
- 分析者效应（分析者数量少的公司的股价会高于有大量分析者公司的股价）
- 月份效应（股价有在月末和月初上涨的趋势）
- 周末效应（股价在周一表现差，而在周五表现较好）

市场中也存在一些奇异的关系，如裙裾指示器（价格总是升和降一前一后地交替，升或降的幅度等于裙子的平均长度）；超级棒球效应（在超级联赛期间，如果获胜方是最初的全国联赛成员之一，股价就会上升，否则就下降）。

这些反常现象当中，有些随时间而逐渐消失，如一月效应在15年前消失了。当一月效应消失时，有效市场理论的追随者们高兴异常，他们认为该效应的消失正是市场有效的证明。但是奇怪的是，这些后来消失了的效应为什么会存在数十年（一月效应共存在70年）？好像也无法给出什么合理的解释。

更令人惊讶的是，许多著名的选股专家运用这些反常现象创造出了惊人的投资业绩。这样的专家很多，包括本杰明·格雷厄姆、沃伦·巴菲特、勃克利·哈撒韦公司副主席查理·芒格（Charlie Munger）、约翰·梅纳德·凯恩斯（John Maynard Keynes）、贝尔纳·巴录（Bernard Barvch）、温莎基金的约翰·尼弗（John Neff）、红杉基金的威廉·罗尼（William Ruane）和理查德·克尼弗（Richard Cuniff），以及许多其他著名的投资专家。

1.3　存在大量的模仿者吗

能不能像有效市场理论的支持者常说的那样，上述这些投资专家的成功也是一种反常现象呢？或者说这些人只是足够幸运而已？如果有人说存在一个虚构的模仿者，可以随意地在打字机中写出《哈姆雷特》的全文，你会相信这是真的吗？即使你觉得这是可能的，那么为了强化你的观点，这位模仿者还应该能够用正确的语言写出《罗密欧与朱丽叶》、《麦克白》

以及莎士比亚其他著作的全文。即使这在理论上是可能成立的，但是在现实中，存在一位（或许多个）这样惟妙惟肖的模仿者看起来就令人难以置信。

以模仿者的观点来看，他们认为运气在他们的投资中起到至关重要的作用，正如运气在他们生活中其他方面所起到的作用一样，他们是“幸运的模仿者”。这一观点的倡导者是普林斯顿大学的波顿·麦格克尔（Burton Malkiel）教授，他在《漫步华尔街》一书中用抛硬币的方式进行了比较。

选出 1000 人进行抛硬币比赛，硬币头向上的为获胜者，可以进入下一轮比赛。从概率法则来讲，平均有 500 个人会头向上，500 个人背向上。500 人进入第二轮比赛，同样由于概率法则作用，会有 250 个幸运地抛出头向上的人进入第三轮比赛，有 125 人胜出，依次地，第四轮中有 63 人胜出，第五轮有 31 人胜出，第六轮 16 人胜出，最终有 8 人赢得了最后的胜利，被授予抛硬币能手的称号。

然而，把投资成功只解释为运气好，显然这样的解释是不够充分的。首先，尽管投机和赌博性投资有点像抛硬币，但投资并不仅仅是抛硬币那样简单。大投资者往往做许多准备工作，形成自己的投资理念来指导他们的选股工作，而不会仅靠抛硬币来决定在众多数量的股票中选择哪一只。不可能也不现实。

其次，幸运的模仿者为写出莎翁著作，必要坚持几十年如一日，每天都来打击键盘，就如同日交易者要每天点击鼠标，持续几十年那样。这样还可能一直有那样的好运气吗？而且，大投资者并不奉行每日操作战略，模仿因此也就更难了。

举个例子。巴菲特在近 40 年时间内投资了大约 10 种股票，为哈撒韦公司赚取了几百亿财富。他奉行长期投资战略，当公司股价被市场严重低估时他大量买进，然后一直持有。例如，巴菲特在 1973 年买进华盛顿邮报公司。该公司股价当时受到重创，不仅仅是因为它报道了水门事件而受到尼克松政府的责难，而且当时美国股市正处于二战后极少有的几次萧条时期之一。巴菲特以股票内在价值 1/5 左右的价格购进大量该股，安全边际率达到 80%。从此中可以看出，运气在日交易者的投资中所起的作用很重要，而在勃克利公司的投资中，投资原则才是最为重要的。

在解释一个人努力奋斗取得的成功时，运气只是其中一部分原因，并不是全部。就像那些历尽千辛万苦最终抓到蝴蝶的人，靠的不单单就是运气，更主要是有一张专门的捕蝶网。格雷厄姆对幸运和工作两者之间的关系做了很好的解释，他说："危难之际的幸运的逃脱，和依靠绝顶聪明的智慧来设法活命，这两者之间并没有多大分别，至少在最终结果上是这样的。但是在运气或精明决策的背后，都需要进行周密的准备和具备经过训练的某种能力。"

无论是否把投资者划分成价值型投资者、成长型投资者、基本面投资者、机会型投资者或其他，这些超级大户们成功地重复他们交易的共同特征是他们都具备一些常见的判别原则。凯恩斯被认为是一个胆小的投资者，他在市场出现两极转换时抓住机会进行投资，这种短期行为与格雷厄姆和巴菲特奉行的"价值型"长期投资策略形成鲜明对比，但是这两种策略的共同之处，是都强调在"市场"先生发生两极混乱状态时，在价格与价值的矛盾之处进行分析。

所有上面提到过的杰出的投资专家以及其他许多人，如菲尔·费舍（Phil Fisher）、彼得·林奇（Peter Lynch）、乔治·索罗斯（George Soros）等，都通过运用这些简单的判断而取得了巨大成功。对于他们这些人来讲，体系和公式等并不是最重要的，最重要的是他们的分析质量和他们思考、判断的独立程度。

这些杰出的投资家们都设定了一个严格的准则，他们往往只分析极少的几个方面，但这些却都是必不可少的。每个投资天才都按照格雷厄姆的第一条原则来投资，即市场不能对股票按商业价值进行准确定价。巴菲特把这条原则发挥到极致，他只购买那些股价被市场严重低估的股票。所有这些投资巨人们都强调分析避免坏交易，即股价被高估股票的重要性。

这些投资天才们和其他一些人，如巴菲特的合作伙伴查理·芒格，都清醒认识到可供选择的投资机会有成千上万，从中选出一个需要必须确认该选择是市场中最好的一个。但是机会并不会主动送上门，测试机会大小的方法之一是使用罗伯（Loeb）的方法：即经常自问如果把你的大部分资产投资到你正在考虑的那一种股票上，你是否会感到足够放心和满意。

巴菲特和其他著名投资家如彼得·林奇等人，都认为做出明智判断的决策取决于对商业的理解能力。有一些基本尺度是这些顶尖级专家所看重的，如企业的竞争能力、品牌力量，以及企业培育可获利新产品的能力。

这些真正的投资专家（并非幸运的模仿者）对把资金集中在某些特定公司上并无太大的担忧。如约翰·尼弗（John Neff），在1964年至1995年担任温莎基金经理期间，每年的收益率都比市场平均水平高出3%，而且收益十分稳定，他最多的时候曾经把基金总值的40%全投入到某一单个行业当中。巴菲特控制的哈撒韦公司拥有非常多样化的投资领域，但是这种多样性是依产品所能带来的巨大资本增值率而偶然形成的，并非巴菲特本人刻意对投资企业和行业进行经常性调整的结果。

对于投资者来说，上述这些对市场和企业的一般性判别最终要落实到对企业基本面的分析。首先要考虑的因素是企业的经济特征，如很好的财务状况、稳定的收益和增长率、较高的销售收入和利润率，不断利用企业自己创造出来的资金来融资以替代外部融资。那些投资专家们还花费很大精力来分析企业管理者的质量和是否诚实可靠；企业最大化其潜能；资金分配是否明智；以及把商业盈利分配给企业的途径。他们特别强调对例外事件的管理，以及对商业环境变化做出快速反应的能力。他们看重管理者的深度和诚实，包括与员工建立和谐的关系和提升企业精神。

对冲基金经理乔治·索罗斯对此做了很好的总括，他说：“**流行的看法都认为市场永远是正确的，而我则假定它永远是错的。**”在信奉市场有效的那些人看来，价格变化绝大多数都是由企业基本价值发生变化决定的，因此采用分散化策略精心挑选出的股票组合的价值要高于整个市场水平。对市场有效性持否定意见的人则认为，多数价格变化并非是由企业基本面变化而引起的，分析的目标是找出价格低于公司价值的那些股票，因此从这个角度来讲，考虑单个企业比分析总体市场更为重要。

接下来的两章是对上述这两种观点的具体阐述。第二章描述市场有效思想的形成历史；第三章重点讲述有效市场理论的矛盾之处，对有效市场理论进行反驳和批评。如果你是有效市场的反对者，你可以直接跳过这两章；而如果你是有效市场理论的支持者，你就应该读一下这两章，它将改变你的看法。

第四章是对当前市场环境的考察，看它是符合有效市场思想，还是符合混乱市场看法。结果表明**我们目前的市场正在朝越来越无效，而不是越来越有效的方向发展**。因此，本书的其余部分采纳了这个观点，认为股票市场并不充分有效、并提供了若干可以有效利用市场非效率性的工具。

第二章
有效的市场

在曾经流行过的有效市场理论背后有一个历史长久而有趣的故事。这个故事每一个投资者都应该清楚地了解，了解它的发展历史将会帮助你评价专家们依据该理论提出的各种投资建议，包括分散化投资的建议和风险管理方法的建议，它还将帮助你重新考虑你是否应该相信有效市场理论。这是非常重要的一种思考，因为如果你相信市场是有效的，你就应该发展一套与有效市场相适应的投资风格和投资哲学；而如果你认为市场是无效的，那么你的投资风格和哲学就应当有所不同。

那些认为有效市场理论并不是对股票市场运作的准确描述的投资者们，可以直接跳过本章阅读，但是对这些人来讲，即使他们反对有效市场理论，在他们个人的投资习惯中也已经不知不觉地受到了该理论的影响，因为有效市场理论的影响和力量是如此的强大。阅读本章，读者们会发现有效市场理论的发展历史是多么令人陶醉。它的发展是各种研究不断发展的结果，包括各种学术研究水平的提高，包括人们解释和理解世界的努力，以及对历史发展中曾经出现过的一些事件的研究。了解到有效市场理论的发展历史之后，你会发现尽管该理论已对投资者和研究者产生了70多年的影响，以致人们都认为它就是对股市运作的最终结论，但实际情况并非如此。

2.1 缘　起

有效市场理论的起源可以追溯到关于股票价格的随机游走模型，其主要思想是股票价格是以一种随机的方式进行运动，因而不可能被准确地预测。该模型最早出现在1900年，是法国数学家路易士·巴奇利尔（Louis Bachelier）在他的博士论文中提出的。该模型在提出早期默默无闻，并没引起多大影响，但是在现在声名鹊起。巴奇利尔在他的博士论文中对法国证券所中交易的期权和期货合同的价格之间的线性关系进行了深入地调查研究，最终得出结论，这些价格变化依照一个随机游走模型进行。

巴奇利尔的工作在论文出版时并没有引起广泛地注意，可能是因为其中的数学部分比爱因斯坦的气体分子碰撞的随机运动这项著名研究早5年的缘故。爱因斯坦建立了一个公式来描述分子随机运动现象，这个公式现在被称为“布朗运动”（以该运动的第一个发现者，苏格兰植物学家罗伯特·布朗〔Robert Brown〕的名字命名），它是巴奇利尔描述金融市场价格行为的准确公式。

尽管巴奇利尔验证的数学模型引起了物理学家和数学家（包括爱因斯坦和他的后来者们）快速的反应和极大的兴趣，但是经济学家们直到20世纪中叶才对它产生了关注。确实，在50年代之前，并没有人对巴奇利尔的工作进行发展，也没有任何其他关于金融市场价格随机过程的研究问世。

摩里斯·凯道尔（Maurice Kendall）被认为是在20世纪50年代早期让随机游走模型引起经济学家关注的功臣。巴奇利尔的工作，并没有被经济学家们发现其意义，直到50年代中期的一个偶然发现。

当时，芝加哥大学的连纳德·萨维奇（Leonard Savage）为完成他的博士论文，对图书馆资料进行彻底地搜索，偶然发现了巴奇利尔1914年出版的一本小册子，他觉得很有意思，就写信给他的一些经济学家朋友们，问他们是否曾经听说过这个人。保罗·萨缪尔森（Paul Samuelson）收到萨维奇的信后很好奇，就在麻省理工学院的图书馆找这本书，没找到这本小册子，但却找到了巴奇利尔当年的博士学位论文。萨缪尔森阅读了这篇论文，并开始研究巴奇利尔的工作。在萨缪尔森1959年有所发现之后，随机游走模型立刻成为一项很热门的研究领域。

巴奇利尔长期默默无闻的另一个原因是著名经济学家阿尔弗莱德·考烈斯（Alfred Cowles）在1937年发表的引起广泛关注的一项研究成果，他的研究结论是股价以一种可预测方式进行运动。这项研究在长达数十年时间内占据主流地位，让随机游走模型的研究停滞不前。直到1960年，斯坦福大学教授德尔布鲁克·沃根（Holbrook Working）发现了考烈斯研究中存在一项重大错误，考烈斯本人然后修正了这项错误，而他修正后的研究正好支持了随机游走模型。从此随机游走模型开始被广泛关注和研究。

2.2　一个简单实用的模型

在萨缪尔森和他的同事们重新发现巴奇利尔的时候，幸运的是已进入了计算机时代，可以利用计算机进行大规模计算，并且大学和研究机构中高速计算机已经普及。使用这些新技术手段，从20世纪60年代开始，股票市场研究者们开始对股市中的随机过程进行大量而深入的研究分析。

相关性检验

这些研究的一个方面是相关性检验。它决定了某些特定数据排列在运动时存在什么样的共同运动。以股票价格变化为例。把某一个特定时间段（如20天）内某一只股票的价格变化记录下来，并记录下下一个相同时间段（还是20天）内该股票的价格变化。然后比较这些排列（称为“时间序列数据”），看它们是否存在共同运动，即是否存在“相关性”。

在比较中使用了“相关系数”，该系数反映了数据之间线性相关的程度。实际上对时间序列数据相关性检验的方法就是在这些数据中加入一条直线，然后计算相关系数。相关系数等于零，则表明被检验的时间序列数据具有统计上相互独立的性质；如果相关系数接近于零（但不等于零），则表示这些数据之间是非相关的。相互独立的或非相关的时间序列数据，就被认为是随机的。

以摸球中奖为例来说明。在一个箱子中放入一些球，每个球上写上一个数字。摸奖者每次从箱子中取出一个球，记下球上的数字，然后把球放回到彩球箱子中。这样取出、记数、放回，重复3次。3个数排列恰好等于规定数字即为中奖。这个摸球的过程就具有统计上的独立性，因为每次记录下来的取出球上的数字与前一次和后一次取出的数字没有任何关系。

20 世纪 60 年代的相关性检验集中在相关系数的测定上，对相关系数等于零与不等于零未做明显的区分。这意味着各种序列的实际股票市场数据同由随机数表，轮盘赌转轮、彩球箱等数据生成装置产生的各种数据序列，无法做明确的区分。

这些发现具有重要的应用价值：股票交易者无法有规律地一直获得高于市场平均水平的收益，因为统计相关性的缺乏导致对股票未来价格的估计的最好情况是利用现在价值做出的估计。换句话说，如果股价服从随机游走，那么从一个时点到下一个时点的价格变化并不会影响到一个特定价格变化所服从的概率。**过去的价格不能帮助预测未来价格**。

游程检验

相关性检验的一个众所周知的缺点是时间序列中的极少数极端数据会扭曲相关性检验的最终结果。为了解决这一问题，研究者使用了另一种方法——游程检验（run tests），检验连续变化的方向之间是否存在连续性。

在这种检验中，将股票价格的变化方向用正负号表示，价格上升为正，价格下降为负，方向的变化即为一个新的游程（包括从负到正，从正到负，以及从无变化到正或负方向）。

与相关性检验测量时间序列中数据之间变化的相关性方法不同，游程检验主要测量这些变化的方向之间的关系。如果价格变化服从随机游走模型，那么股票价格的时间序列数据中变化方向一致和相反的数目应该是绝对相等的。而如果同方向变化在很长期限内存在，即存在价格的连续上升或连续下降，那么随机游走模型就不能成立。

在 20 世纪 60 年代早期开始的众多对游程检验的研究当中，芝加哥大学的经济学家尤金·法玛（Eugene Fama）的研究被认为是最有建树的。他发现价格的变化方向有持续的趋势，但并不足以得出结论使得任何交易规则和策略可以优于市场连续性。也就是说，**并不存在长期而显著的价格同向变化**。没有产生较长的同号序列，因而这一检验也肯定了随机游走模型，这一结论也得到当时人们的普遍认同。

交易规则检验

尽管法玛的结论得到了较为广泛的认同，但是也有一些研究者对它仍持怀疑的态度。许多有预见性的评论家也时不时表达出他们的担心，认为股价变化的内部关系是相当复杂的，已有的这几种标准化工具可能并不能完全揭露价格变化的本质。正是这种担心，导致了对模型争论的兴起，许多人通过揭露和探求价格变化的复杂性来设定交易规则，期望能获得高于市场平均水平的收益。

在众多著名的交易规则设计思想当中，最为出名的是辛德尼·亚历山大（Sidney Alexander）的“过滤技术”。这是一种时间策略，它通过确定被市场变化掩盖的价格变化趋势来确定股票买卖的时间。

例如，设定股票的“5%的过滤法则”，指的是当价格上升5%（观察到股价达到一个更高价位）时买入该股票；当股价从高峰下降5%（观察到它下跌到一个更低价位）时卖出股票，并减少股票持有量，当价格从低位上涨5%时，买入以补充短期头寸。

如果该方法有效的话，你就可以获利最初卖出收益和短期头寸收益。更重要的是，如果该方法有效，那么股价变动总是服从“波峰——→波谷”的模式。这就意味着股价的变动并不是随机的，随机游走模型不能成立。

亚历山大的最初研究结果表明运用这样一种过滤技术，可以获得高于市场平均水平的收益。后来亚历山大本人及其他人，包括法玛，对该研究进行了深化，证明放松或改变特定的假设条件会消除这种非正常收益，特别是原始的过滤技术并没有指明在股票被短期卖出时，股息是一项成本而不是收益。

归纳来看，亚历山大的过滤技术实际上是一种用做股票分析和交易的图表或技术方法，它以过去的价格（或其他数据）为基础来预测未来价格。确实，亚历山大的过滤技术在含义上类似于现今证券交易中流行的限价委托和技术分析方法，它包括了以反常效应（如内幕效应、一月效应、周末效应和分析者效应）为依据的常见的技术方法，也包括了对裙裾效应、超级棒球效应等非常见效应的技术分析方法。

这些“趋势投资”和“行业转换投资”思想是华尔街股票交易的思想

根源，它们越来越多地被交易者采纳，并得到投资分析家和经纪人的认同。但是，这里要说明的是，这些方法实际上没有什么意义，因为它避开了对企业实际情况的分析。正如格雷厄姆在《聪明的投资者》一书中对这些技术方法的拥护者们所说的："我们不应该理会这些技术分析方法，因为在这些技术分析中并没有考虑到投资者这个因素。"

上述的这些对随机游走的检验，它们本身的麻烦在于这些检验都是线性的。这些检验的研究者们在 20 世纪 60 年代初期，或许是由于缺乏足够的计算机支持计算能力，对市场中存在的非线性价格依赖没做什么分析。

以交易规则检验为例，它以年代从前到后的时间顺序来进行检验，因而是线性的。该检验和其他老式的检验一样，都没有考虑这样一种可能性：即如果从非线性角度出发，或许可以对市场时间有更好地理解。我们在下一章会着重讨论这个问题，在这里，要特别提出，爱因斯坦已经验证了时间并不是绝对的，它依据特定环境有几十种运行方式，这其中包括了向前（或说线性），向后，循环、减慢、不确定（非线性），甚至可以静止不动。

2.3 完美市场的梦想

许多人认为在科学研究过程中有效市场理论是以一种特殊的方式发展起来的。首先出现的是假设的证据，由 1900 年巴奇利尔开始；接着在 60 年代早期出现许多独立完成的研究报告。在这一时期，需要有一种理论对随机游走做出解释。该理论最早产生于 1965 年保罗·萨缪尔森对有效市场理论的解释（萨缪尔森本人在 1970 年获得了诺贝尔经济学奖），得到了经济学家热烈的欢迎。该理论的产生引起了人们的普遍关心，因为它为人们创造了一个"完美市场"（perfect market）的神话。

完美市场是在考虑市场的下列假设条件情况下逐渐发展起来的，即：市场参与者数量十分庞大，任何单个参与者都无法对市场产生重大影响；所有参与者都具有完全信息，有同样的市场进入途径，并做出各种理性行为；商品是同质无差别的；不存在交易成本。

完美市场向我们展示了随机游走模型所暗含的含义：即股票市场的价

格不断进行各种调整，准确地反映了有关它们的新信息的变化。这是有效市场理论最直接的论断，更进一步讲，有效市场理论还指出证券市场中交易的股票价格充分反映了有关该股票的全部信息。

现实的股票市场也许有（也许没有）完美市场理论所假设的这些特征。正如1976年诺贝尔经济学奖得主米尔顿·弗里德曼（Milton Friedman）提示我们的那样：经济预测的首要的规则是模型的预测能力只是对它的有效性的相关检验，而不是对模型的假设条件的检验。因此尽管市场中存在不满足完美市场理论假设的实际情况，如投资者并非都是理性的，并非都具有完全信息等，只要这些事实并不影响模型本身的预测能力，有效市场理论还是成立的。后来有许多经济学家开始重新考虑这些假设条件，产生了一些有别于主流经济学的认识方法。

3种市场有效形式

从一般形式来讲，有效市场理论比随机游走模型揭示了更多的含义。随机游走模型只是简单地说明了连续的价格变化是独立的或非相关的，而有效市场理论则阐明股票价格充分反映了有关该股票的全部信息（并不仅仅是过去价格信息）。结果是自从出现有效市场理论并把它用来解释随机游走模型之后，依据特定信息种类的不同，有效市场被划分成3种不同类型。

这3种形式的市场有效最初是用来区分给定特定种类信息情况下的价格行为的实证检验结果的。弱式有效使用相关性检验和游程检验等描述过去价格是否对未来价格产生暗示的各种检验，对随机游走模型本身进行检验；半强式有效检验了是否公开信息（而不仅是过去价格信息）被全部反映在当前价格当中；而强式有效则检验了是否那些未公开信息（或称内部信息）也被当前价格充分给予反映。

随着20世纪70年代兴起的有关该问题的大量检验和讨论研究，3种市场有效形式被用来对各种检验结论进行概括。这3种形式分别被描述为：弱式有效表示股价充分反映了股票的所有过去价格信息；半强式有效表示股价充分反映了当前可获得的全部信息；而强式有效表示股价充分反映了所有存在的信息，不论是否是当前可获得。

这3种市场有效形式与随机游走模型之间都存在着直接的和逻辑上的联系，但是强式有效与随机游走模型间的联系比弱式有效与随机游走模型间的联系要弱，而且要求的条件更多，因为随机游走模型本身的含义就是价格变化与它以前的价格变化之间是独立的或非相关的。这也意味着利用过去价格变化而进行的技术分析（有时也称为图形分析），并不能以一种持续有效的方式对未来价格预测提供帮助。

弱式有效解释了这种独立性，它通过假设当前股票价格包含了以前所有价格信息来对未来价格进行预测，因此，任何价格变化只能是新信息产生的结果。这个信息吸收过程不断持续下去，进而解释了在20世纪60年代由相关性检验和游程检验所证明的，连续价格变化之间不存在明显的线性相关关系这个结论。这个过程也导致了更强形式假设的出现。

半强式市场有效理论假设当前股票价格不仅反映了所有以前的价格信息，也反映了所有有关该股票可公开获得的信息。对这个比弱式有效所要求的更强的假设条件，其检验不仅仅集中于价格变动的相关性分析，而且还要分析当新信息出现时价格做出变化的快速程度，也即反应速度。

除了这些不同的检验方法之外，半强式的成立取决于随机游走模型的合理性，而随机游走模型又依据实证研究的结论，即股票价格数据之间不存在统计相关。换句话说，如果未来价格变化取决于过去价格变化，那么，半强式有效检验中的任何价格变化就不能单单归功于检验中使用的新信息的出现。因此，弱式和半强式有效的成立都对线性检验模型所提供的证据有很大依赖性。

强式市场有效比随机游走模型有了更深的发展。强式有效只是一种理想化的状况，它认为资本市场是极其美好的理想化，即使未公开信息也在当前股价中得到充分反映。但是现实大量的情况对这种强式有效假设并不支持，明显的例子就是拥有内部消息的人可利用这个信息优势获得极不正常的高额收益，20世纪80年代层出不穷的内幕交易丑闻就是很好的证据。

在强式有效理论丧失权威性之后，有关有效市场理论的争论就集中在弱式和半强式有效身上。而对弱式有效的争论，更集中于对随机游走模型本身的分析，使用线性实证模型来对随机游走模型中使用的连续价格变化之间的关系进行检验。

这方面工作中，最出名的是麻省理工学院的安德鲁·劳（Andrew Lo）教授和沃顿商学院的格瑞格·麦克凯恩雷（Craig Mackinlay）教授。他们验证，对于周或月的持有期收益来讲，股票价格存在很强的正相关关系。两位教授使用了从1962年到1985年期间1216个周收益率数据进行细致观察分析，结果发现周与周之间的相关系数高达30%，这在统计上是一个非常高的数字。这两位教授把这一结果写在他们的那本《漫步华尔街》一书中，他们同时指出这一结果并不意味着股票市场就是无效的，而只是表明随机游走模型不能作为任何有效性理论的基础。

尽管没有下最终的定论，但是这些证据使得即使像法玛这位有效市场理论的主要创建者也得出结论：**通过过去的收益率信息可以预测每日或每周的股票收益率**。进而在统计基础上拒绝了随机游走模型。但是即使这样，法玛和其他有效市场理论的创建者们仍然坚持这样一种观点，他们认为这些矛盾之处只是一些例外的反常现象，并不会损害基本模型的合理性，因而有的人试图用另一种方法来解释这些实证研究的结果，这种方法被称为噪声理论。

噪声理论模型（Noise Theory Model）

凯恩斯曾经用选美比赛来比喻股票市场。他认为，在选美比赛中，评委们做出评判和挑选的标准，不是选出他（或她）本人认为应该获胜的选手，而是选出他认为别人也会选中的选手。这种思维方式与本书使用的基本的对现实状况的分析方法有本质不同，它更侧重于对人的心理和性格的分析，导致跟风、投机、羊群效应等行为的出现。这种分析思路日前已得到广泛使用。

1981年诺贝尔经济学奖获得者詹姆斯·托宾（James Tobin）对凯恩斯的选美案例做了更进一步分析。他认为，即使从股市能够把公开信息迅速反映到股价当中（即半强式市场有效成立）这个意义上来看资本市场是有效的，也并不必然意味着市场当中的股价就一定反映了它本身的基本价值（指股票未来预期现金流的现值）。

市场所消化的信息可能和凯恩斯在选美比赛中所使用的信息一样，质量都是十分低下的，托宾的这种观点得到了他的众多追随者的承认，包括其他的诺贝尔经济学家获得者威廉·夏普（William F. Sharpe）和肯尼士·阿罗（Kenneth Arrow）。他们认为，如果大量市场交易者确实以凯恩斯所描述的那种方式来进行交易决策，那么半强式市场有效应该被进一步划分成两种类型：一是消息面有效，一是基本面有效。

消息面有效描述了这样一种市场状态：在该市场中，与某只股票有关的所有公开信息都反映在股票价格当中，不论信息的质量水平如何。因此，与企业基本价格有关的信息被反映在股价当中，但同时与企业基本价值无关的信息，如哪支球队获得联赛冠军等，也在价格中被充分反映出来。基本面有效比消息面有效所涉及范围要小，但深度更强。基本面有效认为股票价格是对企业内在价值的准确反映，因为股票价格严格反映了与企业基本商业价值有关的信息。

问题在于资本市场是否能够区分出这些信息种类，并保证只有与企业基本价值有关的信息被保留并反映在价格中。这样又回到那个基本问题，即人们的行为是否理性上来。有效市场理论认为个别人行为的非理性对市场并无大影响，因为一个人的非理性行为会被其他人的理性行为纠正，抵消掉。实际上，有效市场理论模型中包含了这样的非理性行为的存在。

然而，对消息面有效和基本面有效的区分，往往更多是凭直觉的，而且这种区分在实证分析中又十分重要，这导致两者经常相互冲突。这让创立者们感到很没面子，于是经济学家费奇·布莱克（Fischer Black）借用了统计学中的术语，把这些非理性行为重新命名为噪声，给出了一种委婉的解决方案。这样既保住了那些创立者的自尊，又有利于人们深入地讨论该问题并建立模型。

噪声理论是由实证研究的结论支持的，它有一定的思维基础。噪声理论模型认为：依据与企业基础资产价值无关的信息而发生的实际交易量（称为噪声交易）影响了股票市场。下面的这些模型都试图解释噪声交易发生的原因以及对股市的影响为什么会持续下去。

例如，最常见的噪声理论模型认为噪声交易是由信息不充分的投资者所引起的，这类投资者依据情绪变化而不是理性分析来进行投资决策，他们的行为使得股票的价格脱离其基本价值。存在价格与价值缺口的另外原因是市场中存在许多老练的套利者，这些人往往是风险厌恶者，他们利用那部分投资者情绪的变化来进行套利操作，加剧了价格与价值之间的偏差。

股票市场中的噪声交易行为包括：跟风；依据谣言来操作；快速改变个人的投资组合；在保留表现不佳股票同时却卖掉表现良好股票；支付大额信托资金费用却没有得到良好的管理绩效；以及运用一些愚蠢的技术交易战略导致损失惨重等。

上述这些行为的产生原因，目前还没有被很好地解释，但是心理学研究已经给出了一些暗示，这包括：人们对待风险的态度使人们对损失的厌恶远大于对收益的渴望，这种心理解释了为什么人们会卖出盈利股票而仍然保有损失股这种非理性趋势。另一种暗示是人们常依据历史模式的预测结果而曲解了未来不确定事件发生的可能性，如认为未来10年的收益增长率将会等于过去3年的增长率这类错误的认识结论。

理论上，精明的套利者能够纠正这些错误并以他们对市场的深刻理解而从中获利。但是这是一项有风险的活动，如果现在存在定价不合理现象，那么很有可能未来也存在这样的价格不合理。如果股票价格远远高于其价值，套利者就会卖空股票，等待市场对价格进行调整，但这种调整很可能在卖空者必须补仓之前没有发生。如果股价远远低于其价值，套利者就会买入股票等待上涨的调整，但这种调整也许需要很长时间，而如果把这笔资金投入其他地方可能获得更高收益率，即等待过程中可能会有机会成本损失。

另一种可能性是单个理性的行为可能最终会产生非理性的总体效果。在商业活动中时时存在这种情况。以空调为例，在空调发明之后，零售商店们为了增加销售额，提供空调安装的全套服务，这样在每个商店都提供这样的服务之后，最终结果是任何一家都不再享有竞争优势，也即单个商店的理性行为最终产生了总体的非理性的结果。这也是为什么我们看到在城市道路交叉角落，总是只有一家而非多家加油站的原因。巴菲特对此也做过研究，他使用的例子是阅兵时，人们为看得更清楚而踮起脚，结果所有人都踮脚，而看到的效果与所有人都不踮脚是一样的。

上述这些关于市场如何运作的思想的深入发展，日前仍被许多一流经济学家作为研究的重点。有效市场理论的拥护者承认，现实中可能存在一些偏差，但是他们认为这些偏差只是偶然产生的。例如，法玛认为人们对信息做出过高反应的经常性同做出过低反应的经常性是差不多的，即对同一信息可能做出过高反应，也可能做出过低反应；而且在某些事件发生后，超额收益率升高和降低的概率是一样的，最终产生哪一个结果，完全是偶然的。

因此一大群一流经济学家们都认为最新出现的反对有效市场理论的证据总共也没有几个，数量还是很少的。他们仍然坚持基于有效市场理论的投资工具，并不断致力于在实践应用中补充理论上的不足。

2.4 相关理论的阐述与评价

有效市场理论告诉我们特定信息会完全被充分地反映在股票价格当中，但是它并没有为决定信息被充分反映在股价当中具有什么意义这个问题提供研究的基础，要做到这点，需要资产定价理论的支持。现有的资产定价理论，有两个主要思想，其一是现代资产组合理论，它提供了资产定价的基础；另一个是资本资产定价模型，它是资产定价的最常见形式。

现代资产组合理论

在20世纪50年代发展随机游走模型和60年代发展有效市场理论同时，纽约大学的哈利·马克维兹（Harry Markowitz）致力于创建“现代资产组合理论”。它的基本思想是在单个投资组合中加入一系列非相关性股票以获得比单只股票平均波动性水平低的资产组合的波动性。

现代资产组合理论认为所有的投资活动可归结到两个基本要素上，风险和收益。它假设投资者是厌恶风险的，即他们为了回避风险宁愿降低收益，或在给定风险水平下要求更高的收益率。该理论认为这样的投资者通过资产组合投资，在任何给定的风险水平下可以获得最大的期望收益。

一项投资的期望收益是该项投资中各构成成分的可能收益的加权平均，一项投资的风险是该投资中围绕期望的所有可能收益的离散程度。在现代资产组合理论中，投资组合的期望收益是单个投资的期望收益的加权之和；而该投资组合的风险，并不是单个投资的风险的加权之和，它依据投资组合中各构成成分之间的关系而决定。

因此，现代资产组合理论的中心思想是：单个投资收益的变化会减少投资组合收益的离散程度，投资组合的风险是相对投资组合作为一个整体的单个投资的变化程度的函数，这意味着通过投资组合的分散化，可以降低投资组合的总体风险水平。

现代资产组合理论对风险的理解还有另一个非常重要的含义。对于任何一种股票而言，它都包含了两种风险：系统风险和非系统风险。系统风险，又称为市场风险或不可分散风险，随着股票市场变动增长而增加。非系统风险，有时也称为个别风险，特别风险或可分散风险，来自于所投资股票的特殊性质。

因为在现代资产组合理论中，分散化原理使得非系统风险可以被充分地分散，直到为零，这样，竞争性股票市场上该股票的市场收益中就不包含对降低的那部分风险的补偿。因此，市场收益只单单是系统风险的函数，或者说市场收益只取决于市场变化时特定股票也要随之发生变化的风险程度。对所说的这些风险和收益水平的测量，是资本资产定价模型的主要目标。

资本资产定价模型

在20世纪60年代末期，当现代资产组合理论和有效市场理论已经比较成熟时，资本资产定价理论才刚刚兴起。现今社会中众所周知的资本资产定价模型是从现代资产组合理论中推导出来的（突破性工作是由和马克维兹一起获得诺贝尔经济学奖的经济学家威廉·夏普完成的）。和现代资产组合理论一样，资本资产定价模型也假设投资者是厌恶风险的，另外，资本资产定价模型还假设投资者对期望收益有理性的预期。在这样的假设条件下，该模型认为一项投资的期望收益率等于无风险收益率加上该股票的系统风险所要求的风险报酬。

系统风险的测量，是通过测量单个投资相对于市场总体水平的波动性程度来完成的。它把特定股票的风险报酬（等于该股票收益减去无风险收益）同市场总体的报酬水平联系在一起。

任何股票与市场之间的这种联系，用一个数值，称为“β”来表示。

在资本资产定价模型中，具有较高β值股票的风险要高于β值低的股票的风险，因为对市场同样的变动，高β值股票的变动程度要高于低β值股票，也就是高β值股票收益的离散程度较大。

模型的意义与评价

就单个理论模型来看，无论是有效市场理论还是资本资产定价模型都有一些不足之处。首先，在评价有效市场理论时，由于定价模型的需要，产生了一个联合假设问题：在模型检验时，没有人可以确认模型失灵是由于市场无效造成的，还是由于资产定价模型表述不充分造成的。

确实如此。前文我们提到过的与有效市场理论相悖的那些反常现象，更多的原因是由于资产定价模型本身的不足造成的，而不应简单地归因于市场无效。资产定价模型本身的不足主要是对风险定义的不准确和在确定β值时存在表述不准确的问题。

出现的联合假设问题对有效市场理论的反对者们具有重要意义。为了驳斥有效市场理论，需要一些未使用任何资产定价模型而得到的证据，并且，股票价格行为之间的任何线性或非线性相关关系都与有效市场理论相矛盾。因此，只要发现连续的股价之间存在线性或非线性相关关系（下一章重点研究此问题），那就意味着有效市场理论不成立或不完整。这种分析因为不使用资产定价模型，因此也就排除了把反驳有效市场理论的证据解释为资产定价不准确的情况，因而直接检验了有效市场理论的成立与否。

另外，资本资产定价模型认为投资组合中一项投资的期望收益与该组合的期望收益是线性相关的，这种线性关系由β系数给出，进而由资本资产定价模型的理性预期假设所决定。但是，如果人们的行为与理性预期假设不一致的话，那么就没有理由让人相信会存在这样的线性关系。换句话说，股票市场很可能不是线性的，而是非线性的，如果真是那样的，β就不再是对风险的准确测量。

最后，资本资产定价模型中的理性预期假设要求投资者对同一项投资有同样的收益预期，进一步地讲，即要求所有投资者以完全相同的方式来评价和理解信息，它甚至要求所有投资者依据相同的时间段的划分来评估投资机会。而这些假设明显脱离了现实情况。因此，对这些假设的怀疑和争论现在已经成为批评资本资产定价模型的一个重要内容。

研究已经证明，和多数商品一样，对特定股票的需求导致对其价格变化的敏感。当一只股票价格发生变化时，不同投资者会形成不同的看法，甚至是截然相反的看法，因此市场并不能描画出一只股票的正确价格是多少。即使人们都是足够理性的，但人毕竟不是完全标准化的机器设备，他们对信息的理解是不同的，他们对企业未来现金流的现值的判断也是千差万别的。因此，资本资产定价模型中所要求对信息有同样理解的假设明显与现实相矛盾。

正如弗朗西斯·福山（Francis Fukuyama）在一本书中所指出的那样：与有效市场理论最终相联系的新古典经济学模型中，理性的自我感兴趣行为假设大约只有80%的正确性。这种理论与经济学鼻祖亚当·斯密（Adam Smith）的观点有所不同。亚当·斯密强调经济生活是包含在社会生活当中的，人们对经济活动做出的决策脱离了单纯的经济学计算，因为社会习惯和环境因素在起作用。这也是为什么斯密时代经济学被称为“政治经济学”，而现在只简单称之为“经济学”的原因。

如果把其他的社会科学也与经济学联系起来，我们甚至可以从物理学这样生硬的学科中得到一些启发。回想一下随机游走模型，它之所以这样命名，就是因为公开资本市场也服从布朗运动的基本原理，而布朗运动描述的是分子运动的随机行为，是一个纯物理学概念。把它引入到经济学中后，我们发现虽然分子是无知觉的，但市场上的价格却是人们的知觉和行为创造出来的结果。

这表明价格分子不可能永远是平行移动而不发生碰撞的。更深层次地看，现代物理学已经超越了布朗运动的内容，开始研究非线性移动和混沌理论，这与我们对经济学特别是对资本市场的研究思路有一定共同之处，经济学中也存在非线性移动和混沌理论。

下一章内容将说明这个共同之处是如何产生并发挥作用的。在这之前，还是让我们停下来思考一下作为风险测量工具的β系数。实际上，β真正测量的是股票价格的波动性。如果你坚持认为它是一个风险测量工具的话，那么它顶多只能测量股票价格波动的风险。对于一个市场分析者来讲，这种测量是有一定意义的。

但是对于一个企业分析者，价格变化是一种无用的分析工具，β 无任何作用，对这些人来讲，真正起作用的是“商业波动性”，它是用来衡量企业为达到未来预期绩效而产生的收益或现金流的变化的。也正是这些收益和现金流状况决定了企业的商业价值，市场价格和 β 值对于企业分析者毫无用处。

当 20 世纪 60 年代末期出现利用模糊数学来作为投资方法时，本杰明·格雷厄姆就宣称把股价变动的波动性作为风险的代名词这样做弊大于利，因为**这样做使得人们把更大精力投入到对市场波动的分析当中，忽略了对企业本质的关注**。有效市场理论认为市场波动只是反映了信息变化的价格的理性变化，希望以此认识来减少反对意见。仅此而已。但是有些事情却并不是那么简单的。对于这个问题，查理·芒格总是喜欢引用爱因斯坦的名言来加以说明：“**任何事情都应该越简单越好，但太简单了也不好。**”事实证明，格雷厄姆的看法是正确的。

第三章

市场混乱的背后

上一章中我们综合介绍了一些顶尖级经济学家，包括一些诺贝尔经济学奖获得者，带给我们的“现代金融”理论，现在的投资者可以从中得到不少启发，但是这些理论在实践中为人相信的并不多。尽管有效市场理论的信奉者们对强式有效理论的研究缺乏更多的证据，但是弱式有效和半强式有效，以及现代资产组合理论和β值的观点，确实在近30年来的学术研究和实际投资行为中得到广泛应用。

然而，这些假设的基础都是简单的线性分析和思考，因此它们的说服力和标准性含义都存在一些问题。在各个领域不断发展的同时，知识也在不断创新。技术的进步帮助我们在有效市场理论和现代金融理论不断发展的同时，对市场行为建立更强更优的模型。新技术向我们展示了与原有技术不同的结果，确认了暗含在格雷厄姆所说的“市场”先生背后的公众直觉判断现象的存在。

3.1 波　动

股市交易中存在的噪声现象向我们显示了线性检验模型是不充分的，而正是该模型导致了随机游走模型和有效市场理论的出现。噪声理论表明对公开资本市场的信息加工的性质是具有非常强大力量的，以至于有关潜在商业价值的基本信息可以被一些外来的不相关信息或噪声所替代，这些基本信息没有得到充分重视和利用。因此导致市场中出现了这样一种不合理的反馈系统：单个投资者往往对信息做出过度反应，或者是对于信息变化而无动于衷。

反馈过程的效果是对非线性系统正确性的证明。它们表示在原因和结果之间（如消息与股票价格变动）存在一种不成比例的关系。人们还没有充分认识到噪声理论的作用。但是，对线性和非线性的区分，是理解股票市场各种行为的基础，它决定了投资者和资产管理者应该如何对市场和市场价格进行思考。

线性关系意味着比例性，即一个变量的变动会导致某一个特定变量产生成比例的变动。例如，之所以认为资本资产定价模型是线性的，就是因为它确认股票的预期风险报酬是与β值直接成比例的。

有效市场理论在两个意义上是线性的。首先，弱式有效背后的统计模型是一个简单的线性回归分析；相关系数表明的是在直线基础上，随时间变化各变量之间如何相关。换句话说，对时间序列数据的相关性检验是通过在数据中加入一条直线，然后求出相关系数而完成的。

第二点，有效市场理论的半强式有效形式是线性的，这是因为在它的定义中就确定了信息变化与价格变化之间具有一个成比例的关系。特别地，半强式有效形式认为信息毫不偏差地反映到价格当中。换句话说，即在与企业商业价值有关的信息变化和表示这些价值的金融资产（特指股票）的最终价格变化之间存在一种比例关系。

为了简化问题和进行比较，我们把非线性关系简单地看成是不成比例的，即一个变量的变动会引起另一个特定变量的变动，但这种变动是指数形式的，而不是成比例的。举个很无聊的例子，往骆驼背上加稻草让它载重。随着稻草的不断增加，骆驼的负重越来越大，最终结果是最后的 1 克稻草就可能压垮一个 1 吨重的骆驼。显然，这 1 克稻草与骆驼体重之间是不成比例的。这是一种非线性关系。

股价的波动和市场的涨跌往往被认为是在市场已经累积下来的信息的基础上，由于新增加的信息而引起的。如果只有一家公司宣布它的收益水平达不到人们的预期，那么该公司的股价会下跌而市场可能并不受影响。但是随时间推移，如果该行业的另外一些公司也出现同样情况，股市就会作出反应，该行业的所有股票都会突然下跌，引起连锁反应并最终波及到整个市场。但是股市专家们并不承认个股的崩溃会导致市场的灾难。

市场会对新信息做出缓慢的、过度的反应，这一结论正是噪声理论所阐述的内容。然而对线性和非线性系统的区分超出了噪声理论的研究范围，因为噪声理论本身受到有效性形式的限制。非线性移动和混沌理论对此做出了突破，它通过引入对投资者和市场行为的分析，为理解公开资本市场提供了一种完全不同的思考方法。

并没有强有力的原因可以表明公开资本市场是一个线性系统而不是非线性的。因此在理解这样的市场时要考虑的首要问题之一是市场是服从线性过程还是非线性过程。这就要用到一些在随机游走模型初创时还不可行的，但现在已经很成型的技术来对这个问题进行精确地分析。

这些技术在20世纪60年代、70年代甚至80年代早期不可行的原因之一是对强大计算机系统的要求。这样的计算机系统不仅要能快速进行数据处理，而且还要超越简单的直线数学模型，要能分析多层次数据流的曲度。借助这种辅助工具的力量，研究者们开始对那些验证随机游走是否准确描述了股票价格变化情况的实证研究进行了深入分析，剖析了不符合随机游走结论的反常现象，做了深度挖掘。

进行这种深度挖掘的一种工具实际上在20世纪前半叶就已经出现了。它由水文学家赫斯特（H. E. Hurst）建立。当时他正致力于尼罗河水坝工程建设，他需要依据降水量的大小来制订水库排水政策，以保持水库水位。

为了理解水库系统是如何运作的，赫斯特在每天中午对水位数据进行记录，并计算水位数据的分布（主要区分最高、最低水位和平均水位）。如果分布随观测到的记录数目成比例增加，那么就可以得出水库系统是一个随机系统的结论。否则，它就是非随机的，并可以建立一个新的模式。因此知道上述这两种情况的任何一种，都可以帮助赫斯特来制订水库排水政策。

赫斯特建立了一种称为“H指数”的简单工具来决定增加的分布是否属于第一种情况，即服从随机系统的定义，还是属于第二种情况，即可以用来建立一种新的模式。在这里我们跳过具体的数学计算细节，只说明其原理。如果系统的“H指数”值等于0.5，那就表明该系统以随机游走方式运行，任何上涨或下降的特定变化发生的可能性都是50%对50%，即完全是随机的。

如果“H”值低于0.5，系统就是均值回归系统，这意味着如果在一定的观测数内，系统上升，那么很可能在紧接着的下一个这么多的观测数值内，系统会下降。相反，如果“H”值大于0.5，系统就是相关的或连续的：这意味着如果系统在一定数目的观测值内是上升趋势，那么它极有可能在下一个这么多观测值内仍然保持上升趋势。例如，“H”值等于0.6，这意味着系统在一个正向移动之后又发生一个正向移动的可能性是60%。

“H”值会随时间而改变。例如，在一段时间内“H”值可能是0.7，然后它下降到接近0.5，然后又可能迅速上升。“H”值保持在0.5之上的那段时间内的观测值（或时间段）实际上就是对系统的平均循环长度的测量。

举例来讲，如果“H”值在某一确定时期内超过0.5，那么这段时间的长度就是对系统记忆性的测量。所谓记忆性，即过去发生过的事件对现在和将来事件能造成多大程度的影响。在投资分析领域中，这种记忆性是对投资者可以充分利用信息的时间的测量。

在整个20世纪90年代，一些市场分析专家指出“H指数”也可以运用到股票市场当中来，以它来决定市场是否是随机的。波士顿的一位名叫爱德加·彼德（Edgar Peters）的基金经理，就把“H指数”应用在标准普尔500工业指数上，用它对从1950年1月到1988年7月的38年间的月数据资料进行了测量。结果他发现：在大约每4年的平均时间内，H值达到0.78，这表明这4年的数据之间，标准普尔500指数存在一个很强的连续关系；而对于超过4年的平均期限，他发现“H”值一直在0.5附近徘徊，变动不大，从0.48~0.52的变化范围。因此，彼德得出结论——标准-普尔500指数在四年之后会逐渐丧失对过去事件的记忆性，因而该指数变化并不服从随机模型，它在长达4年的时间内会对价格变动产生影响。

3.2 再波动

在本章对市场混乱行为的研究中，那些信奉完美市场的经济学家们的美梦被现实冲个粉碎。像赫斯特利用“H指数”验证市场并非有效市场理论所假设的那样是线性的，而是非线性的。另外，有效市场理论中认为市场理性的假设，在物理学中的混沌理论出现之后，也受到广泛质疑。

混沌理论的兴起源自于吉姆斯·格雷克（James Gleick）1987年出版的畅销书:《混沌》(*Chaos*)，该书对自然科学中存在的混沌现象做了详尽说明。混沌理论在经济学和金融学中的应用，出现于1988年的一系列图书和大学出版物中。这种物理学与金融学的融合，形成了一门被称为“物理金融”（phynance）的新学科领域，其代表人物是多尼·法默尔（Doyne Farmer）和诺曼·帕克哈德（Noman Packard)，这二人对物理金融领域的研究成果都被汤姆斯·巴丝（Thomas Bass）收录在他1999年新书《预测者》中。现在，混沌理论已经成为对经济或金融系统的非线性动态行为研究中一个重要而且快速成长的领域。

通过混沌理论，物理学家们发现在空间中，许多以前被认为是随机的(即不可预测，不存在一定模式）现象，实际上并不是随机的，而且存在一些显著的模式。简单地讲，混沌理论的主要思想就是空间发生的表面上看起来是随机的物理事件，其实存在一定的模式。因此那些看似随机（在传统的线性模型中，只包括随机运动和随机行为）的系统可能存在一定的定数，或者说系统内部存在比简单线性更复杂的关系。

混沌理论起源于19世纪法国的一位物理学家兼数学家亨利·彭加勒(Henri Poincaré)的研究，正是这位皮奥卡雷，研究了著名的“三维问题”。我们所熟知的牛顿，运用他的运动和地心引力法则，证明了对任意两个相互吸引的物体，都可以准确计算出它们未来的位置和速率。但是即使是大名鼎鼎的牛顿，也并没有对三维和多维问题有多大贡献。

三维问题的提出，是为了帮助科学家们解决向火星或其他行星发射空间探测器的问题。一般地，对于发射出的探测器，科学家们都要提前为它设计好飞行轨道，直至探测器到达指定目标为止。在这个过程中，许多情况下会发生轨道错误或偏差，信奉牛顿学说的科学家们对此毫无办法，因为牛顿理论只能用来准确测量两个物体之间的相互作用，不运用于多个物体（如三维）等问题。这样导致许多探测器在太空中消失。

皮奥卡雷对多维问题进行了深入研究，他认为三维问题是服从非线性关系的，并宣称“**初始条件的一个极小的差异将会导致最终结果的一个极大的差异。前者发生一个微小错误，后者的错误就会十分巨大**”。这种观点，是混沌理论的核心内容，一般在现在被称为“对初始条件的敏感性依赖”。

对敏感性分析的经典案例是气象学中的蝴蝶效应。该效应是在20世纪60年代早期由麻省理工学院的气象学家爱德华·洛伦兹（Edward Lorenz）发现的。他曾经这样描述过气象学中的敏感性分析的重要性，他说：“对天气进行计算的动态等式对初始数据是高度敏感的，这种敏感性是非常强的，以至于在地球上某一地方的蝴蝶是否会拍翅膀，都会影响到另一个地方是否会发生飓风。”

再以冰球场为例做进一步说明。假设有一个空的冰球场，某人在冰上放置一个冰球，然后用力向球场远端击球。这个人测量了他击打的角度，球受撞击的角度，以球反弹的角度这三个指标，并在冰球在球场上跳动过程中一直测量下去。

假设不存在摩擦，那么冰球的运动服从这样的一个规则：每次撞击球场边缘之后冰球反弹回的角度总是与它朝球场边缘滚去的角度一致。（这类似于撞球比赛。）这条规则也意味着我们已经建立了一个决定系统，在这个决定系统中，冰球每次撞击后的位置都可以被提前准确地确定出来。（假设冰球运动速度已知。）

现在对此例子做一定变化。假设冰球最初放置位置被做了一定调整，调整的度数是十分十分小的，以至于测量者并没有发现角度发生了变化。这样再击球撞击球场边缘，我们会发现，尽管最初冰球放置角度只发生了一个极小变化，但在一次一次地撞击后，冰球的最后位置就会与人们原先的预测结果产生很大差异。随撞击次数增加，这种差异也是指数形式增长。因此在短期内，如果预测者不改变原来的输入位置的话，他的预测就不会准确。

从这个例子中，我们可以看出：尽管各种测量能帮助我们进行准确的预测，但是如果我们每次击球时都改变球的最初位置，那么球的运动就是随机的，并且是不可预测的。这种对初始条件的敏感性依赖，正是无序系统的最显著特征。为了证实这种敏感性的存在，洛伦兹和他的后来者们创立了一些工具来进行检验。

图形和吸引子

传统上，时间序列数据一般用卡氏几何来表示。如对股票价格的时间序列数据的描述，用纵坐标轴来表示价格，而横坐标轴表示时间顺序。

在物理学中，这种常见的卡氏图形被变换成更有说服力的图示表示，称为阶段描述，它刻画了各变量在阶段性空间的变化情况，可以描述出系统所可能发生的全部变化的可能性。可以用钟摆运动的例子来说明对同一时间序列数据使用卡氏表示和阶段描述的不同。我们引入一个新名词，叫做吸引子。

考虑一支由机器驱动的做正常摆动的钟摆例子。除非把驱动钟摆的机器关闭，否则该钟摆会一直以固定速度摆动，而不会停止下来。对这种运动，卡氏时间序列法描述出来的摆的运动是来回的上下直线，随时间的推移，这些直线的高度保持不变（见图 3－1 所示）。

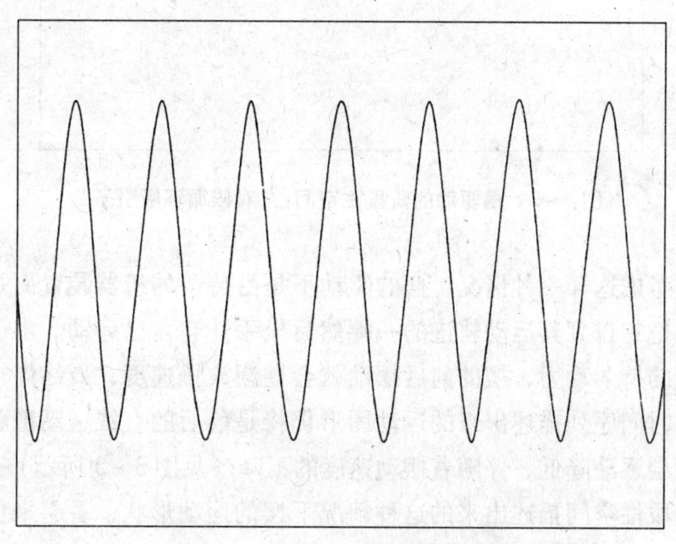

图 3－1　摆驱动形成的时间序列

而在阶段性空间的描述中，摆的运作被看成是矩形的。在阶段性空间的任一时刻，摆的运动角度指明了它在横坐标轴上的一个点位置；而摆的运动速度则指明了它在纵坐标轴上的一个点位置。这样，阶段性空间中摆的运动形状是一个封闭圈，它表明摆不断重复地经过相同位置做连续运动（见图 3－2 所示）。这种不断地重复情况被称为一个有限循环，或一个有限循环吸引子，因为摆（也可延伸到系统）总是最终被吸引到某一点和一个有限循环当中来。

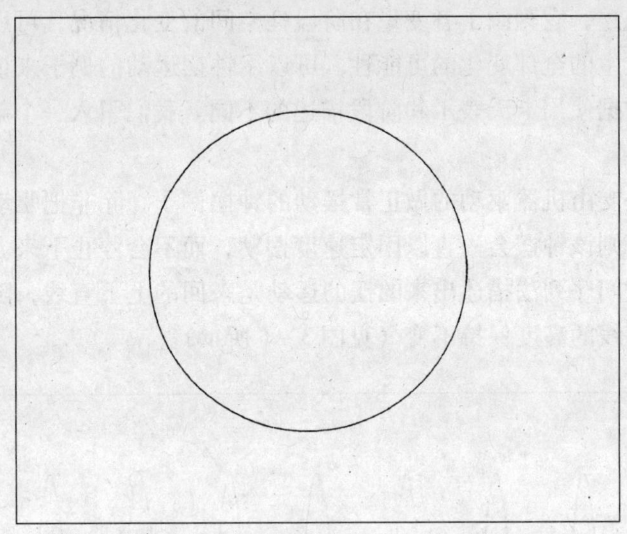

图 3－2　摆驱动的阶段性空间："有限循环吸引子"

现在考虑这样一种情况：摆的驱动不是由持久的机器装置而是手工完成的，先把它拉到其运动轨迹的一端然后松手让它自己运动。由于没有机器所给予的持久动力，摆的前后摆动就会逐渐放慢速度，最终停在某一点上。卡氏时间序列描述出来的运动图形仍将是前后的直线运动形状，但是运动高度会逐渐降低，伴随着摆动速度的下降（见图 3－3 所示）。

以阶段性空间描述出来的这种情况下摆的运动形状，看起来仍是一个封闭圈，但是由于摆动速度不断降低，随着摆的不断放慢速度，各运动点会形成一个螺旋状的向内移动轨迹。最终，这些运动点会聚集在初始位置上（见图 3－4 所示）。这个初始位置，被称为一个点吸引子，因为摆（或者说系统）最后被吸引到那一点和一个点循环当中来。

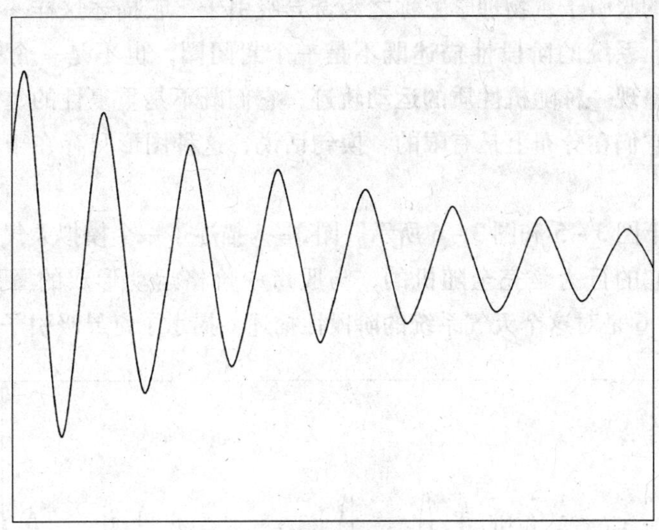

图 3－3　不加驱动的摆运动形成的时间序列

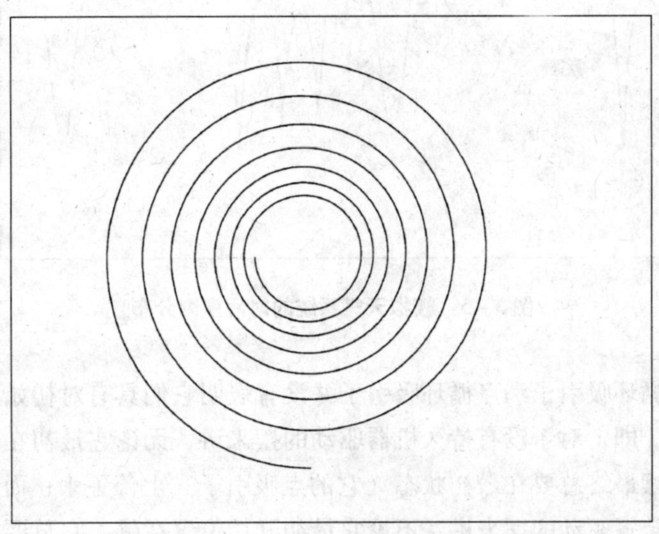

图 3－4　不加驱动的摆的阶段性空间："点吸引子"

描绘这种图形的另一种方法是把阶段性空间看成是卡氏时间序列描述的一种变形。它实质上是回旋式简单时间序列图形的另一种表述。这种第三种形式的吸引子，物理学家称之为奇异吸引子。它描述这样一个系统的运动状况，系统的阶段性描述既不是一个封闭圈，也不是一个螺旋状循环，而是呈现一种随机性质的运动轨迹，它们既不是重复性的，也不是阶段性的。它们在分布上是有限的。换句话说，这种图形只存在于有限空间中。

看一下图3－5和图3－6所示。图3－5描述了一个模拟天气系统的时间序列，它的行为是完全随机的，与股市中价格运动形成的图形十分类似。图3－6是对这个天气系统的阶段性描述，揭示了奇异吸引子的存在。

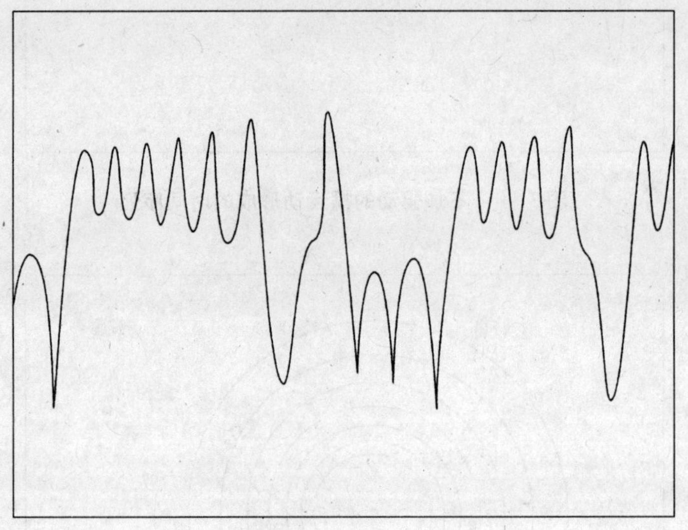

图3－5 模拟天气系统的时间序列分布

有限循环吸引子和点循环吸引子并没有表明它们具有对初始条件的敏感性依赖。即：对于没有持久机器驱动的摆来讲，无论它最初在何位置开始运动，摆最终总要在最初状态（它的点吸引子）上停下来；而对于被持久性机器装置驱动的摆来讲，不论它最初开始位置在哪，它总要沿着它的封闭圈（它的有限循环吸引子）确定的轨迹运动。

包含奇异吸引子的系统具有对初始条件的敏感性依赖。也就是说，系统在未来时刻所处的位置是由系统开始时的位置所决定的（或者说是由之前时间上的位置决定的）。

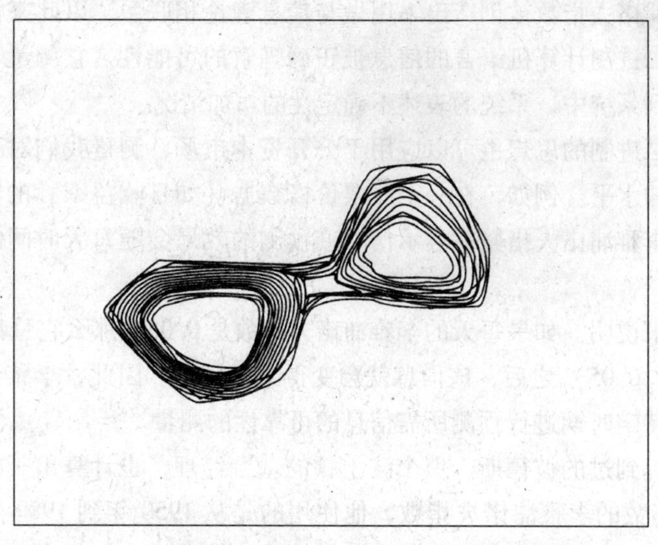

图 3-6　模拟天气系统的阶段性空间："奇异吸引子"

该方法的深入说明

阶段图形通过一个变量价值相对于其他变量可能价值的图形描述，描画了一个系统的所有可能状态。阶段空间的维度等于用来描述系统的变量的数目。系统是否具有对初始条件的敏感性依赖，取决于一个被称为"李雅浦诺夫指数（Lyapunov exponents）"的数目的大小。该指数是由俄国数学家李雅浦诺夫最先发现的，并以他的名字命名。

李雅浦诺夫指数测量的是在阶段空间中一个变量相对于另一个变量的运动情况。正的李雅浦诺夫指数测量阶段空间的延伸——一个变量相对于另一个变量的偏离程度；负的李雅浦诺夫指数测量阶段空间的收缩——系统在发生混乱之后修正的速度。因此，对于点吸引子和有限循环吸引子，它们的李雅浦诺夫永远不可能是正的，因为这样的系统总是收缩的。

对于点吸引子，它的维度总是收敛于一个固定点，即初始位置；而对于有限循环吸引子，所有的维度收敛于除创造了封闭圈并保持不变的那一点之外的另一个点上；而对于奇异吸引子，由于系统对初始位置最有敏感性依赖，因此它至少有一个李雅浦诺夫指数是正的，因为在附近的轨道中存在偏差。

李雅浦诺夫指数被创造出来用做与信息理论相联系，以此来详细说明被转化为二进制计算机语言的信息被正确理解的可能性。它测量了随着新信息加入到系统中，系统的表述不确定性的增加情况。

信息二进制的思想也可以应用于公开资本市场，测量我们对当前市场形势的认知水平。例如，在一个股票价格数据（如日收益率）的时间序列中，正的李雅浦诺夫指数就表示信息或预测的效果会随每天时间的过去而逐渐减弱。

举例来说明。如果每天的李雅浦诺夫指数是0.05，那么它意味着在20天（20=1/0.05）之后，该信息就会变得毫无用处。因此，李雅浦诺夫指数是对在特定时期进行预测所需信息的可靠性的测量。

前文提到过的彼德斯，那个波士顿的基金经理，也计算出了标准普尔500工业指数的李雅浦诺夫指数，他使用的是从1950年到1989年的月数据。结果是每月具有一个等于0.0241的稳定的指数值。每月的李雅浦诺夫指数等于0.0241，表明信息的可靠性是以每月降低0.0241比例准确性的速度在不断减弱，因此系统的平均循环长度大约是3.5年（1/0.0241=大约42个月）。这种分析得出的结论与彼德斯利用“H指数”计算出来的结果基本吻合。

彼德斯还计算了从1928年到1990年期间标准普尔500工业指数的90天交易数据，得出李雅浦诺夫指数值是0.09833。这个结果与月李雅浦诺夫指数值和“H”分析的结论值基本一致，它表明系统的平均循环周期约为4年（1/0.09883=大约10个90天期）。根据这些计算的结果，我们可以看出公开资本市场并不是简单线性有效的，它存在对初始条件的敏感性依赖和混沌行为。

分形方法

对混沌进行检验的另一种方法是决定系统是否有一个分数维。具有分数维的系统不服从欧几定律。欧氏几何简单地区分了几种维度类型：点，没有维度；直线，只有一个维度；平面，有两个维度；立体，具有三个维度。这样简单地划分存在一些问题——现实中有许多物体并不必定适合于其中之一。引入分数几何之后，才构成了完整的维度划分。

数学家本诺特·曼德尔伯特（Benoit Mandelbort）最早创建了分数几何，他也因此获得了1993年物理学的沃尔夫奖。曼德尔伯特通过长期观察，认为自然目标并不像欧氏几何所描述的那么简单，不能简单地认为它们一定服从那几种整数维度的划分。他举例道，如果单用欧氏几何的观点，随无限时间期限的推移，我们不断地把一张纸弄皱，那么该如何划分这张纸的变化情况呢？

这种情况不是三维的，因为它不是纯粹的立体形式（纸有折痕和裂缝）；它也不是二维的，因为它有深度。实际上，它的维度是在2和3之间的。即这张被折皱了的纸，具有一个分数维度（是二点几几）。

对于时间序列数据，维数取决于产生数据的系统是随机的还是非随机的。如果系统是随机的，从该系统中产生的时间数列数据就会反映出这种随机性，并且具有一个尽可能大的维数。以在一张上写数为例，这种情况下最大可能维数是2（纸本身的维数）。在任何情况下，数据都可以写在平面上。

如果系统是非随机的，那么从该系统中得到的时间序列数据就会反映出这种非随机性，并且具有一个分数维：数据不能写在平面上，而是要被叠加起来。这种叠加反映了数据之间的相关关系。

对随机时间序列和非随机时间序列的区分，可以用另一种不同的方式来把它概念化。例如，对于上述的皱纸例子，我们常把弄皱了的纸作为一个三维目标，实际上也可以把它看成是纸本身（二维）基础上又加入一个分数维度，这样构成的这个更大的维度被称为“嵌套维度”。

当存在嵌套维度时，分形仍然保持它们的分数维；而随机分布则不会。因此，与非随机分布不同，随机分布会像气体膨胀一样填满它们的分布空间，气体不断胀大是因为并不存在把气体分子束缚在一起的力量作用。这也正是我们在前文介绍过的布朗运动的根本特征。

彼德斯计算了标准普尔500工业指数的分数维，结果等于2.33，同样他还计算全球其他股票市场的分数维，无一例外结果都是分数。具体地说，日本是3.05；德国是2.41；英国是2.94。正是这些强有力的证据，告诉我们有效市场理论并不是对股票市场的最好描述。

3.3 复杂性

以爱因斯坦的时间依据不同情况以不同方式运行的观点来考虑1987年的股市崩溃：直观的感觉是市场崩溃表明市场当中的混沌行为已经开始出现。以非线性市场时间的角度来看，这样的直观的例子开始大量发生，在交易量巨大的情况下市场时间开始膨胀（加速）；而当交易量很小时，市场时间被压缩（减速）。这种市场时间的速度，被称为实际时间，证明了市场本身是价格连续性的或是价格非连续性的。

在混沌理论中，价格连续性被描述为“约瑟效应”。该效应来自于圣经中约瑟解释法老的梦想，他认为在7年繁荣之后，紧接着的将是7年的饥荒。这种现象在公开资本市场中也存在，它是由牛市和熊市构成的，各种趋势的出现和消亡都具有明显的时间期限。

而在混沌理论中，价格非连续性被描述为“诺亚效应”，取自于圣经中发洪水的故事。公开资本市场的价格变化也存在诺亚效应。例如，假设某一交易日，IBM公司股票开盘价为50美元，收盘价为30美元。这些数据并不意味着在这一天投资者必然会以40美元价格（或50与30美元之间任意其他价格）来交易IBM股票。由于股票价格变动具有非连续性，导致投资者可能在某一时刻会以45美元价格成交，而在下一个时刻可能以35美元价格却无法卖出（这种情况经常出现，在下一章我们会做深入讨论）。

市场具有两种选择——可能是价格连续性（约瑟效应），也可能是价格非连续性（诺亚效应）——说明前后顺序发生的时间（自然时间），或说是线性概念，并不是对公开资本市场各种现象的最精确测量。当价格非连续性（即诺亚效应）占据市场主流时，市场会发生很大的波动，价格是不稳定的，因为实际时间和交易行为发生的速度超过了自然时间和信息收集的发生速度。当价格连续性（即约瑟效应）占据市场主流时，价格是相对稳定的，因为实际时间大致等于或慢于自然时间的速度。

实际时间的速度与自然时间的速度可能不同。价格变化因而可能会先于信息变化而发生。因此，投资者和其他市场参与者，既不会满足同质预期的线性假设，也不会满足噪声理论的非理性行为假设。

相反，具有非同质预期的投资者可能是理性的，也可能是非理性的，这要依据一些变量来决定。在这些变量中，最重要的是投资者所设定的投资时间范围，有的是短期的（如日交易者，分钟交易者等），有的是长期的（如中央银行的投资等）。

不同时间长度的分布影响了约瑟效应与诺亚效应、连续性与非连续性，以及对信息的提前调整和滞后调整等现象。一般地，短期投资者对新信息做出反应的速度较快，而长期投资者反应较慢。因此，信息变化并不会使价格产生成比例的变化。而事实也正如此，当市场中短期投资者数目远远超出长期投资者数目时，市场的波动性就会上升。

构成了新信息的那些变化，产生了区别于依据具体时间范围所确定的新一轮的价格变化。现在对于全球金融市场的考察，要把投资者异质性和时间范围的复杂性考虑进去。对当今金融市场而言，信息本身是动态的，它在全球各地不断传播，通常是24 小时循环一次，首先冲击东京市场，然后是伦敦和法兰克福市场，接着是纽约市场。一次循环之后，又接着开始下一轮循环。

在这种现实情况下，认为市场对新信息的调整是连续不间断的，并且是无偏差的观点显然是不可信的。也没有必要把所有的市场提前调整和再次调整全部归因于非理性的噪声交易。在完美市场中，增加的信息变化被普遍预期会产生成比例的价格变化，但在实际市场中并非如此，信息变化与价格变化并不是成比例的。从混沌的动态性质来看，价格变化的不成比例是最初的测量误差随着时间的推移呈指数形式扩大而导致的结果。

3.4　行为金融论

系统的复杂性和价格粘性不仅为反对有效市场理论提供了新的证据，而且它们也对所观察到的股价的非线性相关和各种混沌现象的可能存在提供了部分解释。当然，它们也十分确定地说明了市场行为远比有效市场理论所描述的要复杂得多。这对市场有效性来讲是一个坏消息，但对于想认清市场本质的投资者却是一个好消息。

有效市场理论对经济学家来讲仍然是有价值的，他们可以用它来解释一部分市场过程，因为公开资本市场既包含随机成分也包含了非随机成分。但是，有效市场理论只解释了其中一部分的正确性，不能把这一部分的正确性错误地扩展理解成市场整体是“相对有效的”，或是“合理有效的”，或“充分有效”，并认为在任何时刻都成立。自从1987年股市崩溃发生之后，甚至许多有效市场理论的支持者们也动摇了对该理论的信心，开始按上述思想来重新考虑有效市场理论。

自从1987年以来，许多顶尖级大学里涌现出来的新一代经济学家们，开始不断地对有效市场理论提出挑战。其领导者是耶鲁大学的罗伯特·希勒（Robert Shiller）。耶鲁大学创立了一种全新的金融思想，称为行为金融学，它把诸如经济学、心理学、生态学、人口统计学、社会学和历史学等许多学科的思想和方法融合到金融学当中去，用这种新的学术框架来挑战有效市场理论的重要的数学基础。

行为金融论的先驱者们发现了支持巴菲特长期持有的观点和最常见感觉判断主张的许多重要的证据。其一是：当股票价格在短期内大幅攀升时，股票的价格与价值是脱离的，而对于长时期来讲，价格必然是对价值的反映。哈佛大学的安德雷·什雷费尔（Andrei Shleifer）也参与了这次研究，他把研究结果总结为：“那些相对于它们的资产或收益状况具有很高评估价值的股票（一般称为成长型股票），往往是在过去几年中取得相当高收益增长率的公司的股票，这类股票的未来收益率由于风险大而被调整，因而实际投资收益率相对较低；而那些评估价值较低的股票（一般称为价值型股票），其投资收益率相对较高，因为未来风险调整的收益率较小。”

其二是一些证据表明，对第二种类股票（称之为“价值型股票”是不准确的，但这一名称能使讨论简明化）的投资，如果持有期很长的话，这类股票会产生非常巨大的收益。经过测试分析，希勒和他的同事们认为从长期持有角度来比较，价值型股票的年收益率将会比成长型股票的年收益率高出8%～10%。

早在1981年，希勒就指出股票市场价格的波动是如此巨大，以至于它们不能服从有效市场理论。当时，希勒的这一番言论被对手们好一通冷嘲热讽，但他坚持了下来，从小到大逐渐地引起人们的关注，其中包括前哈佛大学教授，现任美国财长的劳伦斯·萨默斯（Lawrence Summers）。希勒检验了股票价格变化与公司支付给股东的红利之间的关系，结果发现相对于比较稳定的现金流，价格变化具有十分明显的不规则性质。

希勒和他的同事约翰·坎贝尔（John Campbell）认识到有一些价格变化是由于企业的基本信息发生变化或由于企业未来现金流的不准确性所引起的。这种变化情况占全部变化情况的比例不低于20%，就算是20%，那也意味着有效市场理论只有80%情况下是正确的。理解到这一点，改变以往对市场有效的错误认识，这对投资者和基金经理们制订投资计划是至关重要的。巴菲特对此做了如下总结："我们要正确地认识到市场只是**经常有效**而已，并不像有效市场理论的支持者们所认为的那样**总是有效**的。这两种观点之间的差异就如同白天和黑夜之间的差异。"这种白天与黑夜之间的差异，正是格雷厄姆和巴菲特所需要认识的全部内容。他们两人都不热衷于对市场的数学模型计算，除此之外，这两人都认为有效市场理论并不能解释全部的市场行为。

对于现代经济学家们偏好构建有效市场理论及其相关的市场计算的数学模型这种现象，巴菲特经常引用查理·芒格常说的一句话来进行描述："对于一个带了锤子的人来讲，任何问题看起来都像一个钉子。"格雷厄姆也引用亚里士多德的话对这些人做了批评："拒绝承认某些习以为常的现象的正确性是受过教育的人的标志。接受数学家提出的仅仅是可能的结论，或者从演说家那里得到严格的验证，这都是不合理的。"

格雷厄姆得出结论，认为"金融分析师的工作是介于数学家和演讲家之间的那么一种角色"。行为金融论的先锋者们比有效市场理论的支持者们占据了一个更为有利的时机和地位，但是他们自己也承认，在理解投资者和市场方面，他们还有很长的路要走，正如本书下一章所阐述的那样，这个任务不是变轻松，而是变得更繁重困难了。

第四章 波动性详述

在描述市场行为时，前两章介绍过的有效市场理论和混沌市场理论并不足以反映市场的全部状态。这两种理论也不是互相排斥的，它们只是从完美定价到价格与价值之间有重大偏离的连续性分布的两个端点而已。这些位于连续性分布外部的性质相反的点，都是价格波动性的函数。价格波动性既可以把价格拉向价值（即市场有效），也可以使价格脱离价值运动（即市场无效）。

测量市场行为当中有多少是由有效性决定的，有多少是由混沌性决定的，是十分困难的。但是如果依照那个乐观估计，认为有效市场理论在过去几十年当中，可以解释80%的股票市场行为的话，那么紧接着产生的一个重要问题就是在未来它能解释多少。为了回答这个问题，我们需要考察价格波动性的来源并评估这些渠道是朝着更有效的趋势发展还是朝着造成更大的价格与价值缺口的方向发展。

导致价格脱离基本价值的波动性主要来源于以下几个方面：(1) 市场参与者在交易时所使用的信息的质量水平；(2) 对交易产生影响的市场复杂程度；(3) 市场参与者的纪律性水平。可以预见的是，随着网上交易和计算机为基础的交易的兴起，各种来源的消息都可以在网上肆无忌惮地传播，因此，日或分钟交易者利用这些信息源会把市场狂乱引领到更加剧烈的两极混乱当中。在混乱与有效的较量中，混乱看起来占有一定的优势。

4.1 信息波动性

第一种来源的股票市场波动性与信息变化有关。信息波动性不仅有一个正的（有效的）维度，而且也有一个负的（无效的）维度。

信息波动性的正向维度（即有效）是对由企业基本信息引起的价格变化的加速反应。这种基本信息的变化，改变了与它的未来商业前景有关的不确定性。例如，当美国最高大法院宣布政府某一部门无权对烟草生产进行管制时，这意味着烟草生产企业未来遭受政府强制性措施的可能性减少，因而烟草公司股票的价格就会做出变化，以反映这种未来管理环境不确定性的变化。

在任何市场中，这种类型的波动性都是天生固有的。它反映了这样一种现实：**股票市场价格是反映企业未来分配给股东的现金流价值的标准尺度**。这个标准尺度本身具有不可根除的不确定性，即意味在一个有效市场中，价格也会围绕对企业价值的最好估计值，上下摆动。但是，当信息发生变化时，有关企业价值的不确定性程度发生改变，因而价格也要做一定调整。

很难理直气壮地让人相信这种正的信息波动性现在比10年或更长历史以前，是变好了还是变坏了，很难给出定论。另一方面，由于经济全球化、新技术的全方位渗透以及对技术变化做出的快速反应等原因，企业价值的不确定性不断增加。在20世纪90年代后期和21世纪初几年中发生的巨大价格波动，其中一部分就可能是由这种增大了的商业价值波动性引起的。另一方面，市场当中又存在许多可以有效测量企业风险和财务风险的方法，用这些方法可以更好地帮助管理企业，并可以迅速适应变化了的市场环境。上述这些因素在实际市场中其作用互相抵消，因此无法有根据地判断出这种正的信息波动性在未来会变好或变坏。

负的信息波动性却是另一种情形。这种非有效的信息波动存在于依据与企业基本价值无关的信息或不准确信息而进行的交易当中。负的信息波动性的影响因素包括古老的会计欺诈（这部分内容将在第九章讨论）和其他的被设计好用来提高股价的策略，如股份回购等（这部分内容将在第十三章讨论）。但是这些存在的问题看起来都不会比它们曾经的更严重（或有所缓解）。而像根据裙裾效应中裙裾水平和超级棒球赛获胜者来决定交易的这些怪异的战略，也构成了负的信息波动性的影响因素，但具有讽刺意义的是，这类交易战略仍然很时髦很受欢迎。

比较新的一面是负的信息波动性的增加。这些增加来自于不成熟的交易基础，包括利用小道消息，利用各种不真实的传言或谣言，利用个人的梦想，利用谎言，利用虚假的信息等手段。信息传播方式的改变和信息流速度的加快在产生高质量信息同时也创造大批低质量的垃圾信息。负的信息波动性增加的结果导致价格与价值之间产生更大的背离。

在传统经济或称为老式经济模式中，有效市场理论是部分可信的，因为这种模式中市场所消化吸收的信息质量水平要高于新经济市场环境中的情况。通过主流新闻机构的信息筛选和过滤，传统经济模式中的信息具有更大真实性和可信性。你可以从《纽约时报》、《今日美国》、《华尔街日报》等主要报纸和杂志中发现有价值的信息，因为这些新闻机构都由各方面的权威人士对所发布信息进行了严格的审查，保证了信息的真实性和价值性。

现在，你仍然可以从这些主要报纸和杂志媒体上获得筛选过的有价值信息，但是常常地，这种稳定的信息取得途径会被提前出现的未经筛选的信息所打断。从早报或晚报当中就能获得最新消息的时代已经一去不复返了，因为现在到处都有24小时不间断地滚动新闻播报，有网络报道，还有各种用电子邮件发来发去的信息。

大量的新信息传播途径的出现改变了以往新闻循环的固有模式。以往记者们总把24小时作为一个新闻循环，他们习惯于先开会，然后采访、写稿、修正，最后印刷发表这种循环工作形式，但是现在，往往是采访同时，他们就把报道给播了出来或把采访结果宣传出来了，因为新经济中信息传播速度实在是太快了，稍一迟疑，就可能会变成二手新闻了。

在这种新的新闻报道循环完成时，那些被实际印刷出来的新闻已经变得不新鲜了，已经没有即时报道那样具有价值了。为了追求速度，以牺牲报道质量为代价。因此在当今世界中，你可以更早地获得各种信息，但是你获取的信息同传统经济中杂志等媒体在旧的新闻循环中获得的信息是同样的，都是未经筛选过滤处理的原始信息，仅是一篇故事的草稿而已，是否真实及有价值，不得而知。

经纪公司的网上信息发布也是造成负的信息波动性的原因之一。取代了传统的新闻媒体，经纪公司的分析家们越来越多地直接地在他们的网页上发布各种研究报告，对市场状况发表意见，吸引人们去关注那些热门股。绝大多数公司都承认它们并不是在报道新闻，而只是给出大量信息而已。认识到这一点，对投资者至关重要。因为网站发表的消息同传统媒体中发布的新闻有一个重要区别，就是网上新闻往往并未被专家筛选过，并不一定就是真实的。因此，如果依据这些信息来进行交易决策，其后果可想而知。

但是造成负信息波动性的真正罪魁祸首，是不受任何约束随意发表各种未确认信息的网络陷阱。确实有一些网站（主要是一些主要新闻机构斥巨资建立的网站，如 Slate 和 Bloomberg 等）仍然保持了杂志制作的传统——诚实真诚。这类站点上发布的新闻总是有较高可信度的。

但公告牌和聊天室就完全不是这样了。在这两个场所当中，各种小道消息通过网络四处散播，十分容易而且发生情况是十分常见的。这样，它们就成了简单地传递消息和新闻的途径，忽略了它们作为信息传播渠道本应当具备的信息过滤的作用和功能。如果说人们长期以来一直对市场是否如有效市场理论所说的那样可以无所不知抱有一种迟疑不定的看法的话，那么眼下市场中广泛散布的谣传、谎言，各种数量庞大的垃圾信息，足以说明市场并不是无所不能的，有效市场理论的这种想法是极端荒诞的。

有时在一天内，美国最大的 4 家公告牌 Yahoo！的金融频道，Silicon Investor，Motley Fool 和 Raging Bull 上，最多时有高达 3 万条信息在流动。这几家公告牌都未对信息的准确性进行监控，只是把信息粘贴上去，然后撒手不管，任其泛滥成灾。各种各样信息都可以堂而皇之地登出来，信息散布者可以随意地以各种假名字来发布各种信息。局面真可以说是一团混乱。

由于信息发布者的成本极其低廉，甚至比买一杯咖啡便宜，因此，任何人都有能力登陆网络，所需做的只是登陆一家站点，选择一个场所，在上面随意乱涂乱画而根本不用担心会被追查，你可以说出你对某公司的要求或评价，想说什么就说什么，如此简单。为了对市场状况进行一定的规范，美国证券交易委员会有一些专门的调查人员，定期对各主要站点进行检查，看是否存在一些不实报道或恶意诽谤等，但是这种努力效果甚微，它仍然无法保证人们从网站上看到的信息是有一定价值的。

负的信息波动性所带来的风险的最无害的状况是网上传播的谣言可以在短期内被澄清。即使这样，这些虚假信息也会对股票价格造成严重的影响。在2000年年初，网上盛传主持哈撒韦公司的巴菲特健康问题十分严重，有生命危险，导致公司股票严重下跌，而实际上，在过去的一年之中，巴菲特甚至连一次感冒都没有得过。类似的情况还有：1996年，有谣言说发明了一种被称为感冒灵（Cold - Easy）的感冒新药的奇异集团的经理们被人绑架，这条假消息使得该公司股票价格从37美元/股跌落到10美元/股。更荒诞的是，当Cirrus logic公司的主席兼首席执行官米歇尔·哈德维斯上网浏览新闻时，却惊讶地发现雅虎网上有一条消息宣称他在长期重病后去世了。如此毫无根据的新闻报道，在网上并不少见。

比谣言传播者在动机和效果上都恶毒得多的是有预谋的诈骗者，这些人把老式的诈骗技术移植到网络上，这样不仅成本更低，而且极不容易被发现。造假是这些网上诈骗者行使诈骗行为的最廉价手段之一。只需用几百美元，造假者就可以买到能够帮助你从网络文件中截取上万个电子邮件地址的软件，利用该软件还可以按你的要求对这些邮件地址进行设计。如果肯出高价，约1万美元，造假者就可以得到上千万个电子邮件地址。这些人往往利用这些确定的邮件地址来制造一些虚假交易。

这些造假者有时也会被逮住。曾经有一个造假者，以公司名义向几百万个电子邮箱发送了促销两家公司股票的信息，以从中收取费用。这个人既不披露他的真实身份，也没有说明是有人付钱请他做这种行为的。1998年10月，加州法院对这种行为做了严厉处罚，该造假者被处以罚款并被禁止以后再从事类似活动。还有一个相似的案例，一位犯下证券欺诈罪行的在案犯，在被假释期间，又对3000万个电子邮件箱发布了虚假信息，声称他的公司股价将很确定地会在不久大幅上涨，欺骗许多不明真相的人买入该公司股票，这样，这位罪犯赚取了大量金钱，并用这些钱来补偿他以前诈骗案件受害者的损失！这真是一个听似天方夜谭的故事。

更复杂一点的造假技术是极力掩饰电子邮件的发送来源和发送者的身份，让邮件接受者造成一种假象，以为这是别人误发入自己信箱当中的，这样他就自作聪明地以为自己无意中得到了别人朋友之间才交换的证券秘密信息，并用这些消息来进行交易，结果是上了造假者们设好的圈套。有这样一个案例，在2000年上半年正是网络热潮最高涨时期，人们都是疯狂追捧那些网络股和高科技股，尽管这些公司并没有产生利润或收入，但是人们仍然一路热情高涨地追捧。这时，有两个人大量向各个电子邮件中发送一些与美国在线（当时最热门网站）有合作关系的小公司信息，声称可以帮助买到美国在线和这些业务合作伙伴公司的股票，只收取银行的费用，结果很多人上当受骗，这二人在短短数天内就“赚”取了100万美元。还有许多其他的例子，造假者隐藏了发信人地址，让收信人错误认为收到了别人的私人信件，甚至是认为得到了公司的内部交易信息，造假者利用网络用户的这种心理，牟取了巨额利润。

实际事实早已证明：**小道消息是不可信的**，不论这小道消息是从哪里来的，可能是你的朋友、邻居，你的理发师或牙医什么的，都不可盲目轻信。菲尔·凯瑞特，一位大投资者，建议人们要像躲避瘟疫那样来躲避小道消息；埃德温·赖费尔作为著名的股市事件研究专家，也曾明确指出“按照小道消息来从事股票交易甚至会比一些正常事件，如饥荒、瘟疫、庄稼歉收、政治动乱等，能更迅速地让一个人破产”。格雷厄姆的观点更加简明扼要，他说：**“不费力得来的消息，多半都是坏的建议。”**

网上散布的小道消息与传统的不同点在于：有更多人参与了消息的创造，更多的人知道这个消息，以及更多的人按小道消息内容来安排交易活动。移植到网络上之后，传统的那些欺骗手段不仅十分明显地扩大了潜在受害者的人数，而且当金融类电子公告牌或聊天室里出现时，获得了某种很特别的势力和力量，因为公告牌和上聊天室聊天的人们之间往往具有一种同伴之间的相互信任的关系，人们因此会听信别人说什么，当然也包括那些谣言和欺骗性的言论。

先拉高后抛售是最有代表性的网络欺诈手段，这一方法也被反复使用了许多年。例如，早在1996年10月，一位庄家以每股1美元的价格购进了大量的一家医疗公司股票，然后该人不断在美国在线的公告牌上发布假消息，声称该公司是热门股票，销售额有快速增长。结果，该股票在6周内上涨到接近7美元/股，这时，庄家大量抛售该股票，获取了巨额的非法利润。直到有一天，该公司经理们在公司网页上公布了各种有关企业经营和财务状况信息时，赶走了谣传，许多人才发现原来被骗了。美国证券交易委员会宣布该公司股票暂停交易。而当它后来又重新开始上市交易时，交易价格已经跌破了1美元，又回到了这一番拉高—抛售行为发生之前的水平。

有关“先拉高后抛售”操作的最新的例子发生在1999年11月下旬的一个星期五下午。当时3个名字都叫贝弗莉·希尔的男子分别以0.05或0.1美元每股的价格购进了一家名叫NEI Webworld的破产了的商务印刷公司股票，购入50000股。然后这几个买家花了一个周末时间，在3家主要财金信息网站——Yahoo!，Raging Bull和Freerealtime上发布了500多条凭空捏造出来的信息，造声势说这家破产公司即将被别人收购，公司股价会大幅上涨。由于这些谎言的作用，NEI公司股票星期一以8美元价格开盘，当天最高达到15美元，这3个买家及时抛出持有股票，净赚36.4万美元，随后股价把许多跟进的投资者套牢，价格又回到了原来炒作之前的水平上。

这件事引起了美国证券交易委员会和美国律师协会的注意，它们用数天时间进行调查，查出了这3名造假新闻者，然后以他们违反联邦证券交易法中“禁止制造与股票买卖有关的假信息欺骗其他投资者”规定，而将这3人告上法庭。紧接着，证券交易委员会发布公告，禁止在网络公告牌和聊天室中捏造新闻，制造舆论。随后，《华尔街日报》也立即声明上述的有些新闻消息甚至连垃圾都不如，呼吁投资者保持警惕。

在已知的这类网络垃圾制造者当中，特里伊·乔是最臭名昭著的一位。他因为在他的个人网页上发布误导投资者的信息，而在2000年初被证券交易委员会以欺诈罪告上法庭。证券交易委员会在控词中声称，在1998年和1999年两年期间内，特里伊·乔为从炒卖股票中获利，经常在买入某股票后，就在其个人网页上大加赞扬，吹捧，造假新闻，引诱其他人也跟着购入，而当跟进者大量涌入股价大幅上涨时，乔本人抛出股票并以此方式获取了巨额利润。

这些负的信息波动的发起者们也并非都是为了一夜暴富大发横财。在1999年上半年，一家名叫Pair Gain的技术公司的一位员工，在Yahoo!站点主页上建立了一个链接，点击这个链接，浏览者会进入到一个伪造的Bloomberg网站的新闻主页中，在该页面里，有一条伪造的新闻声称Pair

Gain 公司即将被兼并。这一消息使 Pair Gain 公司股价狂升，而这位造假新闻的员工却并没有从中得到任何金钱上的回报。也许他只是想开个玩笑，也许他是想搞个恶作剧，总之，结果他什么好处也没捞到，却因犯罪被判了 5 年刑罚。

和识别网上骗子一样难的问题是，你甚至不能听信政府机构等组织所做出的决定，如许诺会惩罚违法行为，会打击罪犯等，其实也并不都是可信的。2000 年初，证券交易委员会又发现一起使用“先拉高后抛售”欺骗手段的违法事件，作案者是乔治城大学 4 位三年级的法律系学生，他们在他们自己的网页上散播虚假新闻，从中非法获利 35 万美元。人赃俱获，证据确凿，但由于这 4 个人中有一人的母亲是科罗拉多州议员，证券交易委员会就私下放过了这 4 个恶棍，既没有把他们送进监牢，也没处以罚款，甚至连赃款都没有退回给受害者。可怜那些受害者们，只能自叹时运不济，自认倒霉。

总之，在股票可以被像卖出那样容易买入的地方，“拉高—抛售”计划就会像“压低—买入”模式一样容易被实施。压低股价的人被称为卖空者，这种人在股价下跌时才会有收益。实际上，卖空者是在现在买入股票，但是并不马上支付购买价款，而是约定在以后以一个价格来支付，因此，卖空者会散布虚假信息，比如说公司销售额正在急剧下降，或公司存在各种各样难以挽救的问题等，当股票价格下跌时，卖空者趁机低价购入以支付当时卖出时借下的股票，然后当投资者认识到公司并不会存在这些消息所宣称的问题时，股价会有所反弹，而这时卖空者也完成了自己的目的，从中赚了一笔。

上述这些诈骗者是极其厚颜无耻的，但是另一方面我们也必须看到的一个问题是：为什么会有那么多人掉进别人设好的圈套当中。如前文所说的 NEI 公司的例子，投资者完全就可以查看一下 NEI 公司主页或证券交易委员会的站点，就可查明这家公司的基础情况，该公司卷入破产诉讼已一年有余，在位于达拉斯州的总部介绍中连个电话号码都没有，更别提有什么资产和经营活动了。实际上问题就这么简单，上几个站点查阅一下就可以了，可令人惊讶的是居然会有那么多人听信那几个人的胡言乱语，对公司基本商业情况一无所知就盲目购进公司股票，忽略了公司的管理问题研究和其他基本的财务信息。

这些所列出的案例和许许多多未知的事件已经很明确地表明负信息波动性正在快速增长。当然，它们并不能为市场是有效的提供有利的证据，也不能证明市场正在朝不断有效的方向发展，相反，它们反倒更清楚地解释我们在第一章中所讨论过的市场狂乱和疯狂—萧条的两极转换。在公众越来越容易上当受骗的情况下，我们对待股市的有限的探究能力和立法能力，并不能防止这些不良现象在市场中得到根除。

现在我们可以明确地知道，市场上不仅存在着大量的骗子和诡计多端之徒正在寻找机会来牟取暴利，而且负的信息波动性仍旧存在。这些对市场有效论者来说的坏消息却是每个投资者的好消息，当然前提是你能在市场的“高峰—低谷”循环中抓住机会，充分利用价格与价值的分离价差为自己获得有利时机，并且要在市场变换中能好好把握住自己，不为谎言所欺骗。

4.2　交易波动性

股票价格波动的第二个来源是与交易有关的，它产生于市场交易中的价格形成机制。在市场交易中，交易的任何一方都不具备足够的实力可以随意地决定股价，股价的决定是交易者的委托相互撮合的结果。那么，就产生这样一个问题：市场当中的各种委托是如何被撮合并最终形成交易价格的？这是一个十分重要的问题，但往往被人们所忽视。

在像纽约证券交易所这样的传统市场当中，交易最早开始于一位客户向他的经纪人下达委托指令，如委托要以50美元价格买入100股戴尔电脑公司股票，这个经纪人就把这个委托拿到证券交易所的交易大厅，在那里有许许多多同样的经纪人。如果交易大厅内恰好有另外一个经纪人，他手里有一份客户委托单是要以50美元价格卖出100股戴尔公司股票，这笔交易就达成了，两位经纪人只需交换手中的股票就可以了，不存在价格变动，因而也不会产生交易波动。这种买卖双方恰好完美吻合的情况在传统的证券交易所中发生机会是极小的（即使在纳斯达克市场也是如此，这两种市场的最大区别是纳斯达克市场用计算机来进行委托单处理，取代了传统市场中人们手工安排)。

实际情况往往是这样的：买方或卖方常常会在不同时间给他们各自的经纪人下达委托命令，交易数量也会不同，并且要求买入或卖出的价格也会有很大差别。在这些情况当中，交易的双方都要在市场上等上一段时间，直到市场中出现了交易要求与自己恰好一致的交易方，或市场中有人肯按自己的要求来进行交易，这种人被称为做市商（在纽约证券交易所中）或专家经纪人（在纳斯达克市场中）。

当经纪人在市场当中无法找到与他持有的客户委托命令完全一致的其他经纪人时，这些中间人（做市商和专家经纪人）会同经纪人进行交易，这样经纪人就不用在市场上一直等待下去。这些中间人帮助他们完成委托，在有买者或卖者出现时，通过买进或卖出股票来为股票做市。这就是这些中间人设定的根本作用。

中间人通过这类促进交易的服务来赚钱，他们一般以较低价格买进股票（称为出价），以较高价格卖出（称为要价）。在出价和要价之间的价差被称为买卖价差，这个价差正是买方或卖方因为不需继续等待另一交易方而支付的价格。

这种买卖价差同时也是对做市商所承担的风险的补偿，做市商因为大量买入或持有别人抛出的股票而暴露出一定风险，往往是由于对自己或他人估值错误而造成的。做市商们用来做市的价格，可以低于股票的基本价值，也可以高于股票的基本价值。

如果做市商们做市的价格低于股票价值，就会有许多购买者出现来购买该股票。当购买者以要价购入股票时，股系价格会上升，因此做市商以要价卖出股票的数量会远超过以买价购入的股票数量，进而导致他们不得不购买更多的股票来维持做市操作，股票的总体价格水平就这样被拉抬起来。而如果是买卖价差太小的情况，那么做市商由于大量购入股票就会有很大的损失可能。

因此，为了防范这种风险，做市商们就会提高买卖价差，即提高它们把股票卖给购买者的价格，或降低它们从卖出者手中购买股票的价格。这种买卖价差的变化就带来了股票价格的交易波动性。这是一种非预料到的波动性，因为它不是由企业基本价值的变化而引起的，而是由于做市商不断接受不同时间、不同要求的各种交易要求而造成的暴露损失而引起的。

当做市商们对委托单流的变化作出反应时，它们也会创造交易波动性。如果市场当中买入委托多于卖出委托，做市商们提高出价和要价的报价价格，因为它们认为这种交易委托的不平衡反映了企业基本价值的变化。如果做市商们的这种做法是正确的，那么出价和要价的报价价格的提高就反映了正信息波动性（即价格朝价值移动接近）。但是如果做市商们的这种做法是错误的话，价格就会脱离价值运动，这种变化造成了交易波动性的产生。

电子计算机交易系统的出现给传统的证券交易所带来了管理和经济上的双重压力，要求降低由于做市而产生的交易波动性。借助电子计算机交易系统，人们完全可以在电脑屏幕上就完成交易，而不需像以前那样通过经纪人、交易商和做市商来完成。这种新方式使得交易可以像前文第一个例子中那样，由交易双方恰好匹配地达成交易，因为可供选择的交易对象范围在网上被扩大了，而且易于寻找。

当客户想交易时，只需把交易信息输入电子计算机交易系统的电脑屏幕中，比如说一方想以 50 美元价格买入 100 股戴尔公司股票，而另一方想以同样价格卖出同样数量的该股票，当买方出价与卖方要价恰好一致时（正如戴尔股票例子）交易就会自动成交。在这个过程中，不存在中间人的介入，价格直接由市场当中相匹配的两个委托形成。因此，电子计算机交易系统可以减少由于做市商要求一定的买卖价差而产生的交易波动性。

然而，在一些特殊情况下，电子计算机交易系统中提供的价格也可能不匹配，这时这些委托仍然要传递给专家经纪人和做市商。当委托命令不匹配时，我们说发生了“委托失衡”，这种情况中计算机系统并不能帮上什么忙，需要引入中间人，通过它们的买或卖消除不平衡，保持市场仍然活跃地进行交易。

即使在理论上我们认为用电子计算机交易系统可以消除由于中间人的买卖价差而产生的交易波动性，但在实际中并不能完全做到，因为我们不能把市场停止下来。因此我们所应用的计算机系统并不能消除交易波动性，并且有一些理由可以让我们确信它甚至都不能减少这种波动性，这取决于市场的形成方式。

随着电子计算机交易系统在90年代后期的大量使用，它们对市场交易进行了根本性的改革。两位领导人物是伊兰德（Island）和因斯提耐特（Instinet）。这二人都在计算机交易方面做了许多大型商业活动，他们所从事的所有生意都是传统的证券交易所，包括交易所内的经纪人、交易商、做市商等，所都未曾做过的事情。传统的经纪公司赖以生存的基础是它们作为股市的做市商和专家经纪人角色所具有的特权价值；而计算机交易系统和网上经纪人，折扣经纪人的生存基础则是该系统创造出来的一种新的特权价值。

这样，毫不令人惊讶地，把电子计算机交易系统也作为一种交易场所就在传统经纪公司和新型经纪公司之间引起了激烈的争论，甚至在证券委员会和国会中也产生过此类问题的争论。争论各方都同样阐述了这样一个基本观点：即任何一个交易方式的最终目标都是要帮助投资者在每次交易时都能以最优价格成交。

传统公司认为，要实现让客户获得最优价格这个目标，只有通过拥有价格信息的单一来源才能达到。因此，它们呼吁实行集中委托定单处理，把所有委托集中在一起，通过这种集中机制保证每个投资者都得到最优价格，计算机交易系统和网上业务类公司则认为，通过在不同公司间展开竞争，可以让投资者得到更优的价格，因此它们呼吁允许处理不同委托命令的独立系统存在。各方的种种压力最终导致一些合并传闻：一方是传闻纽约证券交易所与纳斯达克市场合并；另一方传闻电子计算机交易系统的两位领导者之间将合并。

在这种环境下，消除交易波动性是不可能的。不仅如此，原来设想的以计算机交易系统取代做市商可以减少交易波动性的想法也是难以成立的，因为借助计算机来进行交易之后，它在低交易波动性方面的优势也被市场中出现的另一个问题抵消了。这个新问题是报价单位回复到十进制，而不再是以原来的1/8或1/16进制来逐渐增加。

在理论上，十进制定价可以有助于产生与价值相等的价格。假设某一股票的价值是50.03美元，在十进制定价系统中，该股报价恰好就是50.03美元，然而在分数定价系统中，该股的报价要么是50美元，要么是50.06美元（即50又1/16）。

十进制定价还是有降低买卖价差的效果，但是这也同时意味着买卖价差的改变是十分频繁的——这样它本身也成为交易波动性的一个产生来源。但是由于使用十进位制所导致的交易波动性的增加，并不像由于采用计算机交易系统对交易波动性的减少程度那么大。因此平衡起来看，计算机交易系统对减少交易波动性的作用结果还是在一定程度上改进了市场有效性。

这种情况在引入 24 小时交易机制后变得更加混乱。当交易期被人为划分后，如分成星期三交易日和星期四交易日等，市场波动性有被减缓的趋势，同时另一方面，经常会在周末休市两天后的星期一这天，市场出现骤然下跌。因此连续交易是否会提高或降低市场有效性仍很难做出定论，尽管历史教训表明更可能是后者。在 19 世纪 60 年代，纽约曾设立了晚间证券交易所，在纽约证券交易所的白天正常交易时间结束之后，继续在晚间从事股票和黄金交易。但是这种晚间交易只持续了几年时间，就由于它明显地创造了惊人的投机活动和巨大的市场波动而走向灭亡。

电子计算机交易系统在降低交易波动性方面的优势被它所产生的第三种波动性所抵消。计算机交易系统的兴起意味着交易场所和获得价格信息的来源增加了。对投资者和交易商而言，这种增加意味着他们可以以更快速更廉价的方式来交易股票，支付更低水平的交易佣金，更快速的成交，并且有更多的交易时间。这些事实促进了资本的民主化。听起来十分不错，但事实是否如此呢？

优秀的投资者们往往都把他们自己看成是商业活动的主人之一，而绝不仅仅是纯粹用来交易的交易工具，因此他们对交易活动和企业投入了很大的精力来进行分析。但是这种思想在股票报价渠道多元化时就难以维持下去，投资者们不能很好地控制好自己，必须分散出很大的精力来关注那些已有的股东和那些投资性购买者的行为和动机。

在更大范围的交易者和交易场所产生的这些行为，都会对投资者造成很大的心理影响，不论是在更多的不同地点进行交易还是在同一市场中进行交易，这种影响都是确实存在的。其最终结果是交易价格很少真实反映企业的商业价值，相反，两者之间的背离越来越严重。因此我们可以得出这样的结论：尽管电子计算机交易系统的使用使得交易波动性这个极危险的东西被削减了，但是不论我们采用什么样的系统，波动性总还是存在的。

4.3 交易者波动性

当交易是以与企业基本价值无关的目的而发生时，就产生了交易者波动性。这类交易更多是由交易者的动机决定的，而不是企业的商业价值所决定。

造成股票价格脱离企业商业价值运动的各种交易决策主要包括：交易者出于经济原因的考虑，如资产组合平衡；出于个人消费需要而卖出股票，如子女教育或家庭装修等；最重要也是最臭名昭著的一种，是为了投机和赌博而孤注一掷进行的日交易行为。这种交易危害最大，我们现在从它开始我们的讨论。

进行日交易的依据不是基本价值，而是诸如大盘趋势、板块转换、技术分析方法之类的东西。当交易者根据这些来制定交易决策时，会带动股价发生变动，而这些价格变动又与基本价值无关，因而就扩大了价格与价值之间的偏差。这种情况进而加剧了“市场”先生的峰、谷两极运动，产生了许多非理性行为和人们过度兴奋与绝望。资本市场在长期发展历史中为了维持市场的有序和可判断，也曾出现过这样的发展状态，现在日交易行为正在使它变得越来越严重。

日交易者（day trader，这里可理解为类似我国股市中常说的短线交易者）中的一些人可能是非常理性的人，而有一些人则不是这样。经常可以在报纸或新闻中见到一些这样的报道，有的日交易者由于在股市中受到严重刺激而做出一些越轨的事情。如 1999 年夏天，在亚特兰大市就有一人，在股市交易中损失惨重后，丧失理性开枪杀死了 9 个无辜的人，然后自杀。同样的例子还有一位 44 岁的男子，企图把提早退休的退休金拿到股市赌博投机，遭到妻子拒绝后，甚至企图谋杀他的妻子。这样的例子不胜枚举。

发生在这些不幸者身上的那些令人毛骨悚然的案例并不是极个别的或偶尔出轨的行为。美国参议院的一个委员会在 2000 年初专门就日交易召开了听证会，发表了一份报告严厉谴责日交易行为所带来的巨大危害。该报告分析了作为日交易基础的行业状况，并强调加强行业风险披露、对交易者进行执照管理，以及降低对交易者的财务要求的重要性。但这只是一份粗略的纲要而已，对现实中的各种恶性事件并没有提出很好的防范措施。

参议院的这份报告中提到一个引人瞩目的研究结论，它声称有75%的日交易者是赔钱的，而 一个典型的成功日交易者每年可以净赚11万美元。这些数字是激动人心的，但这种思想并不新鲜。传统研究已经表明：如果一个投资者想跟市场打时间差，抓住市场调整的时机进行快进快出操作，那么他会有70%的操作可能是赚钱的。问题是，你可以找到永远每次都成功的人吗？不太可能。拿棒球比赛为例，即使是最好的击球手，像罗德·卡路，乔治·布莱特，甚至泰德·威廉姆斯这些人，成功击中球的概率也只有40%。

交易者波动性的另一个较为重要的产生原因是“资产再平衡”行为。这类活动的实施者主要是使用β系数和现代资产组合理论、信奉市场有效那一部分人。所谓的资产组合再平衡，可以简单地这样来说明：如果你最初投资10种股票，构成了一个投资组合，在这个组合中，每只股票都占总投资额10%的比例，当然在持有期内股价是有涨有跌的。资产再平衡者就会每隔一段时间来重新看一下各股的最新价格情况，假设有5只股票上涨，5只股票下跌，上涨和下跌比例完全一致。那么现在来看这个投资组合，在该组合中现在上涨的那5只股票构成了总价值的75%比例，而另5只股票只占总价值的25%，这种情况下，再平衡者就会告诉你应该卖出一部分上涨的股票，降低它们在你的总持有量中的构成比例。

这听起来像是人们在投资活动中所做的最愚蠢的事，但是在实际中这种做法十分流行。投资者卖出了在组合中表现相对较好的股票，而保留了表现差的股票。他们为什么要这样做呢？

这样可能是合理的，但不是因为资产组合超出平衡。卖出表现优良的股票只有在下列情况下才是明智的：即你审查了企业的基本经营状况，发现该股票并不适合于长期持有，因为它的价格已远远超过了价值，即具有极大的价格—价值缺口，或者是企业的经济状况变坏抑或是管理水平恶化。

著名投资专家杰拉尔德·罗伯（Gerald Loeb），却给出了与上述完全相反的操作建议。他建议投资者这样做，他说："如果你想卖出你的股票却不是全部卖出，那么你就应该克服你的感情偏好，先卖掉那些赔钱的、收益较小的或没有收益的股票，然后再考虑卖出表现较好的股票。总的原则是，不断从投资组合中剔除最差的一个，而把最好的一个保持到最后。"这个建议要比其他各种顾问给出的建议简单许多，尽管在实际环境中很少有人能够做到。

和罗伯一样，著名投资家彼德·林奇（Peter Lynch）也认为现在流行的这种再平衡操作是十分落后倒退的方式，他说这样做就像是为了给花园中的杂草浇水而扯掉了周围的花朵一样。这样操作的最终受益者并不是进行了再平衡组合的投资者和交易商，而是那些靠收取交易佣金发财的分析建议者，以及得到税收收入的联邦和地方政府机构。对这个问题，巴菲特做了最精辟的阐述，当有人问他是否该按再平衡原则来操作股票交易时，巴菲特总是问他这样一个问题："芝加哥公牛队是否应该把迈克尔·乔丹卖出去呢?"答案显然是不可能的，因为乔丹对整支球队来讲，实在是太重要太有价值了。

这种卖掉最好股票的愚蠢的交易战略对交易者波动性造成了极大的影响。当交易者们按这种方式来再平衡资产组合时，很明显交易决策与企业的商业价值是无关的（偶然情况除外）。把资产组合中认为"不合适"的股票卖出，会对该只股票的价格带来变动的压力，而这种压力又与股票的实际价值或估计价值无关，因此这种卖出只会加大价格—价值缺口。

交易者波动性的最后一个产生原因是越来越多的人们把股票市场当成了他们的储蓄账户。他们把钱投入到股市中希望能增值以备消费之需，如购买房屋或支付子女上学费用或保障退休之后的生活等。这类提前计划好的消费支出，当然也有人把它用作临时的额外支出，如家庭装修、购买健身器材、外出旅行等。股市已取代了银行的储蓄职能。

对于那些把钱投入股市是为了应付计划好的将来消费需求（如买房、上学等）的那些人，很难判断他们这样做的效果是好是坏。但是由于这部分资金具有长期消费目标，因此它们的投资多是长期性的，这种情况下，股市也许还真是一个比较合理的聚财途径。

对于把钱投入股市只是为了满足短期消费的这些人，这种做法就不是很理性的。因为在股票市场上，特别是短期内，股价波动往往较大，短期投资的价值也变化较大，显然它不适合于支付像装修、娱乐这类日常开支的消费要求。

然而，无论是上述两种形式的任何一种，对市场有效性的净效应都是一样的，它们的交易决策的制定依据的是消费需求，而不是股票的基本价值，因此，**这两种操作方式的最终结果都是使得股价更严重地偏离其实际价值**。

随着越来越多的美国人以交易者而非投资者的身份来利用股票市场，有效市场理论对市场行为的解释能力变得越来越弱。正如《纽约时报》所说的那样，当日交易者大量疯狂涌现时，美国已经由一个曾经的储蓄者的国家，变成了一个投资者的国家，或者是一个交易者的国家。

电子计算机交易系统和网上折扣经纪人的出现，促进了股票的交易换手和再平衡及储蓄功能的实现。它们可以明显地降低交易的成本，但同时由于这些手段鼓励人们更多地进行交易而具有一个相抵消的负作用。即虽然每次交易成本降低了，但交易次数同时也增加了。因此对整个市场来讲，负的信息波动性和市场先生的更疯狂举动也会随之而起。

在每次交易的手续费和佣金下降的情况下，交易者最终在佣金上的花费还是比以前增加了，因为交易次数更多了。经纪人这一行业的有代表性的例子是 Charles Schwab 公司，在 1997 年该公司对它经手的每笔交易收取 64.27 美元的费用，两年之后该费用降到了 45.55 美元，降幅不可谓不大，但同时两年内的日交量激增，从当初 10.6 万次暴涨到 1999 年的 20.8 万次，并且仍在不断扩大，该公司从中获利丰富，当然，这笔钱也都是从日交易者身上提取出来的。

各种日交易基金的建立，将会使得这些情况进一步恶化。结合当前市场状况，如低成本交易，以电脑进行清算，日交易者胃口不断膨胀等，美国证券交易委员会的一位前任委员在 2000 年中期建立了一家被称为 Folio 的公司，该公司旨在为再平衡行为和日交易行为提供特殊照顾，每年对这两类交易收取固定的费用，数额不仅远低于一般基金的年费用，而且比 Schwab 和其他公司收取的每笔交易费用还要低。该公司使用一套专有的交易系统，满足客户在室内进行委托交易的要求，在经得客户同意后，每日两次到市场中来清除不平衡账户。虽然该公司声称这样做是为了帮助投资者，但这只是招徕顾客的一种手段，这种类型的日交易基金将会造成交易过程中波动性的大幅上升。

4.4 问题诊断

低质量信息、市场分割、毛糙的交易者所产生的各种波动性的主要效果是股票价格越来越无效。具体来讲，就是市场先生的货币（价格，你所支付的东西）和公司管理者的货币（价值，你所得到的东西）这两种货币之间的差距变得越来越大。

这种非效率的表现症状和各种细化的波动性的结果，就是在第一章中所列出的那些现象。包括：市场分裂（例如，道·琼斯市场与纳斯达克市场之间的分裂）和股市崩盘、股灾的不断出现。曾经出现过的如 1987 年股市崩盘和 1989 年股灾现在看来并不是个别的出轨行为，而在 90 年代末期和 21 世纪之初出现的间歇突发性股市大涨和大跌则表明市场本身的固有病症不仅是传染性的，而且积重难返，无可救药了。

有效市场理论并不能对股票市场做出完全合理的解释，而且以该理论为依据来进行股票购买的行为在当今的市场环境下正在迅速而且大量地减少。以前人们一直对金融机构和投资专业人员寄以厚望，希望能借助他们的力量来认清市场，为自己的交易操作带来利润。但事实上，这些机构从来就没能很好地行使这一角色，他们的教育程度、知识水平和职业作风（如对咨询者，只对市场承销和多做咨询生意感兴趣），使得他们无法摆脱他们身上固有的人性弱点。因此，这些机构和个人运作的最终结果不是让有效市场理论成为一种正确的理论，而只是让该理论看起来貌似合理而已。

网络、电子计算机交易系统、日交易者和个人投资者的大量兴起，造成市场是一种未经过滤过的混乱市场，这妨碍了市场有效性提高而不是促进。美国证券交易委员会主席亚瑟·勒温特在国会曾这样发表声明，他说由于采用计算机交易系统导致了严重的市场分裂，这使得同一只股票在不同交易场所内会同时具有不同的价格水平。或许这种局面可以造就许多新的套利机会，但主席的观点确实值得引起人们的思考。

市场行为的这些趋势表明基金管理者和投资者应该放弃对包括证券定价在内的市场行为的关注，而把主要精力和分析重点转向关注企业的经济特性并做详细深入分析。这也正是本书下一章所要讲述的内容。

第五章

你能做什么

——赢得另外的1/5

从前几章的介绍中我们已经知道公开资本市场的平均循环周期大约是4年，但是知道这个并不能为我们的投资提供什么有用的技巧，因为它本身就不是什么投资诀窍。而且，我们还了解到股票市场的有效性（即有效市场理论）具有大约不到80%的正确性（小于4/5），这验证了格雷厄姆的判断——“市场”先生是确实存在的，只不过不那么完美而已。现在的问题是如何处理有效市场理论所不能解释的剩余1/5多的市场定价问题。答案是我们应该对这1/5部分加以充分利用。

或许“市场”先生自身的疯狂—萧条两极性质可以被更好地诊断；或许对非线性相关和有效市场理论的不足性进行更深入研究探索是治愈这种两极混乱的最好药方；或许对市场本身弊端有更正确的认识可以减少对有效市场理论的拒绝机会并为其根治带来一线希望。但是，这些都只是“或许”，只是一种可能而已。

我们可以确定的是市场是十分复杂的。还可以确定的是，在现有的各种市场现象的作用下，对交易规则的检验测试和运用各种成熟的投资公式并没有多大意义。之所以这样说，并非是因为市场是无效的，而是因为这些操作都被人们的思维混乱所感染了。

我们仍然要努力引导代表市场阴暗面的斯库拉女神和代表市场繁荣的卡力布狄斯女神。做到这一点是可能的，因为市场总是不断间歇性地朝狂乱进军。因此一个比较笨的理论即购入股票等待在未来有收益之后再转售出去，这种看法也许是正确的，但它需要在将来你卖出股票时，市场中有人想要购入它。这样来看，在长期市场运行当中，信心就是一个十分重要的东西。没有对未来的信心，短期市场中发生的混乱和价格错位就得不到修正，未来股市的发展就受到影响。

市场中的非理性行为和混乱状态削弱了有效性的生存基础，但它们并不会削弱人们对长期稳定市场的信心基础。相反，正是由于存在这些非理性行为和混乱状态，才给那些聪明而谨慎的人们带来了机会，他们利用商业价值分析这个工具，可以正确地确定什么时候是合适的时间，可用来充分利用市场的极度混乱衰退，而在什么情况下又必须在市场极度狂热时保持清醒与冷静。

到底有效市场理论可以解释多少市场行为，对这个问题的争论总是无休止的。有效市场理论的支持者们总是这样认为，该理论最开始对市场行为解释的很少，这就给那些具备信息优势的人们（如看过某些有关书籍的人）带来了乱中取胜的机会，这些人不断参与到市场中来结果纠正了各种混乱行为，因此有效市场理论得到了修正和重建。而具有争议性的问题是：到底这些行为的最终效果在多大程度上改变了原来的市场状况？看来这也是个需要人们一直讨论下去的问题。

综合起来看，网络上发布的大量低劣的商业信息和许多日交易者以这些信息为依据来制订交易决策的这种局面，向我们表明了投资者是具有想获取信息的强烈动机的，并且在他们获得信息之后还有许许多多的工作要做。换句话说，如果当前的交易状况决定了明年有效市场理论对市场行为的解释有 70% 的描述能力的话，那么人们按这种思维来操作，很可能在后年会把这种描述能力恢复到 80% 的水平。参与并利用这个过程的那些人，最可能的是那些具备商业分析思想的投资者。

5.1 谁该对股价负责

从管理者的角度来看，市场复杂性的一个重要后果就是公司的董事和管理者们并不能控制股票价格。因此，股东不应该期望或要求他们最大化股价。对管理者们只应是要求他们管理好自己的工作和企业基本价值，而不应该对市场如何对公司绩效做出反应负责任。决定市场做出什么反应的是投资者和交易商，而不是企业管理者。

但是，如果长期内企业股票表现很差而仍然认为这不是管理者的责任，那么这种认识就是错误的。这也就是说，如果是由于市场对公司股票反应过于强烈而导致股价有较大波动时，管理者不应该对此负责。但是如果是长期内股价低于平均价格水平，管理者就要承担责任，必须反思自己在管理上是不是有什么愚蠢的不合时宜的举动，因为管理问题最终是要在股价上反映出来的。

优秀的管理者会让公司平均股票价格一直高于市场平均水平；而蹩脚的管理者只会让股价低于平均水平。但是无论是优秀的，还是蹩脚的管理者，都不需对企业股价间歇性的上涨或下跌变化而沾沾自喜或垂头丧气、受到指责。正如本杰明·格雷厄姆所说：**“杰出的管理者会创造出一个很好的平均市场价格，一个坏的管理者只会创造出差的市场价格。”**

不论怎样，毫无疑问的一点是管理者必须不断采取一切可能手段努力去影响公司股票价格。这包括：从一些常见的手法（如对公司出现的小问题发表声明表示乐观有信心解决），到一些非法的不道德的手段（如伪造公司收益、利润等关键数据指标，本书第二部分将详细讨论），以及介于两者之间的一些方法（如声明在公司资产转让之后要对股东给予很高回报等）。

然而这些努力，并不是为了让股价等价于潜在商业价值。相反，多数经理人员都希望公司股价能够尽可能的高，而从不考虑它的商业价值是多少，两者是否匹配。这种看法实际上是十分错误的，正如巴菲特不断强调的那样，这种价格与价值的脱节，意味着在一段时间内，企业的商业经营结果并不一定会给这段时间内持有该企业股票的股东带来收益。

对照企业的潜在商业价值，对公司业绩进行评估并把评估结果反映在公司股票的市场价格当中，真正这样做的人是投资者，而不是公司管理者。但是投资者并不敢保证公司业绩会十分完美地在市场中以价格表现出来，因为信息波动性、交易波动性、交易者波动性都会介入到对企业价值和市场价格的确认过程当中，使之发生一定的偏差。然而即使这些偏差都不存在，或可以把它们调整过来，投资者花点时间来深刻理解企业的商业价值并确认它们的市场价格水平，这种工作仍还是有价值的。大的投资者往往都具有很强的动机这样做，并从中得到了丰厚的回报，这种回报大小与持股数量是成比例的。

总之，这些看法都说明积极的、掌握一定信息的、投资规模较大的长期投资者都注重对企业的商业分析，正如巴菲特对他控股的哈撒韦公司的描述——“主要、稳定和兴趣高昂的股东，总是对公司相当拥护的，有分析能力的和客观公正的。”因此，这样的投资者们他们所要做的工作不是要努力使得有效市场理论达到比70%～80%更高的正确性，恰恰相反，是要充分利用有效市场理论在过去30年中造成的商业价值与市场价格相分离的这种局面，来更好地自己谋取利益。

5.2 坚持你的做法

商业价值与市场价格的这种分离状况使得我们必须要转变常用的投资思想。有太多的投资工具和投资者都经常把股票的市场价格作为评估企业价值的尺度，但这种方法很显然把前后顺序颠倒了，市场价格是投资者在评估过程的最后阶段才应该看的东西，它们所能告诉我们的，不过是为什么要买入（或卖出）该种股票而已。

市场根本不会告诉你这笔交易是否划算，是好还是坏。要回答这个问题，需要依据基本商业活动和上市公司的经济状况进行一个价值评估。这也是本书余下部分所讨论的。

在使用这些工具的过程中，所有的投资者，无论个人投资者还是机构投资者，都应当认识到本章开头提出的那个问题所引起的市场复杂性：股票市场以4年为周期进行循环到底意味着什么？当然，对此我们可以很明确地给出答案，这就是在过去30年中出现的革命性的投资思想——有效市场理论，现代资产组合理论和资本资产定价模型——可能误导了人们的行为和思想。

以下是我们要重新思考的一些教训：

- 研究股票对个人的投资机会大小，并不浪费时间。
- 考虑是评估个人投资机会大小有意义，还是在股市中随机选取一组股票构成投资组合更有意义？这种思考可让你在股市中有更好表现。

- 使用现代资产组合理论，依据β值所判断出的风险大小，采取把鸡蛋放入不同篮子，通过分散化来降低风险的战略，这种战略实际上并不会让你表现更好。

还需要指出的是，现代金融理论的最惨重的教训之一是资产组合保险的出现。所谓资产组合保险，实质上是一种计算机操作技术，当股票市场下跌时，它可以重新调整投资组合。对资产组合保险的广泛使用促使了1987年10月股市崩盘和1989年10月股灾的发生，因为该模型的思想和对策就是当股价下跌时，卖出这些股票。

资产组合保险的运用，对整个市场和它的参与者们都造成了极大影响。这种巨大的错误说明了在所有投资者中常会犯一些相似的错误，包括被中小投资者所忽略掉的投资机会。因此，**你应该忽略这些现代金融理论和其他一些半成熟的市场看法，坚持投资的正确方法**。

5.2.1　战略选择

你或许会有这样的疑问：如此费脑筋地分析商业价值是否值得？是否可以让别人来做这种工作然后你自己搭个便车？对于这种搭便车战略，经济学家常常用这样的一个例子来加以说明：假设有一个国家为了建设一支强大的军队，而对老百姓施以重税。所有人都认为为防御外敌进攻这样做是合理的，而采用搭便车战略的人，即逃脱者，虽然没有对国防建设做出什么贡献，但也和其他人一样享受到国防稳定所带来的好处。这即是搭便车。

对于一个投资者而言，让别人去做这些投资研究而自己在市场中做一个搭便车者，这样做是可能的吗？答案是否定的。首先，在上面谈过的典型搭便车例子中，人被分成两种——正常纳税者和逃税者（即搭便车者）。而在股票投资中，投资者被分为3类：做投资研究的人，投机者以及搭便车者。投机者的出现使得那些乐于搭便车的人可以利用投机者根据投资研究而做出的愚蠢行为和操作。

你或许会问，如果那些做投资研究的人可以从投机者那里获得高额回报，为什么不是每个人都不去投机而转为做研究分析工作呢？这是一个非常好的问题。投资者应当这样做的，但实际上他们并没有。研究分析工作的忠实支持者，格雷厄姆和巴菲特，一直对投机者的这种惰性行为感到十分惊讶，他们俩始终不理解为什么会有那么多人不是进行积极的分析，而总是像旅鼠（北极地区的一种动物，以懒惰著称——译者注）那样懒惰。这在格雷厄姆和巴菲特看来是完全不可理解的。这些投机者所做的，正是上文所描述的那些情形。

即使是采取与搭便车策略相类似的投资战略，它也需要利用一些基本分析工具。可能适合于许多人的最常见的搭便车策略，就是对指数基金进行长期投资。所谓指数基金，就是该基金购入的股票都是已有某种市场指数（如标准普尔500指数）中的成分股，并且对每种成分股的投资额与它在市场指数中的构成比例一致。这种指数基金现在在整个投资资本中占有相当大的比例。

人们对这类基金感兴趣是有许多原因的。像标准普尔500这样的指数，它的市场表现一直优于积极型投资组合基金；指数的变动相对较小，因此指数基金股票换手率较低，因而成本较低，在税收回避上也可以得到好处。

盯住指数进行投资操作的主要不足之处在于对股票的基本面关注较少，更强调股票的过去收益情况而不是它的未来发展前景。这种交易不随投资者的商业分析能力和个人偏好而有所改变。利用指数基金来进行投资，投资者只需付出些许努力就可以确保获得市场平均收益率水平。尽管如此，投资者还是应该把"股票篮子"与所跟踪的市场指数，如标准普尔500或其他，做一比较，以评估股票篮子中的股票是否具有更高的价值。做这种决策，就需要用到本书所讨论的商业分析方法和思想，即使你可能并不会在实践中很严格地按照它来执行，掌握这种方法还是有百利而无一弊的。

对股票基本面的监督是一种比较常见的做法。指数基金的购买者也需要像股票购买者一样知道购入资产有多大价值，不论是指数还是股票，二者都会发生向上或向下的波动，这是很正常的。并不能十分明确地保证总体股票市场就一定会上涨，它们也会下跌，而且事实上它们经常下跌。

在熊市弥漫持续时间很长的情况下，坚持不抛死不割肉这种做法的价值显然不如在购买前先做分析的价值大。市场大势如何发展，是向上还是向下，这是很难预测的，即使对长期趋势而言，要做到准确预测也是很难的。但是，对某一只特定股票的未来市场表现做出预测还是有可能的。

股票投资基金是一种管理化的投资组合，它由从市场中选取的一些股票构成。在基金中，往往有一个投资委员会，对股票的买或卖进行决策。共同基金的投资者们支付这些交易的成本，加上其他的费用，使得投资共同基金比指数基金更昂贵。从税收的观点来看，它也是比较昂贵的，因为共同资金投资组合的变化常会产生资本利得，而共同基金的投资者要为此纳税。

共同基金投资的这种税收后果表明单个股票投资是有其优势的。在单个股票投资中，当你错误购入某种股票（即该股票亏损），这种股票的价格和价值都下跌而不再满足你的持有要求时，卖出这种股票至少可以让你因为资本损失而降低了纳税的税基和税率，从而得到了税收回避所带来的好处。

对个人投资者而言，使用平均货币成本按股息再投资计划进行定期的投资安排是许多投资者广泛采用的一种很有意义的投资方法。这种思想所表示的含义是：每月（或其他时间间隔）以固定资金量对某一特定股票进行购入，可以降低相对于这些股票被购入时平均价格的平均成本。这种方法通过利用市场的间歇性调整或衰退，可以把投资者摒弃在市场的狂热浪潮之外，即每次购买总是在市场处于相对低位时购入，每次购买都会改变总持有量的平均成本水平。

举例说明，假设你要在3个月内每月对宝洁公司股票投资200美元，而3次的购买价格分别是80美元、120美元和100美元。那么在这3个月期间的平均价格就是100美元〔=（80+120+100）/3〕。但是你的平均成本只有97美元（因为价格为80美元时可以购入2.5股；价格为120美元时购入1.66股；价格为100美元时购入2股。因此你投资600美元共计购入了6.16股，因而平均成本是97美元）。当把这种战略用于很长时期的投资时，你就可以从市场中获取很高的利润。

注意：只有当确认股价是处于低于其价值的情况下，这种投资方法才是可取的。本书所努力要阐述的思想也正是告诉大家做出这种判断的重要性。使用这种思想来监督股息再投资计划的价格与价值之间的关系是十分重要的。但是我们还应该清醒地认识到这一条，即只有在你的每次购买都是在市场处于相对低位时才购入的情况下，这种货币成本平均机制才会对降低总体购买价格发挥作用。如果你想通过定期卖出股票又在后来买回这种操作时间安排来击败市场的话，这里所说的这种方法并不能帮你完成愿望。

对于所有的投资者，不论是投资于指数基金、共同基金、股息再投资计划，还是单个股票，**最关键一点是要形成这样一种思想，一种努力区分出股票的价格和价值的思想**。你不必经过许多繁琐的计算或深入的研究就完全可以形成这种认识观念。但是你必须不断强化这些工具所反映的思想，用它来理解如何进行商业分析和进行聪明的投资。天下没有免费的午餐，更没有免费的乘车。

5.2.2 股票投资的分散化策略

与现代金融理论不同，投资方法中并没有规定一定要对投资组合进行分散化。分散化只是投资所导致的结果，而不是进行投资的前提条件。与分散化相对的是集中化，采用集中化投资组合有时会毁灭，有时也会带来很好的结局，正如杰拉尔德·罗伯所说：**绝大多数真正巨大的财富都是通过集中化取得的**。如果你明知道已有的两只股票都是以极低价格购入的，价格远低于其价值，那么你还有什么必要再买几种其他股票来做分散化投资呢！这两只股票就是你所需要的也是你应该购买的全部组合构成。

必须牢记，不能在投资的头一天就构建一个由数十只股票构成的投资组合，因为仅仅在一天时间内，你根本不可能发现，市场也不可能会出那么多价格低于其价值的股票。在较长时期内，进行一定程度的分散化是可能发生的，只要这种分散化不会削弱你集中选择新股或保持已有股票组合的能力，那么这种分散化也还是一种谨慎的做法。

过度分散化的投资组合会给我们带来另一种形式的搭便车问题。正像逃税者不纳税却照样可以享受国家国防强大所带来的好处一样，一只差股票同样也不对你的投资组合带来价值却照样需要你为它而付出代价（即价格)。国家越大，搭税收便车的人就越不容易引起注意。例如税收欺骗行为在加拿大就比在美国更容易被查出。同样地，在你的投资组合中持有的股票越多，你挑选出并做出惩罚措施（卖出）来处置那些搭你的财富便车并毁灭你的资产的股票的可能性就越小。因此我们不是反对分散化，而是提倡要采取有限分散化投资策略。

有限分散化投资的基本原则是只持有一些经过严格挑选的普通股来构成投资组合，这些普通股在它们的价格和合理价值估计值之间都存在一个安全边际，以保证所选股票虽少但精。对于股票的数量，巴菲特认为选择5~10只股票是比较合适的；格雷厄姆则认为是10~30之间。但两人都强调，像专业基金经理们那样采取积极进攻型姿态的投资者们，他们为适应经常做出各种反应的需要，应该进行较广泛的分散化投资。用巴菲特的话来说，即是：**“按发生概率进行多种活动和操作，但反对孤注一掷。”**

5.2.3　资产分配

应该区分股票投资的过度分散化和资产组合的再平衡（上一章讨论的内容）两者的区别。这种区分要从更基本、更重要的投资原则来理解，这个原则被称为“资产分配”(asset allocation)。它包含的资产类型，不仅仅是普通股股票，也是投资者所有可供选择的资产，如债券、房地产、房地产信托投资基金、商品等。这些资产类型提供了敛集财富的更有吸引力的途径，尤其是在股票市场不能提供价格低于其价值的股票时，出于对投资资金的谨慎考虑，上述这些投资方式就具有更大的吸引力和诱惑力。还有一种可供选择的资产是由各种资产构成的混合资产，这种混合资产一般投资于一些具有税收优势的投资工具，如401（K）计划。

大多数投资者现在都倾向于这样做，即把他们自己的财富总额按一定的比例分别投资于不同类型的资产当中，进行分散化投资。不同类型的资产包括房屋、手头现金、退休保证金、股票和债券组合等主要几种。那些没有这样做的投资者们也应该尝试这种方法。因为在不同类型资产间进行分散化投资是一种维护财富价值的有效方式。如果把个人所有财富百分之百地投入到近10年来一直摇摆不定的股市中，那么他的财富总值一定会缩水。而如果把财富的一部分投资于债券，在同样时间内债券市场一直表现优良，那么很大一部分的财富价值就被保存下来，而不会受到那么大的损害。

通过401（K）计划来进行投资，会产生一个问题，即按它所提供的资产类型进行投资会缺乏分散化。大多数这类投资者都把资金的绝大部分投向于股票基金，一些人只在各种分配方式之间简单选取某一种极端的分配方案，有的人甚至把全部资金都投资于股票基金。不论哪一种方式，资产分配都偏重于股票，即在总资产构成中给股票一个较大的构成权数。这种很大的股票投资权数对年轻人来讲是深谋远虑的，对老年人也是比较明智的选择，但是只要还有其他不同资产类型存在，这种投资就显得过于单一了。

把你所有的鸡蛋都放在股票市场这个篮子中是一种不谨慎的资产分配方式。而当你已经把你的资产分配到不同类型的资产上之后，投资于股票的那部分就不需要再分散化了。概括来讲，**资产分散化要远比股票投资组合分散化重要得多**。

除了资产保值之外，和一般投资一样，资产分配的最终问题仍是机会成本的问题，这是一个非常重要的需要优先思考的问题。每个人都希望把资金投入到可以在未来最可能产生最大投资收益的资产身上，评估这种可能性的基本原则与评估不同类型资产间投资的原则是极为相似的。对于某种资产的相对吸引力程度，资产的形式本身并不能说明什么，关键在于特定市场环境。也就是说，存在许许多多绝大多数人根本接触不到的各种其他资产形式，从在市场实践中探索出来的一些金融工具，如可转换债券，直到更加神秘一些的私募基金和对冲基金（限于篇幅，本文对此不再加以详述）。

用商业分析思想来评估这些可供选择的资产类型，其重要性丝毫不亚于用商业分析思想来评估普通股投资。每种类型的资产都存在一些与该资产本身密切相关的特殊问题（例如，银的价格取决这些金属的供给与需求情况），这些特殊问题应该引起人们足够重视。把自己作为一个商业分析者来思考问题，一旦你具备了这种思想意识，并可以把它用于对普通股的分析，那么很容易就可以把这种分析思想扩展到对其他类型资产的分析当中。这也正是本书把重点放在普通股身上的原因。

5.2.4　收入分配

资产分配的重要性是不及收入分配的重要性的，但是绝大多数人都把这种关系弄颠倒了。人们更重视的是可以赚多少钱，而对收入如何在投资和消费之间进行分配关注较少，造成的后果是全国的储蓄率接近于零。

但是如果在所赚的钱中用于储蓄的越多，你就越容易达到投资目标，因为有更多的资产被投资用来生钱。储蓄比例相对较小的那些人更容易受到投机冲动的诱惑，从而使得投资活动变得更加困难。

每个有收入的人都会面对收入分配这个问题。你必须决定把收入的多少分配于房屋成本、食物和服装、娱乐支出、交通，以及教育费用等等。有的人还有额外的麻烦，要考虑把收入怎样分配以支付过去消费的费用，如信用卡透支偿还，汽车和个人贷款，以及房屋抵押贷款等。

如果一个投资者需要做以上还款考虑，但是他还想投资于股票上，那么最好的做法是在考虑股票投资之前把这些高利率消费项目的贷款全部偿付完。这样做并不是一种“没脑子”的做法，相反是十分明智的。如果你有信用卡账户透支的债务，它需要你每年支付10%～18%的利息率，那么你的这种透支就完全是在浪费金钱，把这些债务立即付清，你立马就可以得到这个可以保证的收益率（以机会成本观点考虑）。这种做法同样适用于相对费用较低的消费信贷，如汽车贷款（平均利息率在8%～12%之间），一次性把款项付清，所支出的那笔钱可以保证你获得这个8%～12%的收益率。同样情形也适用于房屋抵押贷款（平均利息率在6%～8%之间），一次付清，就相当于这笔钱取得了6%～8%的收益率，而这个收益率，即使是投资于普通股也不敢保证必然能达到。

5.2.5　保证金交易

股票的保证金账户，特别是日交易者的保证金账户，其数量和规模都大幅增长，这表明这些人愚蠢地忽略了许多简单的道理。从1996年到1999年间，网络经纪公司的保证金债务增长了近5成，而纽约证券交易所的会员公司的保证金债务翻了一番。在整个90年代的10年间，保证金债务占消费金债券总额的比例增长了3倍，由4%达到16%。然而绝大多数人并不清楚保证金贷款与其他消费者贷款是不同的。

保证金交易者为了购买股票而从他们的经纪公司那里借款，通常要支付9% ~11%的利率。这些人认为通过把借来的款项投资于那些价格会上涨并会有较大股息分配（也即投资收益率高）的股票，可以杠杆化利用这笔贷款，取得更大收益。在繁荣市场当中，这些人或许会取得胜利，得到超过资金成本的收益率；而一旦市场处于萧条不景气状态，这些人就会破产。

当你的资产组合价值下跌，使得你的保证金贷款只能满足一半总资产价值所要求的保证金数额时，你必须再投入一部分资金加入到保证金账户中（你的经纪人此时会要求你追加保证金）。如果你没钱追加保证金，你的经纪人就会卖掉你的一部分股票，不管你是否同意，这是一种强制性平仓。这种交易方式，增加了你的利息费用和交易成本，实际构成了你的一种损失，而当这种损失再乘以不断扩展的保证金交易者数量，你就会发现在你面前的市场，正在逐渐走下坡路，你的损失正在不断扩大。

在摩纳哥，大保证金交易者对借来的资金进行不断翻滚，他们采用使用保证金的日交易策略，但从不对这种策略进行深入研究，也发现不了这种策略所包括的令人震惊的风险。这种高额赌注游戏的坚定支持者是巴利·赫兹（Barry Hertz），一家名为“磁道数据公司”的老板。赫兹积极鼓吹投资是十分简单的，建议他的客户们都借钱来进行日交易。

赫兹本人也按照他给别人的建议进行双倍投资。因此在 Q day 这一天（2000 年 4 月 14 日，股市疯狂缩水），投资大幅贬值，他的经纪人要求他追加 4500 万美元来平衡他的保证金账户。不得已，赫兹不得不抵押了他持有磁道数据公司股份的 50%。最终弄了个鸡飞蛋打。所以投资者们一定要对像赫兹之类人的建议多保持警惕，除非你喜欢赫兹的下场。

5.2.6 金融投机

相信大家都还记得尼克·李森（Nick Leeson）制造的惨剧，记得这位巴林银行新加坡支行的交易经理，这位所谓的“流氓交易者”。他大量进行巨额融资用于金融投机交易，当市场走向与他设想的背道而驰时，他拖垮了具有悠久历史的英国最古老银行，在拿破仑战争时期就成立了的巴林银行。

事故的罪魁祸首是进行套利交易。李森把注意力集中于在日本大阪证券交易所和新加坡金融交易所上市的 Nikkei－225 期货合同上，努力发现其中存在的价格差异，然后在一个市场上买入期货合同，同时在另一个市场抛出同样合同。这种交易策略由于两个头寸是互相抵消的，因而风险很低，最初李森取得了多次成功。

不断的成功使李森做了另一种改变，他开始同时在两个市场中对 Nikkei－225 期货做买方期权和卖方期权交易。这是一种中等风险水平的投机战略，在稳定市场中该战略是十分有效的，而当市场波动较大时，它就很危险了。

1995 年 1 月日本神户的大地震，击毁了李森的美梦。大地震不仅震翻了神户，也让李森恐慌不已。因为 Nikkei 期货价格狂跌不止。为了避免遭受如此重大损失，李森像吸毒者毒瘾发作一样疯狂了，他采用了风险极高的交易战略，买入更多的 Nikkei 期货，希望能借此稳住不断下跌的市场。

天机算尽，最终也没达到李森的愿望，市场仍在不断下跌，这时巴林银行在该期货合同交易上的暴露已经达到了惊人的 10 亿美元，远远超过了巴林银行的资本总额。巴林银行倒闭了。后来调查人员对这一事件进行调查时发现在李森进行交易时，他的头寸一直是由巴林银行的保证金账户来补足的（或称抛补），但是在灾难发生之后，在李森由新加坡逃到德国之后，就不再是这样了。

在过去的交易过程中，李森曾经向伦敦总行报告过他正在使用私人账户进行长期合同的套期保值操作，还报告说他也代表银行的一位客户做套期保值交易。实际上，这位客户根本就不存在，它只是一个以虚构名字开设的账户而已，而这个账户的使用者，正是李森本人。

据说李森用其他交易的收入来为该账户融资，并使用这些资金来维持保证金账户的平衡。他使用虚构的客户账户让伦敦的巴林总行相信他确实是在代人理财，因而为他提供额外的资金，而这些资金也被李森用来平衡保证金账户。最终，一切都无可挽回。

李森带给我们的教训被公认为是一种极端的心理学病例，它混合了衍生证券、过度保证金交易和欺诈等综合作用的结果。因此从此教训中我们一定要对衍生证券和保证金交易保持高度警惕。尤其要注意的是这两种交易的混合使用，往往会带来极大的风险和危害。

5.2.7 期 权

对衍生证券的最终警告引领我们又回到了格雷厄姆对待期权的观点上来。即使是在基金经理们利用期权进行投资成为十分普遍现象的情况下，格雷厄姆仍在许多公开场合对这种新的金融工具表示了足够的蔑视。

期权的最初出现是与债券相联系的，到20世纪20年代为止，欺权已发展成为格雷厄姆认为是滥用的金融革新的一个组成部分。当它在60年代更广泛地出现时，格雷厄姆发出“股票期权警告”，认为期权是“一种接近欺骗的、一种现成的威胁和一种潜在的灾难”。他认为期权并不创造什么价值，除了能误导投资者之外并没有存在的意义，因此应该在法律上予以禁止或让它只占据公司总资本的一个极小部分。

期权的最主要的负面效果是稀释了现存股东对公司的所有权利益，包括现存的每股收益，分享了公司的未来增长和股息支付，以及对管理者的投票权和对公司合并这类主要变化的投票权。格雷厄姆认为期权除了创造虚拟的市场价值之外，没有其他任何作用。总之，格雷厄姆一直对期权抱着怀疑和不信任的态度，谴责它罪恶的、荒诞的，肆无忌惮地创造了大量纸面价值。

巴菲特对期权的批评不像格雷厄姆那么强烈，他认为“如果你想在商业项目中使用期权计划，那就意味着你想拒绝对该项目的所有权，”他还说：“如果把期权作为一个礼物送给我，我倒是乐于接受的，但是我永远都不会自己去购买它。”因此来讲，**期权给投资者的教训是十分清楚的——远离期权，尽最大可能地远离那些期权占总资本比例很高的公司。**

5.3 金融炼金术

当投资资本额远远超出可获利的投资机会时，就会出现股市泡沫。价格以可怕的倍数超出了价值，这是由人们希望能从中分享到利润的那些股票造成的。如果说有1000亿资金用作风险投资，但收益只来自于其中100

亿投资，那么这种情况下，另外的900亿资金就没有投资的必要了。打个比方说，当音乐停止时，有90%的观众只能站着，没有椅子可坐，与此相同，90%的资金并不产生任何收益。

市场投资造成的这种情况与典型的赛马比赛的主要区别是赛马比赛只需两分钟时间就可以定出胜负，让输者乖乖地马上拿出钱来。然而，两者也是有很多共同点的，对赛马或对企业做过仔细研究的人，以及很少参与这种赌博的人，比那些对每匹马或每只股票都参与赌博的人，获胜的机会要大得多。在早期或者泡沫的繁荣时期，如果你能有本事找出低价股票，把资金投入到那只股票上，当然你就可能会获胜；而如果你所赌的对象正在走下坡路，那么很大可能你就会输。

那些对正在走下坡路的对象进行赌博的人，为市场泡沫增加了狂热的气氛。正是这种大范围的疯狂行为导致了在彩票的累积奖金很高时，人们会更疯狂地抢购彩票，因为创造出大多数市场泡沫的，正是人们想从一些新鲜事物中一夜暴富的刺激性的投机心理，这种狂想使得他们采取了非理性行为或盲从行为。

借助人们对香槟和鱼子酱的梦想——暴富的心理，这种市场兴奋被快速地传播开来。先是不断升温，再发生一些动荡、波动，然后梦想被打破，走向灭亡。实际上，最终只有一个人赢得了累积大奖。但是在这个过程中，人们只看到了赢取大奖后的美妙前景，这是一个相当昂贵的投资机会。埃德温·莱菲维瑞（Edwin LeFèvre）对此做了精彩的描述：“**所有的繁荣景象都是由人们的贪婪本性和市场中到处弥漫的繁荣传闻所引起的。人们为了不劳而获却能享受财富带来的乐趣不断地把钱投向这种可能的赌博，而最终事实证明这种神话在这个世界中是极少存在的。**”因此，真正的投资者是不会一直守候在彩票点的，他们清醒地知道“快速致富”通常的结果是“快速变穷”。

让我们再看一下格雷厄姆对20世纪60年代后期市场的观察结果：“普遍的投机行为是根深蒂固而不能矫正的。投机者会以任何价格水平买入任何东西，只要这种东西看来具有某种领先水平。如涉及计算机业务的公司，从事电子业务的企业，拥有某种新技术的企业，等等，都是投机者追逐的目标。尤其是在旧的生产模式遭受到科技发展带来的挑战时。”

约奇·巴瑞（Yogi Berra）和格雷厄姆一样，对市场持悲观态度。他说："聪明的精力充沛的人，通常是一些年轻人，经常相信用别人的钱可以创造出奇迹来，忽略了历史给我们的教训。他们常常只会在一段时间积极地从事某事，看起来像做得很成功，结果却是给别人带来了损失。……这类人、这类事太多太多，以至于投机的刺激永远也不会消失，对投机的利用也永远都不会中止。"

在世纪之交几年中的新经济热潮中，投机的刺激仍然存在着。相当数量的人们接受了风险资本家和日交易者的看法，认为旧的游戏规则已不再适用了。这种看法的一个极端表现是一家知名投资公司的首席经济学家，曾在《纽约时报》上公开声称"我们不再知道该怎样去评估公司价值"。

价值评估一直就是很困难的一项工作，但是现在比以往增加了多大难度呢？企业不管宣称未来怎么怎么好，最终的经济落脚点还是现金。如果企业不能很明白地说出要在多长时间取得现金收入和怎样降低未来收入的风险，如何去评估这种前景，那么很难说这样的公司有什么评估价值。

这种金融炼金术的赞成者越来越不把自己作为商业分析者来分析投资，想当然地认为商业分析的工具是传统的，甚至是烦人、单调、过时的。他们抱着发财的强烈心愿，把以前的靠耐心靠勤奋致富的思想全扔进了历史的垃圾箱中，只是梦想着用一种快捷的方式来做一个纸上的百万富翁（paper millionair），像他们所羡慕的个别同龄人那样。

不幸的是，这种思想最终导致了利用信用卡透支来进行股票的日交易投机和一种"先购买，后付款"的行为，忘记了最终总会有还账的那一天。它还导致人们对技术分析过分信任。当传统分析工具对企业的关键问题都做出否定回答时，技术分析却给出了虚假的不正确的肯定回答，但人们宁愿相信后者。

例如，在20世纪90年代中期的生物技术行业，只有不到10%的公司取得利润，极少有公司可以从营业活动中取得正现金流。这些公司的发展同样需要新资本的投资。由于传统商业分析方法不能为这些新兴企业提供一个有说服力的证据，它们采用了一些非传统的手段，其中最出名的一种方法是评估企业所谓"烧钱"的业绩，即企业能以多快速度把钱花在研究项目上。烧钱烧得越多越快，企业的管理就越好，就越值得投资。听起来疯狂的很，不是吗？

其实这一点也不比20世纪末和21世纪初的网络业和高技术行业的情况疯狂。金融机构对待这类行业的评估抛弃了传统的业绩测量标准和以利润和现金流为基础的评估方法，采用了一些新的方式来看待这些问题。市场份额分析就是其中的一个例子。

企业主常常这样说："看，我们的网络鲜花销售占据了60%的市场，因此你们应该对我们进行贷款。"或者更乐观地说："在我们的网站，每个月有1000万次点击，尽管我们不赚钱，但是有2000万只眼睛在注视着我们，因此我们一定是好的，我们一定有价值，你们应该对我们进行投资。"

于是人们蜂拥而入。但是这些公司（尽管不是全部，但也是绝大多数）的融资并没有得到商业分析思想的支持和验证（下一个具有高成长性的行业很可能是从事网站破产业务的公司）。

从历史来看，每次市场狂乱都伴随着人们努力用一些听似合理的新规则来解释非理性现象。以刚过去的一个世纪为例：熊市的一个"新纪元"在1929年股市崩盘时达到顶峰（这次崩盘是由新技术的广泛使用所引起的，这些新技术包括汽车的发明、电子技术、真空管技术、洗碗机、收音机、有声电影等）；第二个新纪元是1962年发生的"新恐慌"（New Panic）和60年代末期发生的"新业绩现象"（New Performance Phenomenon）引起的市场内部爆裂以及共同基金的出现。日本在80年代发生的股市泡沫产生于人们普遍相信日本创造出了不同于历史的"新"经济模型的信念。当时认为市场份额是最重要的，是至高无上的，公司如果有了市场份额就一定可以得到高额回报，即使眼前没有利润或利润很低。其中的情形与20世纪末21世纪初美国市场状况颇为类似。

这并不是说市场份额是无关紧要的。市场份额是一种重要的有用的相对业绩衡量指标。例如对可口可乐公司和百事可乐的业绩评价，由于两家公司是饮料市场的最主要两个竞争对手，因而用市场份额来衡量公司业绩是有效的。同样对占据路由器市场80%份额和网络配件市场30%～40%份额的思科公司也适用，杜邦公司统治了全球的尼龙制品市场，它也可以采用市场份额指标。对这种公司来讲，市场份额可以帮助它们降低销售成本和管理费用，最终转化为高额利润。

但是必须明确的一点，可口可乐、百事可乐、思科和杜邦这类公司在市场上是赚钱的。因此它们在可获利市场中的份额越大，公司利润也越大，因而市场份额是反映企业业绩的一个非常有效的指标。但是对于不获利企业，就不能也这样来评价。相反，你的市场份额越大，你损失的资金也越多。

对于企业来讲，疯狂掘取市场份额可能会造成灾难性的后果。让我们来看一下放松政府管制后的航空业所发生的一切。市场份额的极端激烈的竞争使得航空公司几乎失去了所有的利润，同样的情形也发生在百事可乐和可口可乐公司身上，在一些地方由于竞争过于激烈，每瓶可乐的销售利润几乎接近于零。

所有这些并不意味着我们应该拒绝自 20 世纪 80 年代以来技术变化所产生的经济升级换代。以石油价格为例，历史曾经由于石油涨价而导致 1973 年和 1980 年的经济大萧条，以及 1990 年程度稍轻的经济衰退。但是在 20 世纪末期和 21 世纪初期间石油价格上涨一倍的时候，通货膨胀率仍保持在相当低水平，也没有发生经济萧条的迹象。产生这种不同结果的部分原因是天然气行业的升级换代，以及大规模石油销售者（如航空公司）普遍采用套期保值合同来降低价格增长所带来的风险暴露。

但是更主要的原因还是企业的经济结构发生了升级，从石油消费型制造业经营转向非石油依赖型的服务性企业，包括那些在网上进行业务运营的企业。制造业经营企业占总体经济的比例由 1977 年的 22% 下降到 1997 年的 17%，用于购买石油产品的资金额占国民生产总值的比例由 1981 年的 8.5% 下降到 90 年代末期的大约 3%。网络的使用也是这种升级转型的一部分内容，它帮助以更加低的成本来从事销售和采购活动，这种成本远远低于传统的生产经营方式。

即使这样，一定水平上的石油价格波动仍然引发了许多宏观经济问题。2000 年 3 月道 · 琼斯股价指数下跌近 4%，主要是由宝洁公司股价大跌 30% 所引起的。宝洁公司当时发布了一项公告警告说企业当季度的利润要低于上年同期水平，更远低于分析家们的预期水平。该公司认为造成收入下降的主要原因是石油成本的上涨，而石油在宝洁公司的许多产品生产中被广泛使用。

经济升级的另一个内容是与实物资本相对应的知识价值的不断增长。从事软件生产销售业务的企业和网络服务企业，它们比生产和销售汽车或石油的企业，增长速度更快而同时成本更低。对这类新兴的知识型企业，它的工厂和设备所需的实物投资相对来说少得多。

但是，并没有充分理由可以确信这类企业会比总体经济以更快速度增长。因为不论开始发展有多快，最终老式企业（即所谓传统经济企业）仍然是新兴的技术型企业（即所谓新经济企业）的最主要的客户（和受益者），因此后者的增长怎么会远远超过前者呢！当然，有的传统企业的增长可能会很低，但不会永远都是这样或者只是由于这些企业的历史问题造成的（如，企业规模越大，增长越困难）。因此即使一些新兴企业超速增长是可能的，但这也并不是永远都会保证这样的。

对经济升级换代有了这些认识之后，我们就会认清这样一个事实——新经济并没有改变企业的一些基本因素，仍然需要依据对企业商业气候的理解作为吸引投资的基础，聪明的投资者仍然会使用那些以前使用的关键性财务指标来作为分析工具。即使对新经济企业的分析采用了一些新的指标和标准，这些指标和标准也应该经过严格的分析。忽视损失是可笑的，但是忽视企业持续存在的迹象则是彻头彻尾的愚蠢。

例如，如果你接受了把市场份额的增长作为未来价值的衡量指标这种思想，那么你也应该认识到客户增长率的降低是未来价值减少的标志。你必须承认当企业的每个新顾客带来的收入减少而获得成本又上升时，企业的未来就由原来的不确定而变糟糕了。这正是许多网络公司的特征，这类网络公司的股票价格往往受这些消息影响而上升。这类公司往往是该行业最出名的，使得我们有理由相信所谓新经济不过是披着羊皮的狼罢了。毕竟，看起来太美好的东西通常不能成为事实。

当人们谈论新千年时总是说技术变化的步调是空前的，但实际上这种印象是错误的。如果你把过去一个世纪中每年出版的经济学和投资学方面的作品进行一个大清理的话，你会发现每隔一段时期，总会出现一些书籍不断地鼓吹新技术的发展步伐并宣称这种技术所带来的变化是前所未有的。这些巨大的技术变化包括：印刷机、农业和工业革命、生产线流水、电视线和收音机，以及现在的电脑和网络。

即使是如本杰明·格雷厄姆这样的智者也感到，在他所处时代要评价这些技术变化所带来的影响是很困难的。他在20世纪70年代早期曾这样写道："这几年发生的快速的广泛渗透的技术增长对改变证券分析师的态度和工作量方面并没有很大效果。比过去更加强的一点是，这种有代表性的企业在未来10年是取得进步还是走向衰退，将取决于它与新产品和新程序的关系。"

5.4 进行长线操作

狂热的投资观念的产生是短视的，同时也是短命的。投资者在考虑企业和收益时，应看重的是几年的趋势而不是每日的变化。这个几年时间到底是多少，依据不同投资者的年龄和需求的不同而有所不同，但是对任何想认真思考投资的人来讲，4年是一个最小的时间阶段。绝大多数人的股票持有时间超过4年。

依照惯例，常把持长期投资观点的人称为"长期投资者"，认为这类投资者常采用的投资方式是"购入—持有"战略。其实严格地讲，这种长期投资者的定义除了使用过多单词之外（投资者的正确定义本身就是长期的），上述的特征也是不精确的。

对长期限进行考察的一个原因是要认识到如果早期投资是很好的，就没有必要每天或每年再做投资决策。正如沃伦·巴菲特用棒球比赛做比喻所说明的那样，在投资学中不存在本垒打这样的东西，坐下来等待你想投资的东西出现并不会受到什么惩罚。如果这种操作风格的特征描述是恰当的话，那么与其说它是"买入—持有"方法，倒不如说是一种"等待—观察"方法。

然而，无论是这两种方法的哪一种，都优于投机交易者的不加选择和区分的操作活动。广义上来看，今天的新生公司或许就是明天的杰出企业典范，但是如果投机者按这种思想来做决策时，又常常是错误的。1999年末纳斯达克市场上最优秀50只股票的平均持有期不到30天，纳斯达克市场总体的平均持有期均为150天（可以比较，80年代末期平均持有期是730天左右）。这么高的换手率意味着投机者不仅没有仔细地挑选股票（等待—观察方法），也没有长期持有（购入—持有方法）。

凯恩斯曾经做过精彩的双关描述，他说："从长期来看，我们都是死的。"但他并没有谈到股票选择问题。凯恩斯是在一篇劝说政策制定者把注意力集中于短期需求上的文章中做出这个论断的，他认为短期需求的满足只能通过政府行为而不是市场行为才能达到。确实，既然日后变富总比现在迅速变穷好，那么对股票的挑选过程做出阶段划分也就没有什么意义了。

本杰明·格雷厄姆表达了他对股票市场的看法。他认为：从短期来看，股市是一个投票机；而从长期来看，股市是一个称重机。这些话意味市场在短期内是有风险的，因为它的疯狂的价格波动，但是在长期趋势内，这种价格逐渐走向稳定并更加安全。但是说市场最终会对资产进行正确地定价这表明什么意思呢？难道是说市场有时是不正确的吗？答案是：并不完全是。

米尔顿·弗里德曼（Milton Friedman）对凯恩斯所提出的问题做了回答，他认为长期趋势是由一系列连续的短期趋势连接而成的。因此这种长期趋势不仅伴随着我们（对4年前来讲今天就是一个长期），同时也提前于我们（从现在开始的4年）。现在的市场价格反映了企业4年前的价值，它也是对企业从现在开始的4年之后的劳动生产率和收益的估计结果。如果你的估计优于市场的估计结果，那么在从现在开始的4年时间内，市场会把这个企业现在的价值正确地反映出来，你也会提前做出这种反应。

因此，我们可以得出一些很有意义的结论：**即在长时间内市场会对企业价值做出真实反映，这个时间至少是从现在开始的4年；如果你能比现在市场中的公众更好地评估企业业绩指标，你就将会得到巨额收益**。当然，困难在于怎样使决策保持一个很高的成功率。

沃伦·巴菲特继承了凯恩斯的思想和观点，他采用了"至死不渝"（until death do us part）的操作标准。他只投资于他乐于永远持有其股票的公司。这种承诺就像对你的爱人所做的海誓山盟一样，其后果都是一致的，即保持足够耐心，对股票要求是挑剔的。

第二部分

告诉我“钱”在哪里

Show Me the Money

第六章
苹果树的投资分析

如果说一个投资者或基金经理在决定一个企业的价值和投资价值时，市场价格是所考虑的最后一个因素的话，那么应当考虑的第一件事是该企业的基本经济特性。评估这些基本面的方法实在是太多了，以至于许多人采用了一种相对偷懒的方法——把市场价格作为反映企业价值的指标。在所有评估企业价值的方法当中，只有几种方法是确实发挥作用并有很好效果的，这些也正是你所需要掌握的方法。下面先通过一个寓言故事来说明这些方法的基本原理，之后将给出具体的说明。

6.1 有关苹果树投资价值的讨论

从前有一位聪明的老人，他有一棵极好的苹果树，只需稍加照料每年就可以结出一大堆苹果，每年可以为老人带来 100 美元的收入。老人变得越来越老了，他打算退隐来享受余生，因此他决定卖出这棵树。这个老人很有经验，他在《华尔街日报》的商机版上刊登了一则广告，声明他将树卖给出价最高的人。

第一个对广告做出反应的人愿意出 50 美元，他说把这棵苹果树砍掉当烧材卖只能卖 50 美元。因此他认为这棵树只值 50 美元，老人生气了，他批评这个人说："你知道你正在说些什么吗？你的出价只是这棵树的清算价值。对于一棵松树，或者这棵苹果树已不再能产苹果了，或者苹果树木材价格达到相当高水平以致把它用做生产苹果还不如做烧材值钱时，你的这个价格也许是合适的。但是很明显你无法理解这些，因此你看不出我的苹果树的价值远远超过50美元。”

第二个来拜访老人的购买者出价100美元。她说道：“这个价格正是今年苹果熟了以后所能卖到的价格。”“你对这棵树的认识比第一个人强了一些，”老人回答道，“至少你看出这棵树用来产苹果比用做烧材的价值要大。但是100美元也不是一个合适的价格。你没有考虑明年、后年及以后各年产出的苹果的价值。因此，带上你的100美元，走吧！”

第三个购买者是一个刚从商学院毕业的年轻人。他说：“我将通过网络在网上来销售苹果。我计算过了，这棵树至少还可以产15年的苹果。如果我每年可以卖得100美元，那么15年总共是1500美元。因此我愿出1500美元来买你的苹果树。”老人感到很伤心，说道：“噢，利用网站？不！你比前两个人更认不清现实。”老人接着说道：“很明显地，从现在开始的未来15年中你每年取得的100美元收入，与你现在的100美元是不等价的。实际上，如果你今天在银行中存入41.73美元，利息率是6%，每年复利一次，那么在第15年年末这笔存款的总价值会达到100美元。因此未来第15年的100美元折算到现在的现值，假设按6%的利率计算，只是41.73美元，而不是100美元。上帝啊！拿走你的1500美元把它投入到很安全的高等级公司债券去吧，你应该重新回学校好好学学财务知识。走吧！”

不久后，又来了一位很富有的医生。医生说：“我对苹果树没什么了解，但我知道我很喜欢它。我将按市场价格来买它。上一个小伙子愿意出1500美元，那么这棵树就一定值那么多。”

“医生啊，”老人建议道，“你应该为自己找一个专业的投资顾问，如果存在一个规范的有规律的苹果树交易市场的话，市场价格会告诉你苹果树价值多少。但是，不仅这样的市场是不存在的，即使存在了，把价格当作价值也是和前几个人一样愚蠢。请带上你的钱，去买一个度假村吧！”

下一位购买者是一位学习会计专业的学生。当老人问道“你打算给我出什么价”时，这位学生没有马上回答，而是先要求看老人的账目。这位老人是一位谨慎的人，他对各年果树收支都做了仔细的记账。他很高兴地把账本取了出来。

在检查完账目之后，这位会计系学生说：“你的账目显示这棵树是10

年前你以75美元价格购入的，并且，你并没有对它提取过折旧。我不知道你这样做是否符合一般会计准则，但假设符合了，这棵树的账面价值是75美元。我就出75美元。”

“噢，你们学生们知道的总是很多，”老人话锋一转，“但又很少。确实我的树的账面价值是75美元，但是傻子都能看得出它的价值要远远超出75美元。你最好还是回学校去吧，看看学校里是否有告诉你如何有效利用数字的书，好好学一下。”

最后一位想要拜访老人的买家，是一位刚从商学院毕业的年轻的股票经纪人。或许是为了检验她所学的知识是否有用，她要求先看看账目。几小时后她回到老人面前，说她打算依据这棵树的收益资本化的价值来出价。老人第一次被激怒了，他让她继续说。

这位年轻女士解释道尽管去年这棵树卖了100美元的苹果，但这个数字并不是所取得的利润。因为与这棵树有关的还有一些费用，如肥料成本、工具成本、苹果采摘的成本以及把苹果运到城里销售所花的费用。她认为必须有人来做这些工作，对这些人支付的工资要从苹果的销售收入中扣减掉，而且苹果树的购买价格或购买成本也是一项费用。该项成本的一部分要分摊到苹果树生命期内的每年当中。最后一点，还要缴税。据此，她得出结论这棵树去年的利润是50美元。

“天哪！”老人感到很惭愧，“我还认为我去年赚了100美元呢！”

“那是因为你没有按照一般会计准则把费用与收入相配比。”这位女士解释说，“因为你没有为会计师认定是费用支出的项目单独付款。例如，以前某个时候你购买了一辆货车，你把这辆车的一部分时间用在往市场上运送苹果。即使你是在购买当时一次性分清了价款，你也应该把这个价款的一部分分摊到以后几年当中。会计上把这叫做折旧。我敢打赌你在利润计算过程中从未提到这一项内容。”

“你是对的，”老人回答，“接着说。”

女士接着说道：“我还看了几年以前的账目，我看到在有些年份，这棵树的产量要低于其他年份，每年的价格和成本也不是一样的。如果只考虑最近3年，做一个平均，我的计算结果是这棵树每年的利润约为45美元。但这只是这棵树的价值数值的一半。”

“那另一半是什么呢?”老人问道。

她告诉老人:“是很复杂的一部分，我们现在必须求出在这棵苹果树每年产生45美元利润情况下，我拥有这棵树具有多大价值。如果我认为这棵树只存活一年，那么我就可以百分之百地确认它的价值（作为一个正常企业）就是它一年的利润。

“但正如你我都认为的那样，这棵树更像一个公司，它会年复一年地创造出利润，那么关键的问题就是要确定一个合适的收益率。换句话说，我向这棵树投资，我需要计算我每年取得45美元收入的这项投资的价值。我们把这个价值称为这棵树的资本化价值。”

“你是不是已经有了什么设想呢?”老人问道。

“我正在试着这样做。如果这棵树每年可以创造出稳定而且可预测的利润，它就像美国国债一样，但是这棵树每年的利润是变化的。因此我们必须考虑风险和不确定性。如果它破产倒闭的风险很高，我会用单年的利润来代表这棵树价值的更高百分比。毕竟，有一天市场上苹果会供大于求，那样你就得降价并因而增加销售费用。”

她继续说道:“或许有哪位医生会发现吃苹果会导致心脏病，或许一场干旱会降低果树的产量，或许这棵树会得病或死掉。这些都是风险因素，我们甚至都不知道我们所要面对的成本支出是否值得去支付。”

“你是一个悲观的人，”老人回答道，“也可能市场上苹果短缺，苹果价格上升。请考虑这种情况，我一直以低于人们的愿意出的价格来销售苹果，因此你便可以在丝毫不减少销量的情况下提高价格。而且，如你所知道那样，有许多措施可以用来增加产量。这棵树也可能繁衍成一大片苹果园。所有的这些都会带来收入的增加。”

“通过降低你提到的那些成本也可以增加收入，”老人接着说，“通过缩短从苹果树下到市场销售的时间、通过对赊销的管理、或通过把苹果腐烂损失降到最小等手段，都可以降低成本，所有这些做法，都会提高总销售额与净利润之间的关系，用财务术语来说，即这棵苹果树的利润率。利润率的提高进而也会提高你的投资收益率。”

年轻女士附和道:“我知道这些情况，在我的计算中把这些都包括进去了。但实际情况是，我们正在谈论风险。投资风险是一项冷酷的工作，我们并不能确定未来会发生什么。你的出发点是钱，而我的出发点则是风险因素。

“对我来说，这样思考是很好的一件事。但是我必须通过预知未来来观察这些事物的未来表现，而不是做事后的评论。我的资源是有限的，因此我必须在你的苹果树和路边别人的草莓地之间做出选择。我不能两者都购买，因此买了你的苹果树，就剥夺了我其他的投资机会。这意味着我必须比较各项投资的机会与风险大小。”

她滔滔不绝地继续说道：“为了确定一个合适的收益率，我要考察与投资苹果树可比的其他投资机会，尤其要考虑包含上述因素的综合农业产业。然后看我们所讨论的这些因素如何在这棵树身上发挥作用，以此为基础适当调整我的研究结果。最后，依照这些判断过程，我算出来 20% 的收益率对这棵树是比较合适的。”

“换句话说，”她总结道，“假设这棵树过去 3 年（是一个有代表性时间阶段）的平均利润就是我未来收益的水平，那么我愿意以能给我的投资带来 20% 收益率的价格水平来购买这棵树。收益率低于 20% 是不能接受的，因为我可以买草莓地来获得 20% 的收益率。现在，用每年取得的 45 美元利润除以我的要求收益率 20%，就可以得出这棵树的价格了。”

“我不太懂这些计算，你有什么简单的方法吗？”老人满怀希望地问。

“当然，”她肯定道，“我们可以使用一种华尔街经常使用的方法，叫做市盈率。计算这个比率，只需用 100 除以你的要求收益率即可得到结果。例如，我要求的收益率是 8%，那么用 100 除以 8，市盈率就等于 12.5。对于这棵树来讲，我要求的投资收益率是 20%，用 100 除以 20 因此算出市盈率比率是 5。也就是说，我愿意按这棵树每年预期收益 5 倍的价格来买这棵树。45 美元乘以 5，等于 225 美元。这就是我出的价格。”

老人把身体向后一靠，表示很感谢她教了自己这么多知识，他要考虑一下她的出价，希望她能明天再来。

第二天，当这个年轻女人又来到老人那里时，发现老人面前摆了一大堆工作表、各种写满数字的小图表和一个计算器。“见到你很高兴，”老人说，“我想我们可以坐下来商量商量。”

“很容易就能看出你们这些华尔街的精英们通过以低于真实价值的价

格购买别人的资产赚了这么多的钱。我相信我可以让你同意我的观点——我的树的价值要高于你计算出来的结果。”

“洗耳恭听。”女人说。

“你昨天的计算中使用45美元这个数字，并把它称为利润，或我在去年取得的收益。但我并不认为这个数字能告诉我们什么有用的东西。”

“它当然有用了，”女士反驳道，“利润衡量了效率和经济效益。”

老人沉思一会接着说：“是这样的，但是它并没有很确定地告诉你你将来会得到多少钱。昨天在你离开之后，我看了一下保险箱，发现里面有几张我以前买的股票凭证，它们从未向我付一分钱股息。但是我却仍然会每年收到这些公司的年报，告诉我公司收益情况是如何如何地好。现在我明白了，公司收益的增长会提高我的股票的价值，但是没有任何股息我就不会把它们花掉。这种情况与苹果树的情况恰好相反。

“你算出来的利润值是低于真实水平的，因为有一些项目我根本就没必要去支付，比如对运货卡车的折旧。在我看来，你算出来的这些利润值，是按照会计的思想做出来的，这种思想没有考虑最重要的因素。”

这引起了年轻女人的好奇，她问：“那么什么才是最重要的呢？”

“现金，”老人回答，“我指的是你能用于消费、储蓄，分给你的孩子们的实实在在的钱。这棵树将在数年之内每年都会在扣掉成本后还留有剩余收入。因而我们要考虑评估的，不是它的过去，而是它的未来。”

“不要忘了风险和那些不确定事件。”她提醒道。

老人高兴地说道：“好极了！我认为这样我们就能对此做一点讨论了，很可能你和我会就未来可能的收入和成本情况达到一致意见。既然我们可以就过去几年内这棵树的年平均利润是在45美元左右达成一致，那么我们为什么不能对这棵树未来5年内现金流的预测也达成一致意见呢？比如说未来5年内，有25%的可能性现金流是40美元；有50%的可能性现金流是50美元；还有25%的可能性现金流达到60美元。这种情况下，结果又会如何呢？

“如果把这几个数值平均一下，就会得到50美元的估计结果。”老人指出，“然后我们简单地认为在这5年之后的10年内，它的每年现金流量平均为40美元。说这棵树还有15年生命，这是事实情况，果树专家告诉过我15年后这棵树就不再能生产了。

“现在我们要做的，就是算出为了得到从现在开始的5年内每年50美元的现金收入和随后10年内每年40美元的现金收入，我们现在要付出多少钱。然后还要把15年末这棵树当做烧材卖得的20美元也考虑在内。”

“这很简单嘛！”女人声称，“你是想把包括清算价值在内的所有未来现金净流入都折现为现值。当然你还需要确定你的折现率。”

“棒极了！”老人兴奋地跳了起来，“这正是我手中的图表和计算器的用处。”她这才发现老人手中的报表是一张折现系数表，表中列出了未来时间的1美元，按照各种不同折现率，折现到现在值多少钱。例如，假设按8%的折现率进行折现，那么一年后的1美元在现在只值0.93美元，这是因为现在的0.93美元按8%的收益率水平进行投资，那么一年后的价值为1美元。

老人平静地说：“你可以把钱放在银行进行储蓄，每年会收到5%的利息率。你也可以把钱投资用来购买美国的国库券，收到8%的利率（依据实际利率水平决定）。这些看起来很像是无风险利率。也即意味着无论你把钱投资到哪里，这个8%的无风险利率都是你投资的机会成本。按照8%的折现率水平来折现，只弥补了你投资于这棵树而没有投资于国库券的那部分资金的时间价值。但是由这棵苹果树产生的现金流并不是无风险的，因此为弥补该项投资所承担的较高风险，我们就需要使用一个更高水平的折现率。

“假如我们能达成一致意见，用15%作为折现率来把50美元的年收入及其他各期的收入折现到现在的价值。这个折现率水平是与该项投资的风险水平相适应的一个折现率水平。你可以用我的邻居昨天卖掉的草莓地的折现率来做一个比较。根据我的计算结果，按这个15%的折现率水平，预期的每年利润的现值之和为268.05美元，烧材价值折现到现在为2.44美元，因此合计为270.49美元。我取一个整数，把270美元作为我的卖价。在这个计算过程中，你可以看出我对风险水平做了多大调整，因为如果我按8%的利率来对现金流折现，那么这棵树的现值会高达388.60美元。”

在思考了几分钟之后，年轻女人对老人说：“昨天我教了你那么多知识理论，看起来你是狡猾富有心计的了。作为一个果农，你到底是从哪里学到这么多财务知识的呢？”

老人笑得像个哲人一样诡秘，说：“聪明来自于许多领域的实践。”

“我对这些实践活动也多少略知一二。现在让我告诉你一些金融高手们告诉我的一些知识吧！”女人回答道，“无论是按照你所说的折现现金流方法，还是按照我所说的收益资本化方法，如果该两种方法应用得当的话，最终计算出来的价值结果应该是一致的。这一点你没有想到吧？”

“当然应该一致，”老人附和道，“那些天才们怎么会错呢！但是更聪明的人不是仅仅看一下过去的收益数据，而是按照企业的管理者水平来计算未来的收益水平。现在的问题是这两种方法中到底哪一个是错误的呢？

“在我的计算中，我使用现金而不是收益指标，这是因为我根本就不需要承担像运货卡车的折旧以及其他长期资产支出等成本费用项目。而在你的计算中，为了对这些成本支出做出估计，为了求折旧值，你必须主观推断出它们的生命期，并确定以多快速度来进行折旧。我想这就是导致你计算错误的原因。”

“真不赖，你这个狡猾的老家伙，”女人反驳说，“其实你知道吗，在你的计算当中也存在许多错误之处。当现金流数据很好并稳定时，把它们折现是很容易的，但是如果未来发生一些一次性费用支出时，折现现金流法就难以发挥作用。例如，从现在开始的几年后，这棵树可能需要一次大规模的修剪和喷洒农药等，而这些支出在你的现金流估计中没有显示出来。这种情况下，对人力和农药的一次性支出，就会让你的计算不再成立。”

“我要告诉你的是，”女人越说越来劲，“我只给你出到250美元。我严格的分析告诉我这个价格也是太高了，但是没办法，我实在是很喜欢这棵树。我认为坐在这棵树的树荫下一定是很惬意的。”

“好吧，就按这个价格成交。”老人同意了，“我从未说过我要等待最高出价，而只说过是最合适的出价。”

上述这个寓言故事的寓意是：方法作为工具来看是有用的，但是好的判断并不是仅来自于方法本身，而是来自于经验。但是经验经常是来自于错误判断的。我们应该仔细研究一下那些所谓的专家们，你会发现在他们甜蜜自信的背后存在大量自相矛盾的地方。一个假设的错误就会让你与实际情况偏离很远，即所谓“失之毫厘，谬以千里”。最后一点，活到老学到老。

老人和苹果树的寓言故事向我们介绍了几种资产价值评估的方法，这些方法，不论是对单个资产还是一个企业的总体资产的评估，都是可以发挥作用的。最初的50美元出价是基于这棵树的清算价值确定的，清算价值有时也被称为残余价值或残值。很显然，当对有生产能力的资产、企业、股票等来进行估价时，这个方法是不合适的。

100美元出价是仅依据这棵树一年的收益确定的，它忽略了这棵树未来时间内的持续收益能力。而希望借助互联网来进行苹果销售的那个小伙子的1500美元出价，显然高估了这棵树的价值，忽视了资金时间价值的概念，只是把未来年份预期可以取得的收益做了个简单相加。这几个方法都不是用于资产估值的正确方法。

医生的出价是参照了其他购买者愿意出的价格而决定的，这个思想产生了基于市场的估价技术方法。但是这种方法发挥效用的前提是：所考虑的资产具有相似性；它们在市场中以规范形式交易；市场相当发达。即使这些条件都达到了，这种方法本身也会构成一个死循环，因为前提本身就是有问题的。

最终当购买者与老人就他们各自使用的方法取得一致意见之后，交易达成了。这两种方法：收益资本化方法和折现现金流方法也是最有意义的两种方法（如果运用得好，两种方法的结果应该一致）。购买者愿意使用收益，因为反映收益状况的会计准则能很好地反映经济现状。老人对这些会计准则不太信任，主要是因为它们要从收入中扣减掉会计折旧，而折旧部分的提取，老人并不确信它是否准确反映了经济现实。

人与人有所不同这是合情合理的，但是通过这则寓言，我们可以看出估价工作并不是一个傻子的游戏。这个最终的买家和老人都相当聪明，他们都承认对商业分析保持清醒冷静判断的重要性。当你所考虑的投资类型具有很多不确定因素时，你的判断必须更加敏锐。

对一种指数基金或共同基金的挑选，需要至少具备一定的知识水平和判断能力；对传统的股票的选择，要求的条件就更多一些；而对某一种特殊股票的选择，需要的知识和判断能力比前者还要多；对于新上市股票，则要求的最多。以苹果树为例，老人想要卖掉的这棵树就很像一种典型的企业，比如说通用或杜邦或联合利华公司等。这个企业是成熟的，有生产能力的，并且有多年积累下来的经营轨迹记录。

相反，另一个极端是那些新创立的网络公司。他们惟一所拥有的记录就是一张纸——表明一棵树等于一包种子的商业计划书。即使评估所需的所有要素都具备了，执行问题仍然摆在你面前（即如何评估）。在苹果树的例子中，你仍然要对这棵树的可能未来确定一些衡量标准，如种子质量、土壤肥力、肥料多少和耕作程度等。实际中对网络公司的价值评估，要远比这个例子复杂许多。

6.2 投资的宏观因素分析

老人和最后买家（那位女士）都具有商业分析的思想。这种思想都注重对单个企业的分析，但其形成是以一些一般环境为背景的。这些一般环境被经济学家们称为宏观环境，它包括：利率，税收，通货膨胀和资金的时间价值（或称为连续复利）。

6.2.1 连续复利

沃伦·巴菲特在他32岁时曾写过一篇幽默诙谐的小品文，对资金的时间价值问题做了有力而且直观的介绍。他写道：“据我不太可靠的消息来源，当年伊莎贝拉女王赞助哥伦布航海的成本大约是3万美元。这笔投入可以看作是风险资本的一个至少中等程度的成功运用。我们暂不考虑由于发现新大陆所带来的精神财富的收入，这也是无法估价的，但必须指出的是……这个投资交易并不完全是IBM的再版。如果严格地进行计算，最初的3万美元投入按每年4%的利率进行连续复利，那么算到今天它的总额可以高达20亿美元……”

这20亿，还仅是按照4%的中等水平的收益率计算出来的。不费吹灰之力，也没有什么过多的操作经营，20亿只是自然而然的增值的结果。巴菲特把这篇小品文命名为“连续复利的乐趣”。

巴菲特设想了一个乘电梯的小故事来解释这种现象。这个小故事说的是巴菲特和许多人拥挤在一起乘电梯。其他人都抬头盯着电梯所显示的楼层数，而巴菲特一直扫视着各层楼梯。但他走出电梯时，弯腰拾到1美分硬币。后面的电梯门关上了，乘客们的脸上露出了嘲讽的笑容，其中一个人开玩笑地说道："这1美分是10亿元的开始。"

如果你认为今天的1美分并不会产生那么多钱，那么就考虑一下随时间推移它会增值多少吧！这正是资金未来价值所带来的乐趣——连续复利越大，增值越大。你可以通过两个途径来获得这个复利。把钱尽早投资出去；和定期获得支付给你的收益（利息或股息）并把它们再投资。这也正是为敛集财富需要早期储蓄和投资的原因，当然投资只有当价格比较合适时才进行。

投资者们都掌握了连续复利所带来的乐趣，因为连续复利是一种快速评估竞争机会的有用工具。用于这种比较的一个小手册子显示了给定数量的资金，在变化的收益率（或利率）水平下，要花多长时间才能翻一番。

这种情况下，存在一个"72法则"。该法则声称用收益率去除72就可以得到资金翻一番所需要的年数。例如，连续收益率为9%的一项投资，大约需要8年时间（72/9＝8）总值会翻一番。而如果收益率是6%的话，则需要12年时间（72/6＝12）。

"72法则"能显示出手头资金和未来可获得价值之间的各种变化之间的关系。例如，它能决定为了让一定数量的资金在未来增值到预想水平，所要求的必需收益率是多少。或者当你知道现行或可能的收益率水平时，就可以算出为了在未来某一时间得到预想数量的资金而现在需要有多少钱。

举例说明：如果从现在开始40年内的可行平均收益率是9%的话，那么一个现在25岁的人为了在他65岁退休时成为百万富翁而在这40年内不做任何其他储蓄，那么他现在需要投资多少钱呢？从他65岁时的100万元向后推。由于复利收益率是8%，那么大约需8年时间资金会翻一番，这样来推断，在他57岁时要拥有50万元资金总额；在49岁时要有25万元资金；在41岁时要有12.5万元；在33岁时要达到6.25万元；那么在现在25岁时，他需要投资3.125万元。

如果这个计算能说明连续复利的乐趣，那么不妨来看一下对“72法则”的另一种使用。假设这个年轻人在未来40年内的收益率达不到9%，只能达到6%左右水平。这样他就需12年时间而不是8年才能让资金增值一倍。因此，当他37岁时，拥有6.25万元资产；49岁时有12.5万元；在61岁时有25万元；在73岁时达到50万元；而当他85岁时才能完成他的愿望——成为百万富翁！

6.2.2 利　率

前文所述的苹果树的寓言故事，向我们说明利率在资产价值中起到十分重要作用。老人提到美国政府国库券的收益率水平是无风险利率，这个标杆利率是评估经济中任何其他资产价值的一个主要决定因素，这些资产价值包括整个企业的价值和它们的股票的价值。无风险利率设定了对风险资产估价的标准。即无风险利率越高，那么风险资产的价值就越低；无风险利率越低，风险资产的价值就越高。

沃伦·巴菲特在《财富》杂志写的一篇评论文章做了上述描述。举例来说，在20世纪60年代末期和70年代，当时无风险利率水平相当高，股票价格一直受到抑制。道·琼斯指数从60年代初到70年代末并没有多大上涨，因为当时无风险利率水平已达到相当高水平，因此要想让投资者去购买股票，就必须提供比无风险利率更高的收益率，这一点显然难以达到。而从80年代中期到21世纪初，情况刚好相反：无风险利率水平相当低，平均股价水平狂涨。道·琼斯指数也从这个历史上最大牛市当中收益丰硕，因为无风险利率很低，投资者相对来讲可以很容易在市场中获得风险贴水（或称报酬，指高于无风险利率的那部分收益）。

6.2.3 税　收

确实，由于外行的日交易行为会产生许多惊人的即时损失。但是比这种损失更惊人的事实是这些日交易者中的绝大多数人都忽视了他们在税收支付上的损失，这不仅包括即时损失，也包括时间价值损失。

假设你进行了一项30年期的年收益率为15%的投资，你一直拥有这项投资每年取得连续复利，该项投资规定你在30年期满时不必支付税款。

相比较而言，假设有另一项投资，也是30年期，年收益率15%，每年复利，但是要求你在第30年期满后支付35%的税收。这个税收的支付实际上意味着你的投资的年收益率只有13.3%而不是15%。如此高的税率，显然让人难以承受。

假设这样一个情况：投资期限仍为30年，年收益率仍为15%，但是每年向你征一次税，收取35%的税收。这时你的年投资收益率就会快速下降到9.75%〔=15%×（1-35%）〕。也许你认为这仍是一个不错的净收益水平，但是不要忘了它比税收延付情况下的收益率低3.5%。更何况我们现在讨论的资金数目庞大，每年3.5%的差距，30年累积下来，将会十分惊人!

这种现象对于各种不同收益水平都是成立，甚至即使收益率很低时也仍然成立。需要付税的30年期的投资有10%的年税前收益率实际上它的税后年收益率能达到8.3%，与此相对照的是，如果你是采取每年交税的方式，同样10%的年收益率，但是你的年税后收益率则只有6.5%。别小看了这2%的差距，几十年下来那最终结果的差距将会是十分惊人的。

6.2.4　通货膨胀

寓言故事里提到的那个未谈完生意就被老人赶回学院的那个年轻人，显然并不知道资金价值与时间之间是一种非线性关系。通货膨胀的存在经常导致收益状况有所不同。假设年通货膨胀率为4%，这意味着该年1月份价值100美元的一篮子商品，在12月31日将值104美元。但是如果你在该年初把100美元存入银行，年利率为8%，那么12月31日账户总额将达到108美元。而如果不做任何投资的话，100美元货币的购买力将下降为96美元；而如果投资的话，得到的108美元的购买力约为104美元（等于从你所得到的108美元中减去由于4%的通货膨胀率所带来的购买力的减少）。

这些宏观经济因素都对资产的价值产生了影响，特别是税收和通货膨胀，这两者决定了你的毛收益实际给你带来多少购买力的增长。利率的变化，要求对各种不同利率假设条件下进行的评估决策进行调整。因此如果你要想成为一名商业分析者，你就需要掌握这些基本知识，而不仅仅是对它们的预测。正如巴菲特所说，“我们不必、从未、也永不会有这样一个观点——试图设想股市、利率、或企业行为在一年后将会是什么样。”当然了，在企业投资中一点不对未来做预测也是不太可能的。那些严格按照商业分析思想和方法来进行投资决策的人，看起来更强壮有力更易成功。两种商业分析的思路将在下文中详细介绍。

第七章

你的能力圈

——圈住黑马

投资者对股票投资时，应避开那些处在能力圈之外的股票。对这类股票进行投资的人要么是赌徒、投机者，要么就是傻瓜。如果你不具备一定知识来理解商业基础并最终对价格与价值的缺口做出估计，而只是按任何其他的方式来决定股票的买或卖，那么你这样做就和在拉斯维加斯赌博并无二致。那种情况下，你所能做的只是猜测、幻想、甚至祷告，希望事情能如你所愿。但是并没有什么充分的理由（除了撞大运之外），能证明你的猜测一定正确。

因此在你决定对某一企业进行投资之前所做的头一件事，就是要确信你已对那个企业有了一个基本的了解。这需要你熟悉这个企业的产品、顾客、它的销售环境等等，简单概括就是这个企业的经营气候。

企业有各种各样不同的实际情况。例如，宝洁公司生产和销售大量品种类似的消费品，而 Applied Materials 公司则为半导体行业提供各种高科技原材料，像多硅存储、蚀刻、皮下注射以及度量等。对于这两种企业的商业理解，应该是非常不同的两种概念。理解前者要难于后者。

在制定投资决策之前，获得那些用来判断该企业是否位于你的能力圈之内的必需信息是很容易的。检查一下证券交易委员会的网页 FreeEdgar. com 中所包含的信息，或与它位于华盛顿特区的总部联系，或者与地方机构联系，也可以直接在公司网站上查找，你就能很方便快捷地获取大量有用信息。

一个有效的获得信息的途径是查看公司年报中对管理情况的讨论和对

商业价值的分析。这是对企业价值的叙述性评价，它会帮助并检验你对该企业的理解。可供参考的另一个有效途径是总裁或首席执行官们的信件，这些信件当中往往对企业估价做了一定说明。通过阅读几个这类的报告，你会了解到大量的内容，并且了解得越多，你越能更好地对企业价值进行评估。

7.1 原始能力圈的确定

应该依据你理解企业和它的经营气候的能力和意愿，画出你的能力圈（Circles of competence）。圈的边界是由你的知识水平和偏好所决定的，圈内包含的是那些你可以进行聪明投资的企业。在圈外的企业，要么是你无法掌握其情况的企业，要么就是发展太快你的分析跟不上其步伐的企业。

界定你的竞争圈，要从你自己所处的行业开始。零售店的经理可能从理解 CVS、Walgreen、Gap 和 Home Depot 等企业开始；餐饮业的从业者们，从理解麦当劳快餐开始；能源行业的人从理解 Exxon - Mobil、Enron 和 Texaco 等能源企业开始；工程师和科学家们从道化学公司和杜邦公司开始；电信业的人们从 AT&T、MCI、Lucent 开始；医生们显然更看重 Eli Lilly 和 Pfizer；农民们能够比华尔街的银行家们更好地评估 John Deere 公司。

也考虑一下在日常生活中，你所购买和使用的东西，以及你是怎样做的。这种思考或许会帮助知道更多的关于一些像美国家居产品公司、宝马、联邦捷运公司和索尼等大公司的情况，至少能帮助你比你原想的更好地理解这些企业。如果你喜欢吃巧克力，就考虑一下雀巢公司吧；如果你平时喝很多啤酒，不妨考虑一下百威、黑尼根；而如果你喜爱珠宝，那就一定不要忘记蒂芙妮珠宝公司。

对你居住地周围的地方企业也做同样思考。像纽约的 ConEd 公司，芝加哥的 First Oaks 这种地区性银行，洛杉矶的 Wilshire 等公司，都非常方便居住在这些区域的人们去了解认识它们。同样这种认识也运用于对一些许多具有相似地理位置的大公司的理解，如西雅图的波音公司、亚特兰大的可口可乐、达拉斯的 Kimberly - Clark、或密尔瓦基的 Johnson Controls 公司等。

这些在地理位置上适合于你的竞争圈划分的企业，到底与那些在位置上不太适合的企业有什么关系呢？如果你是从事零售业务的，像Gucci、Polo Ralph Lauren或Hermes Lnternational等服装公司与你有什么关系呢？体育迷们可能更乐于了解耐克公司的情况，音乐爱好者更乐于了解Steinway公司。这些例子说明，如果你已经确定了你所处行业或你的兴趣所在，那么你接着就应该从主要投资银行发布的或网页上列明的这些行业企业列表中，找出你所看重或感兴趣的公司。

在你已确认一个或几个这样的公司和行业并对它们有一定了解之后，为缩小你的竞争圈的边界，你要评估一下某个特定企业是否适合于你的认识，这种评估通过自问一些与该企业有关的一般问题来完成。如果你能回答出这些问题，这个公司可能适合存在于你的竞争圈之内；如果你不能，就再选别的企业，也用同样的问题来检验。这些关键性问题是：

1. **这个企业提供什么样的产品和服务**？很明显，吉列公司、英特尔公司和Carnival航海公司是有很大不同的。第二个问题是，你了解这些产品并知道它们是如何使用的吗？

2. **这些公司生产出来的产品是人们所需要的吗**？吉列公司和英特尔公司在这一点是确凿无疑的，但是Carnival的航海度假这种奢侈品就不那么明显了。接着的问题是，是否这些产品在无限的未来仍是人们所需要的？就这个问题来看，牙膏、纸和流行摇滚乐之间就有很大差异。今天的需求与明天的需求之间会产生很大的不同（剃须刀在电子产品出现后会受人冷落，而现在正在研究用化学驱动替代品来取代电脑芯片）。

3. **公司产品与它可能的替代品之间有什么区别**？可口可乐与百事可乐的产品可能没有什么分别，但消费者也这么认为吗？饮料业产品的差别化，和其他消费品行业一样，能产生巨大的成功。

4. **该企业提高产品价格而同时不会降低销量的可能性有多大**？从事航海旅行的Carnival公司可能比从事纸业的Mead公司更容易做到这点。这种提价而不降低销量的能力被称为“经济亲和力”。一些公司通过从消费者的角度来细分产品，或使产品很独特的性质让消费者愿意支付高价格，从而获得这种能力。Bang & Olufsen公司在这点上做得很成功，成功地转型为立体音响和各种尖端技术声音系统的制造商。

5. **该公司的目标顾客是谁**？是少年儿童（如电子音乐），还是老年人（如医疗设备），是男性还是女性消费者（如运动商品、服装、化妆品）？

6. **该公司收入的绝大部分是否依赖于一个或几个客户**？就像宝洁公司（13%的销量来自沃尔玛）或哈撒韦公司（波音公司是它的最主要客户）这样的制造商和批发商们所做的那样？该公司是拥有成百上千万个客户，还是只有少数几个？（可口可乐公司有1400万客户，这些客户再向最终消费者提供产品。）

7. **客户的依赖性有多大**？即主要客户具有多强的稳定性。即使是产品很出名并经很长历史考验的公司也会因它们主要客户的政策变化而蒙受巨大经济损失。对于Mattel公司（生产著名的芭比娃娃）和Hasbro公司（拥有像Star Wars和Pokémon figures等具有很大品牌力量的产品），当它们的最大客户之一——玩具反斗星公司——要求加强存货控制时，这两家公司由于存货成本的大幅上升，而遭受严重的财务冲击。

8. **公司以何种方式来销售它的产品**？直接邮寄（如戴尔电脑公司）和店铺销售（如Starbucks公司）是两种区别很大的销售方式，而每一种又会因采用网上销售方式（如亚马逊书店）或由行业制造商销售给行业客户的方式（如Johnson Controls或通用电气公司）而有所区分。

9. **哪些是该公司的地域市场**？亚洲经济的衰退会对在亚洲开展业务的跨国公司利润产生严重影响。如在1998年亚洲金融危机过程中，像宝洁和可口可乐这类著名公司都遭受巨大打击，但是这两家公司都奉行全球化战略，因此它们在亚洲业务受挫时仍能生存下来。

10. **公司是否能主导，或至少能快速适应经济状况和商业状况的变化**？公司应该能够像通用电气公司那样，及时调整策略，把新经济战略引入到传统经济业务中以增加经营的灵活性。你能判断出哪些公司能做到这一点吗？

这些一般性问题可以接着问下去，并包括这些提问，像公司的供应情况怎样？员工关系如何？它的经营状况对政治和经济波动具有一般性风险还是具有额外风险？

抓住这些问题就足以帮你检测出一个企业是否应该位于你的能力圈之内。再强调一次，**如果你对一个企业能回答出这些问题，那么该企业有资**

格进入能力圈；反之，就要试着找找其他更熟悉的公司。

格雷厄姆建议道："选择范围是十分宽广的；对企业的挑选不仅取决于个人的能力和装备，可能也取决于个人的兴趣和偏好。"巴菲特也做了同样的论述，他说："你不必成为熟知每个企业或许多个企业的专家。你只需评估那些位于你的能力圈之内的企业。**圈的大小并不是很重要的，但是知道它的边界在哪却是至关重要的**。"如果你必须在一个大圈和一个小圈之间做出选择，建议你选择后者。但是圈越大，你的机会也就越多。因此你要努力不断地扩展你的能力圈。

7.2　能力圈的改进

你的能力圈的边界必须随时间推移而发生变化。如果你一直保持不变，圈中的一些企业可能会消失。如果你是流行时尚行业的参与人，比如说你在纽约城的服装业工作或是像第五大道那样的大零售连锁店的购买者，就应知道要想在从现在开始的 5 年内保持地位，必须不断学习新的事物。特别是在服装这个时尚行业，你必须每天都追得上潮流，因为时尚行业（正如它的名字那样）本身就是不断地快速发展的。颜色、布料、剪裁等随季节更替而快速改变。因此要想保持高档次和高品位，你就必须有所改变。

如果你只是对你 10 年前工作过的行业有所了解，并把这种认识用来评价现在该行业中的企业，那么你会处在一个非常劣势的地位。以图书出版业为例，该行业时刻都在发生巨大变化。从销售渠道来看，首先是像 Barnes & Noble 和 Border 这样的连锁销售书商的出现，让传统的独立的书商们失去大部分市场影响力量，接着像亚马逊书店这类网上书店的兴起，又改变了原有的市场格局。最终整个图书出版业成为一个牢固的联合体，甚至是更广泛意义上的娱乐业的一部分。

这样，出版业的从业者们就需要不断扩展他们对该行业的知识水平，以此来重新定义他们的投资能力圈。如果一个编辑、出版商或其他行业参与者只停留在他们最初的认识水平上，他不仅会有失业的风险，而且对该行业的投资也会带来很大的风险。如果你现在停止学习，你就会对世界的变化了解甚少。并且由于世界在不断变化，你处于与以前同样的位置也需要了解更多事情。

那些能辨认出行业未来发展趋势的人，能够更好地确定哪个企业将保持或成为行业的领导者。还有同样重要的一条是要认识到你所了解的这个行业受到其他你一无所知行业的影响。在图书出版业，如果把图书录制成录音带或 CD 盘，就会引起对音乐行业的竞争。道理很简单，这种情况下人们在车里或家中就会听书，而不再是听音乐了。同样，把百科全书刻录到 CD－ROM 中，就会吸蚀掉传统百科图书业的大部分利润。

在行业受到其他行业侵犯攻击，或由其他行业迫使而发生一定变化的情况下，为了保持你的能力圈，需要你对这些其他行业有所了解。这并不是说当情况发生改变时要努力维护原来的能力圈，而是说要不断地扩展你的能力圈，把对其可能产生影响的事物也包括进去。

技术出身的人可能对计算机、医药和网络的了解要多于对流行时尚和出版业的了解。这些行业中的企业可能在这些人的初始能力圈中处于统治地位。但是只选择这样的行业是很危险的。一个技术型公司的价值会受其他行业（像流行服装时尚业和出版业等）使用它们产品方式的影响。

同样，那些从事流行服装时尚业务或出版业务的人，可能对这两个行业的了解要强于对一些技术型行业的了解，因此在这些人的初始能力圈中可能会填满了他们所感兴趣的服装公司或出版公司。这样，对那些技术公司不断加强了解会帮助这些人评估它们可能带来的影响，其他的一些外部因素的影响是难以测量的，像战争、贸易争端、石油价格上涨、地震等。这就需要一个灵活的平衡。格雷厄姆建议道：

“在企业所能控制的范围之外，可能也存在一些同样重要的外部因素影响企业股票的价值。行业前景、一般性企业和证券市场环境、阶段性通货膨胀或通货紧缩、人为的市场影响、市场对某类证券的偏爱等等，这些因素不能按严格的比率或安全边际观点来测量。这些情况只能通过日常从金融和商业新闻中获得的一般知识做出判断。”

巴菲特也同意这样的看法，他同时强调挑选企业时要忽略这些外部因素，并且任何时候都不要迷信可以预知未来的水晶球的神话。他说道：

“我们将一如既往地坚持忽视对政治和经济前景的预测，这些预测对投资者和商人们来讲只是一种成本高昂的发疯而已。30年前，没有人可以预知越战的爆发、工资和物价控制、两次石油危机、总统辞职、苏联的解体、道·琼斯指数一天跌下508点、国库券收益率的波动范围在2.8%～17.4%之间。

"但是，令人惊奇的是，这些令人震惊的大事件中没有一个可以削弱格雷厄姆的投资原则……恐惧是追高者的敌人，但却是基本面分析者的朋友。

"可以确信，未来30年内还有发生新的重大危机事件。我们既不对它们做出预测，也不想从中渔利。"

所有的企业，无论是传统的，卓越的，还是新生的，都要随时间推移而在企业特征和质量上发生变化。具有不断上升的销售量和收益的传统企业，可能会收缩或覆灭，由于竞争者的增多、新手的加入、重要市场萎缩、或企业的客户或供应商的商业合作方式发生变化等原因的作用。新生企业往往销量很低没有收益，但可能会占领一个行业，击败业内竞争者，并最终创造出巨大的收益和价值。卓越的成功企业朝上述哪个方向发展，都有可能。

即使所有情况都发生改变，仍会有一些企业从一个不变的东西中获益，这个不变的东西是企业使客户重新回来的原因。如果在你的能力圈内存在这样的企业，你要对它们特别关注；这类企业太稀少而又太有价值，以致巴菲特把它们称之为"无法被阻的战无不胜的企业"。

对能力圈的保持和扩展，是通过认清那些对行业或企业产生影响并沿既定完美路径发生的变化而完成的。商业变化并不是不可预测的，只是比较困难而已（尽管股价变化从来都不可预测）。商业变化和商业模式有无数种可遵循的类型。但是具有极大潜能的变化是由一些相当简单因素组成的，它能帮你们找一种可获利的方式来对它们进行思考。起重要作用的主要模型是与产品本身和品牌知名度或产品特性、供应来源和供应成本、销售链、客户习惯和偏好，以及企业或组织结构设计有关。

以品牌—商品模式为例加以说明。一些企业能把商品转化为有品牌的产品，如Clorox在漂白方面和Frank Perdue在小鸡养殖方面所做的那样。这些品牌产品能被再转化为商品，就像T型车和胡佛牌吸尘器那样，或者至少可以创造出由品牌还原所带来的特权价值，如爱默森复印机，或康柏公司的加速器。了解一个公司的品牌状况是很重要的，但是更重要的是要知道这个品牌的影响和它的提升、保护、扩张的能力。

供给模型要么减少、要么扩大一个企业所必须保持的存货数量。那些减少存货的企业，会降低它们的产品成本并获得暴涨的利润。戴尔电脑公司致力于与供应商建立密切关系，这种关系帮助戴尔公司极大削减了它所使用的电脑零部件库存。在这方面，IBM 公司和康柏做得就不够成功。

销售模型一直都是重要的，因特网出现以来该模型一直是关注焦点。直销商这些年来不断出现又不断消失。洗衣工、送奶员等过去给公司带来了很大的利润优势，但由于城市化和汽车、高速公路、购物中心等的出现而面临挑战。变化之一是直销商重新抛头露面，他们把计算机、图书、甚至各种日用杂货等都直接送到顾客家中。

顾客的口味显然与销售模式有关，尽管这个因果关系不总是那么确定。这正如它们在市场中所说的那样，如果你生产出了这种产品，就会有人来买它（以此类推，如果你把它送到家门口，人们就会接受它）。但是消费者的口味和习惯很明显也是企业利润和决定企业利润中心的驱动因素。这其中，把销售的流行模式与长期模式区分开来，是十分有用的。

抓住消费者暂时的潮流取向的那些产品，或许能为企业创造出一些短期利润（如呼拉圈），但是这种模式并不具有代表性。具有代表性的模式是那些把个人偏好过滤掉，把利润转向集中销售者或交易商的长期模式。这种长期模式能带来长期利润中心的成长，例如，伴随着食品朝低盐分、低脂肪趋势发展，像 Nabisco 这样的食品公司将会从中受益。

伴随着企业经营和竞争的如下方面的变化，企业的组织结构和企业经营方案也发生巨大转变：

- 全球化趋势引领像宝洁、爱默生这类大公司重组它们的管理结构——重点由以前世界各地区的成功转向全球范围内各种产品线的成功。
- 网络和电子商务的兴起，为许多企业创造了全新的商业空间，它们可以在网上销售宣传产品，或者把大量生意内容改变方向以利用网络销售所带来的低成本和触及面广的优势，通用公司在这两方面都有所行动。

- 朝服务性利润中心的转移和借助更少硬件资产来获取更大利润的能力，使得许多企业开始以合同形式通过代理人来经营部分业务，而不再是以传统的完全所有权型产权方式经营。Barnes & Noble 公司进入高校书店市场就采用这种方式。

那些为满足不断变化的需求和商业机会而调整组织结构和企业经营方案的公司，是值得关注的优秀公司。如果你注意到以这种方式不断调整自身从实际中不断学习的公司的存在，即使它的这种调整仍不能使它进入你设定的能力圈，你也应该利用从这类公司上学到的知识来把它们加入到你的能力圈当中。典型的例子是可口可乐公司和迪斯尼公司。

可口可乐公司的主营业务是在全球范围内销售饮料，它的可乐的主要构成成分是浓缩了的糖浆药剂，也包括其他 200 多种构成成分。公司把大部分资产用于品牌营销，目的是提高消费者对公司品牌的认知水平。并通过独立瓶生产商和全营或合资的瓶厂相结合方式，来保持和发展它的瓶装饮料业务。在 20 世纪 80 年代，可口可乐公司进行了企业再造，因为它发现公司的主要客户并不是那些实际喝可乐的人和其他公司品牌产品的消费者，而是那些把产品带给最终消费者的销售商们（这种转变是由可口可乐公司现任首席执行官 Roberto Goizueta 领导完成的，有关这部分内容将在本书最后一章作深入讨论）。

迪斯尼公司的业务分割成几个主要部分：内容创作（电影、动画片、书籍），广播（通过美国广播公司播出）和主题公园。迪斯尼的最独特之处是让你感觉带上儿孙到迪斯尼乐园或迪斯尼世界是一种无与伦比的体验。迪斯尼公司一直在努力振作公司业务，采用的方式是向影视业扩展，制作可以多种形式销售的影视巨片，这些销售形式包括电影、录像、磁带、主题公园、服装和纪念品等。还有一种发展方式是借助网络来开发新的业务点和销售渠道。

把上述的这些模式都列示出来，可以看出存在着许多可以改变你的能力圈形状的重要发展趋势。要扩大你的圈的大小，应该对这些趋势给予长期关注。在确定哪些企业适合存在于你的能力圈内时，你往往对公司需要了解很多内容。为了帮助你加强这种认识，下文以几个企业为例来加以说明。

7.3 全面的能力圈

从本章开头就提到的那些企业类型中分别选取一个公司做代表：经典企业——通用电气公司；业绩卓越公司——微软公司；新生企业——亚马逊书店。这都是些很重要的公司，在各类金融财务课程中也被经常讨论。然而，它们之间存在许多差异，表现在发展历史、产品、财务状况和业务特征上。

通用电气公司（GE）的业务分布在许多行业内。最主要的业务是电器，像冰箱、灯具灯泡等照明设备、全国广播公司（NBC）、航空发动机、资本服务（公司本身是一个业务高度分散化的集团，在世界范围内从事30多项涉及消费者和商业融资的业务）。从汽车到光驱应用广泛的塑料制品、工业品、医疗设备、能源和交通系统（包括从工厂自动化、外科治疗设备、汽轮机列火车车机等各方面的产品和商业解决方案）。

理解GE的所有这些业务，需要对财务、广播、消费者和行业情况有一定的知识和了解，但是如果你读过公司最近几年的年报，并且对公司首席执行官杰克·韦尔奇（Jack Welch）的各种声明文件（第十四章讨论）给予了特别关注的话，你就会对公司及其经营活动有一个较好的认识。确实，正如韦尔奇所说那样，GE并不是高高在上深不可测的。相信在你读完本书第十四章后，你也会有同感。

在你试图了解GE时，马上会出现的一件事是确认公司到底要朝什么方向发展。自从韦尔奇上任20年以来，GE公司奉行的一个基本原则是如果某项业务不能在行业中处于第一或第二位置时，该项业务就不再被保留。因此许多不能达到这个标准的已有业务被卖掉或关闭。韦尔奇的战略思想就是要么不做，要做就做最好的。

微软公司创立于1975年，和有百年历史的GE相比还是一个新生儿。该公司开发、生产、授权经营销售一系列软件产品，并提供服务支持。这些软件产品包括操作系统、服务器应用、劳动生产率应用系统和软件开发工具。微软的成功在20世纪80年代中后期还是难以预测到的，因为当时软件业的发展前景并不明确。进入90年代以后，该行业的主要力量和重要性得到认可，公司得到疯狂发展，也占据了行业的领导者地位。

然而，20世纪90年代末期网络的广泛渗透和广泛应用给微软的业务带来了一种威胁，尽管微软公司试图努力以强有力的力量进入网络浏览器行业来化解这种威胁，但威胁仍然存在。微软尽管比亚马逊这类新兴企业历史长久，但比起GE来仍然很年轻，历史很短，因此它的未来（排除掉法律和政策因素影响）仍然比传统企业更难以预测。

同样，你也可以从微软公司年报中获知微软的视窗操作系统的安全量已高达3亿台个人电脑，公司也成为全世界范围内居于领先地位的个人电脑软件公司。同时，它也是个人电脑应用协议工具的领导者，并快速成长为第三大网络运营公司（仅次于雅虎和美国在线）。该公司站点如Hotmail、MSNBC、Carpoint和MoneyCentral等，每月访问量超过4000万人次。如果这些计算和网络经营活动并不能让你有深入了解，不妨看看微软公司的年报和公司首席执行官比尔·盖茨（Bill Gates）的有关书籍，或者是公司每年写给股东的公开信。

亚马逊公司是一个1994年刚出生的新生儿，从事网上书籍、CD和音像制品，以及其他近500万种商品的零售业务。该公司的商业模式，尽管十分吸引人，但是很难有一个较固定的样式，因为该公司一直不断地处于快速发展当中。最初，亚马逊只是一个书商，后来迅速膨胀开始大量进入其他产品的销售业务，如玩具、电器、家用设备，甚至和索斯比拍卖公司合作从事风险拍卖业务。它的网站极具魅力，平均每月可以吸引高达1200万人次的访问量。

亚马逊公司以即时供货方式（Just in time）从供应商那里购买库存，这样减小了货存和仓储成本，并由公司的仓储小组在公司网站上下定单订货并运输货物。这种商业模式的本质是，它完全依赖于作为消费者的一种重要购物方式的网络的不断成功和繁殖增长。

由于发展历史更短，因此预测亚马逊和其他电子商务的未来前景比预测像GE，或微软等这类公司的未来，要困难得多。确实如此，亚马逊的未来难以预知，还在于该公司从未有利润；图书业是一个成熟行业，增长缓慢，竞争激烈而且利润率很低；亚马逊快速膨胀进入玩具或电器等其他行业，花费了巨额资本来作为起步成本，这些成本支出尽管有可能在未来以高利润形式回收，但在短期内，却是增加了公司损失。

亚马逊不断增长的业务分散化，分散了管理者的注意力（正如你对股票组合进行分散化时一样的情况）。当然，如果管理得好的话，没准它也能成为像 GE 那样的综合性集团公司。但这种设想的不确定性很大。除此之外要说的是，亚马逊的业务内容是很有吸引力的。那些想从中学到一些知识并具有理解它的能力的人，如果不深入探究一下它的本质，是很愚蠢的。

7.4 制定决策

对企业及所属行业和相关行业信息的评估，可以帮助你对企业可能会产生的收益或损失做出理性的判断。这件事甚至比摇骰子赌点数更简单。保守的决策制定者认为企业所显示出高水平的积极的证据或信息，是制定决策的惟一标准，除此之外别无其他选择。以数字来表示的话，他们可能会认为你制定决策时必须对你自己的判断有 90% 的置信水平（即你对结果有 90% 的把握，而只有 10% 是不敢确定的）。

保守程度低一些的人认为：对某一特定决策而言，它所要求的置信水平会随着判断正确的可能收益相对于判断错误的可能损失的对比情况而变化。如果判断正确情况下的可能收益要远高于判断错误情况下的可能损失（如收益为 99 美元，损失为 1 美元），那么这种观点就会显示你可以降低你要求的置信水平。——甚至可以低到 1%。购买彩票期望有朝一日大发横财的彩民们，就是这种决策制定者。

如果收益损失矩阵是另外一种情况，如收益只有 1 美元而损失高达 99 美元，那么你就应该要求一个更高的置信水平——比如接近 100%。这种情况是生活中的必赢型打赌。但是即使是最疯狂的赌徒也知道，其实并不存在这种必赢不输型赌博。

你对待风险的态度决定了最适合你个人心理的决策制定。损失是不可避免的。如果你厌恶风险（或害怕损失）的程度很高，那么你应该坚持使用保守的方法；而如果你能承受这些风险，你应采取一些更积极主动的方法。

巴菲特是一个保守的决策制定者。在解释哈撒韦公司使用极少债务的保守财务政策时，巴菲特说道如果有99%的概率会创造出很高水平收益，但是有1%的概率会使企业陷于困境或破产，那么他也不会接受这项决策。他说："我们将不会拥有像99：1这样的数字组合，永远也不会。在我们看来，一个发生可能性很小的能使企业陷于困境中的风险，是不能被一个概率大的超额收益所能抵消掉的。"

格雷厄姆也是同样谨慎的，他对那些收益少而损失可能很大的冒险行为发出过警告：**决策判断的形成，应该依据的是知识和经验水平，而不是一种盲目的乐观或幻想**（乐观在许多环境中是有价值的，但在投资中却不。巴菲特把乐观思想称为"现性购买者的敌人"）。

格雷厄姆和巴菲特的观点反映当前社会的心理状态。对这一领域的深入研究发现，在任何决策制定过程当中，绝大多数认识能力上的不足会导致一些自然而然发生的判断错误。这些应引起投资者注意的主要几种认知偏差是：

- 过分自信和优越感：当你只是比较有把握时就认为是完全确定的（或当你还不确定时认为自己有较大把握）；相信你的水平高于平均水平。
- 认可和抵制：曲解了支持你以前信念的新信息，对这些信念的更新速度缓慢。
- 过于活泼和追求模式：对一些信息给予了相当大的权数，对连续发生的类似新闻做出过度反应，认为这些信息和新闻反映了某种模式的存在。

在上述3条当中，最危险的认知偏差是过分自信和优越感。正如巴菲特所建议："对绝大多数人在投资时起重要意义的事情，并不是他们知道多少内容，而是界定他们所不知道内容的真实性程度如何。只要他能避开大的错误，那么他只需做极少几件正确的事就可以了。"

有3种简单的战略可以帮助投资者避免这些错误。第一条是认清它们。第二条是要坚持一个正当理由，把这个理由记在你的备忘录上说明你为什么会做出这样的决策。（注意这种战略的陷阱，巴菲特引用本·富兰克林的话对此做了说明："适宜的东西才是一个合情合理的创造物，因为它能为具有这种思想的人所做的每一件事都找出或给定理由。"不幸的是，许多人对他们的许多决策并不能给出清晰明确的理由。因此在进行投资决策时，如果你不能给出这样的理由，你就不要做这种决策。）第三条是在制定决策时要有清晰明确的指导方向和原则。对于投资来讲，这种指导方向和原则就包含了本书所讨论的这些思想。

第八章
鉴别成功的经营

是什么使得一项投资很具有吸引力呢？当然是它的价格严重低于价值。对价值的估计需要对企业未来可能的业绩作出判断，但是这种判断的惟一可行依据是它的历史表现。历史学家丹尼尔·波斯顿（Daniel Boorstein）就曾说过，**如果对历史一无所知就来对未来做出计划，是不可行的。**

投资决策的制定，不能仅仅依靠对现在情况的判断，还需要对企业的历史有所了解。如果说会计账目是企业的语言的话，那么数字就是企业的历史。和历史是复杂、宽泛，并充满矛盾冲突一样，作为企业历史的数字也同样。但是，通过对几个关键数字指标的关注分析，可以帮助我们快捷有效地进行投资选择。

让我们从对管理的讨论和对企业的分析来开始做这样的识别吧！这种讨论和分析，除了狭义的对企业价值的评估之外，还汇总了企业财务报表中的一些最重要的数字。因此你不必做这些繁琐的计算，只需看看这些报表即可。这些讨论和分析，还从管理的角度讨论了这些数字的含义。因此你不需成为财务会计方面的专家就可以很好地利用这些企业资料。

要注意使用二手数据资料。大量的网站为你提供了许多有用的审查工具，你可以按下文描述的这些变量指标，在12000个或更多的不同企业中，搜索出符合你自己要求的企业。这种操作就像过滤器一样，筛选出有限几个企业以便你做进一步地审查分析。从原理上讲，这是一种十分有意义的便于使用的技术方法。

但是，它也存在着风险，你不能保证搜索引擎所处理的数据是完全真实可靠的。搜索引擎所处理的数据一般并不包括企业的会计政策、注释信息或对管理的评价和分析，这些数据也不是经常更新或更正的，因此在信息传递过程中可能会存在一些错误，它们也可能是把一些不相关的或不可比的数据强行拟合后形成的，存在这样或那样的问题。这样说并不是要表明这些系统是毫无价值的，而只是说明当你使用这些数据时一定要小心谨慎。

8.1 资产状况分析

每个企业为满足日常开支都会有一定负债。企业的短期需求和已存资源之间的差额，被称为营运资本。它有点像发动机的燃料——最好是恰好装满油箱，装得太多反而很危险。营运资本太少的话，会对企业短期内的未来发展能力带来威胁；但是如果营运资本太多，则意味着企业资源没有被以最佳方式充分加以利用。

适当的营运资本水平随企业不同而不同。决定企业需要多少营运资本并评估其充足性的一个方法，是比较营运资本占销售额的比例。典型的例子是，对于销售低成本产品而销售额巨大的零售企业来讲，如超市，它每元销售额所需的营运资本很低（大约在10%～15%之间），而对于销售像飞机这种高成本产品的工业品制造企业来讲，相对的每元销售额所需的营运资本就很高（大约达到25%～35%）。而消费品生产商，如Carnation或Clorox公司，所需的营运资本比例界于上述两类企业之间。

有一些企业可以极低的甚至是负的营运资本来运作。餐饮业，如麦当劳，就经常以负的营运资本来运作，因为企业收取的是现金。现金提供了直接的流动性，企业与其供应商的款项支付多为赊销方式，即供应商允许企业在收到并使用完所供货物，创造出现金收入之后才支付供应商的款项。其他行业中有许多企业也从这种企业联盟中获得好处，如亚马逊公司就与供应商等达成类似协议，以负的营运资本进行业务运作，而丝毫不损伤它自己所应承担的合同履行能力。

在石油和天然气行业，企业现金的最主要来源是对下一年生产供应的订单定金。但是在一般会计准则条件下，这些定金在资产负债表中不能被反映为营运资本，它们被计入现金项内。其他行业的企业，有时通过发行像商业票据之类的短期合约来为企业筹资，之后通过像银行贷款这类的长期合约进行再融资。这样的做法既不损伤企业短期偿债能力，又创造出低的甚至是负的营运资本。

本杰明·格雷厄姆在他 1937 年出版的极为畅销的小册子《理解财务报表》中对这些情况做了详细的描述和说明。他说道："一个特定企业所需要的合适的营运资本数量，取决于企业的总量和它的性质。首要的一点是每元销售额所需的营运资本数额。做现金交易和存货周转速度快的企业，如连锁店等，需要较低的营运资本，而从事重型机械设备销售业务的制造商们，则需要较高的营运资本，因为重型机械设备销售的付款一般是在较长付款期内才完成的。"

流动比率和速动比率

对营运资本状况的估计是通过比较相关项目的流动资产与流动负债之间的比率关系得到的。这个比率被称为流动比率，它表明企业在一年之内有多少现金和其他资产可以转化为现金，以此来支付本年内到期的债务。作为一个主流的财务指标，绝大多数企业的理想流动比率是 1.5 倍左右，实际中该比率大小随企业与行业不同而分布广泛。

如果流动比率很高，比如说达到 3 或 4 或更多，那么它就是发生潜在问题的标志，这个潜在问题与流动性无关，但与资产效率有关。它暗示的含义是企业当中存在一些可被释放出来的金融资产，它们可以被更好地加以利用，比如存货可以降低，应收账款可以以更快速度收回，应付账款在付款期内可以拖延更长时间等。

如果有一种极端情况出现，比如说流动比率只有 1 或不到 1（甚至为负值），那么该数值通常是针对企业支付短期到期债务存在困难的一种警告性标志。因此，当流动比率接近于 1 或更低时，应该更进一步深入地调查企业资产的流动性问题。

就当前情况来考察，构成标准普尔 500 指数的那些成分股企业的平均流动比率约为 1.5，同通用公司的水平基本差不多。计算机企业的流动比率要高一些，接近于 2.75（微软公司正好是这个水平）。专业零售商们，包括亚马逊书店，它们的流动比率更高，约为3.5。而且亚马逊公司的流动比率在负值到4.5之间波动，具体数值大小取决于它对新业务（企业）投资的借款水平。

流动比率数值的广泛分布，反映了不同的公司需求和独特的企业融资状况（称为净业务循环，或相对于债务展期和已有债务关系的对存货的各种要求投资之间的关系）。亚马逊书店有时营运资本甚至为负值，这与它业务的零售性质紧密相关，它的存货量很低，应收账款少且安全性高。因此通过管理营运资本可以为企业创造出很大的价值。微软公司的流动比率相对较高，主要原因是在企业经营中它能创造出大量现金收入。GE等相对成熟企业表现出的比率值是很接近的，反映出成熟企业的特征。尽管GE公司一直试图努力把它所需的营运资本降到零。

进一步地，你可以深入地进行分析，只考察那些高度流动性资产，即排除掉像存货和预付费用这类资产项目。这样只需考虑现金和像应收账款之类资产，看它们满足短期（如3个月内）到期债务的支付能力。这种测试比率被称为速动比率，有时也称为流动性比率或酸性测试比率。

主流的财务指标同样适用于这一比率。所期望的设想情况是速动比率最小要接近于1，越大越好，当然在一定限度之内。知道速动比率大小是非常有用的，因为它描示了流动比率的相对水平。例如，表面上看来令人满意的流动比率水平（比如在1.4～2之间），可能由于其中存货过多而实际上比率值很高。由于企业不能以存货来偿还债务，因此有理由在企业报表中的流动比率很高而速动比率水平较低时，对企业支付短期债务的能力产生怀疑。

像GE公司这类企业，它们在流动比率和速动比率之间有一个大于其他企业的缺口。对这些企业来说，它们的流动比率约为1.5，而速动比率只有0.8，这表明这些企业的绝大多数流动资产既不是现金，也不是短期应收账款。而对于计算机和网上零售业务的流动性强的企业来说，流动比率与速动比率之间的缺口较小，因为在这类企业的流动比率中包含了更多的速动资产（两者的比率分别是：计算机业是2.75和2.6；专业零售商是3.5和2.5）。这些差异反映了企业经营环境的不同，同时也说明不论是GE、微软，还是亚马逊，在满足短期流动性需求方面，都与它们的同类公司并无明显不同。

负　债

应该检查一下企业吸引额外融资的能力。这在企业由于签订像商业票据这类短期筹资合约而导致营运资本为负值情况下，尤为重要。这种检验使用一种叫做负债权益比率的指标。该指标的最常见计算公式，是用企业的负债总额，包括短期负债和长期负债，除以企业的所有者权益总额得到。

该比率测量了企业长期内相应的借款能力和债务偿还能力。具有较高负债权益比率的企业被认为是“高度杠杆化”的企业，意味着这类企业的负债水平相对于企业所有者的投资水平是很高的。到底什么水平的负债权益比率是正常的，一时难以下定论。这个正常水平随历史发展时期不同而有所改变，其大小取决于经济状况和社会大众对待信用的态度。

举例来说明。在整个20世纪80年代期间，常见的负债权益比率是7：1或更高，而到了90年代初，该比率接近于4：1。而到了20世纪末，标准普尔500指数的成分股企业的平均负债权益比率是1：1，说明这10年期间内，绝大多数企业是通过权益资本而不是负债来融资的。

然而，传统企业还是有较高的负债的，它们的平均负债权益比率是3.4，GE公司高于这个指标，达到4.5。这种比率水平反映出这些公司处于相对成熟的发展阶段，特别是与计算机业相比。例如，微软公司，它更多是用内部积累的现金来为它的各种经营活动筹资，这样做的话，它甚至可以没有负债。整个计算机行业的平均负债权益比率是0.13，就说明了问题。亚马逊公司的负债权益比率居于上述两类企业之间，表明亚马逊公司不能像微软公司那样，由公司内部积累出充足的现金来满足业务扩张和仓库建设所需的资金要求。

反映在相对较高的负债权益比率中的杠杆化是可以获得的。如果一个企业的借款利率低于可能取得的收益率，那么这项借款就是有利可图的，股东们也会从中受益。但是，要取得这种收益有一定限制，因为即使借款成本很低很低，最终也是要偿还的，因此债务负担如果太大的话，在收益状况不景气时，企业就会陷于困境当中。

有一种方法可以把这些交易情况进行标准化——引入一个新的指标：收益利息保障倍率。该倍率是比较收益与债务利息的大小。对绝大多数工业企业，收益利息保障倍率达到 3 ~4 就被认为借款是谨慎的并且相对安全。在 21 世纪到来之际，美国企业的负债处于相对低水平而企业盈利能力处于相对高水平，标准普尔 500 指数成分股企业的平均收益利息保障倍率骤升至接近 11 水平。

传统企业的收益利息保障倍率仍旧与历史正常水平比较接近，平均为 4.5，而 GE 公司达到 2.5 水平。另一个极端上，微软公司的该比率无限大，因为它几乎没有什么负债。亚马逊书店的情况十分有趣，它的收益利息保障倍率是负债，达到 -4，因为它一直在亏损。这种情况下，我们就应该深入考查其他固定费用支出，对亚马逊的考查包括各种必须支付的仓库租金。这些固定费用保障倍率的计算结果更糟，这就使得它创造出更多资本来满足不断膨胀的能力显得尤其重要。

8.2 管理状况细探

有 3 个简单的工具引导我们去分析评价企业的管理效果。这 3 个工具集中于对存货和应收账款的管理效率以及利润率的大小。有的公司，在定期的财务报表或主席的公开信中，直接给出了存货和应收账款的周转速度以及利润率水平大小，这种情况下企业的管理状况是优良的，至少是诚实的。而在其他情况下，你就必须要自己去挖掘这些数据。把管理者的管理水平放到显微镜下去观察，可以帮助你确定企业未来业绩发展前景的标准——是否企业已尽最大可能地创造出利润？是否利润还有提升的空间？

存货周转率

在会计中，流动资产指的是可以在一年内变现的资产。存货被认为是一项流动资产。通过测量存货的销售速度，可以更好地理解它的流动性。存货速度，或称周转率，是通过把一段时期内所售出商品的成本与同期内平均存货水平相比较而得到的。用公式表示为：

$$存货周转率 = \frac{当前年度所售出商品成本}{(期初存货 + 期末存货)/2}$$

存货周转水平是反映存货管理质量水平的一个可靠指标。存货被搁置在企业的时间越长，它为企业创造的增加值就越小，因为存货所占据的资金可以用作其他高产出用途。存货水平过高，还会增加存货的过时和损坏风险，而且要求大额的银行借款或现金，因此会给企业带来严重的经营和财务风险。

GE 公司的存货周转管理是非常有名的，公司首席执行官杰克·韦尔奇在每年的公开信中都会报告存货周转率大小。GE 公司夸耀说它的存货周转率是非常健康的 8，介于传统企业平均的 6.75 和标准普尔 500 指数成分股企业平均的 9 之间。微软公司也对存货进行了很好地管理，它的周转率是 15，远远超过 GE 公司，这其中部分原因是企业销售产品的巨大不同。

但是亚马逊书店在存货管理方面却是极为有效率的，周转率达到 23。亚马逊是零存货管理的专家，零存货（或即时送货）是在过去几十年中出现的一种主要管理战略，亚马逊公司把这种战略推向了一个新的水平。它的存货并不闲置在自己的仓库中，这样提高了周转率降低了成本，使得亚马逊可以向消费者收取更低的价格或在市场价格水平之下获得更多的利润。

应收账款周转率

企业的信用政策可以成为效率的驱动器。太多的信用销售或欠款或呆坏账，会对企业现金流造成严重影响。对这些应收账款的加快回收能加强企业资产的流动性，吸引公司客户为其融资。测量应收账款周转率，是用一段时期内的信用销售额（在不加区分时即指销售总额），除以同期内流通在外的平均应收账款数额。用公式表示为：

$$应收账款周转率 = \frac{信用销售额}{(期初应收账款 + 期末应收账款)/2}$$

用一年的天数除以这个周转率，就得到应收账款的平均收款期。它是流通在外应收账款的平均回收天数。把这个平均回收天数与企业的信用期相比较，就可以看出管理者在信用方面的利用程度如何。如果平均回收期大于信用期期限（如平均回收期为70天，确定的信用期是在30~60天间），那么企业在应收账款管理方面就存在一定的问题。

GE公司在这方面也做得相当出色，它的应收账款每年周转8次，也即意味着平均收款期在45天左右。相比较而言，传统企业的平均年应收账款周转次率是3次，平均收款期为120天。微软公司收款速度也很快，年周转11次，大约30多天周转一次，这或许是由于微软倡导无纸化办公政策，所有单据都是电子化完成，因而效率较高的原因罢。

亚马逊公司在应收账款周转方面仍是一个例外的例子。它的应收账款年周转40次，平均每9天周转一次。这意味着亚马逊的客户们构成了亚马逊经营活动的一个重要组成部分！这些客户在亚马逊向债权方付款之前向亚马逊提供资金支持，特别是供应间商允许的付款期长达60天。

销售利润率

企业效率的最重要表示指标是每元销售额所产生的利润大小，这个比率被称为销售利润率。它的计算，是用经营利润除以总的销售净额（指扣除掉折让、折扣后的销售额），并把结果表示成百分比形式。（在这个标准的销售利润率计算公式之外，还有两个相应的计算方法，一是销售毛利润率，是销售毛利除以总的销售净额；另一个是销售净利润率，用净销售利润除以总的销售净额。）标准的方式如下：

$$销售利润率=\frac{经营利润}{净销售额}$$

随行业不同，销售利润率也有很大的变化。例如，汽车和银行业的销售利润率很低，约为10%左右，远远低于计算机业、制药业和食品行业（微软公司的销售利润率高达40%）。标准普尔500指数成分股企业平均销售利润率约为17.5%，与GE公司接近，其他传统企业平均水平为13%~14%。另外，无盈利企业，如亚马逊公司，它们的销售利润率为负值。

销售利润率是否已达到最大或可以再扩展，取决于企业是否具有控制市场的特权力量，和企业是否是在一个产品和品牌存在高度差异化的商品市场中来进行竞争。可口可乐和百事可乐一直采取产品差异化策略，都试图在不降低销量情况下探求提高价格的可能性，并且在各种经济气候中都取得了不同程度的成功。

亚马逊公司在产品差异化方面斥入巨资，建立独特的网站，其中包含了像“点击”和独特格式设计等专利性质的内容。然而它的竞争对手们，包括 barnesandnoble. com 和 buy. com 在内，仍然可以很容易地模仿亚马逊的这些做法，差异化不存在了，亚马逊的销售利润率也被侵蚀。

不论是汉堡包生产业、网上图书销售业还是饮料制造业，竞争的结果是不断努力的技术创新和技术提升。这些技术创新对商品企业带来的不是帮助促进而是伤害，但是具有特权的企业却从技术创新中获取了巨额利润。这正是微软公司拼死保守它的视窗操作系统代码的原因。这也是 GE 公司为什么投入巨额广告资金宣传“我们在创造美好生活”，而从不提及像洗衣机和 X 光设备这类特定产品的原因所在。

当一家公司开发出用作商品产品（如石油）的优越的生产系统时，这个先进生产系统引用所带来的经济节约会转移到消费者那里而不是企业那里。相应地，如果公司发展培育的是品牌产品，那么它的价格水平仍可以维持在较高水平甚至提高价格，这样该公司就可以从外部的创新中得到好处。不论是 GE 公司、微软公司、亚马逊还是其他的什么公司，销售利润率的上升或下降，都取决于企业推行产品差异化赢得品牌化定价和创新能力的程度，和企业承受创新所带来的成本的程度。

对于销售利润率，我们必须发出一个警告。较高的销售利润率水平是众所期望的，现实中也经常这样，但是它严重地破坏了竞争；销售利润率低了又没人愿意接受，因此，最理想情况是，利润率最初不太高也不太低，但朝着高利润率方向发展。

8.3　盈利状况分析

收益是对企业经营业绩的一种衡量手段。有 3 种收益率可供使用：权益收益率、投资收益率和资产回报率。

对于每一种衡量方式，明智的做法是考虑相对较长期内的收益情况，如 5 ~ 10 年，而不是短期内的收益。这样做是为了能帮助你跟踪企业长期内的发展趋势和能力，看它能否顶住下滑危险并能从繁荣中获益。

权益收益率

权益收益率是企业的所有者所出资本所获取的利润。权益资本等于总资产减去总负债。如果一个企业的权益资本（也称所有者权益）为1亿美元，取得的收益为1000万美元，那么该公司的权益收益率就是10%。

在20世纪末和21世纪初，权益收益率处于相对较高水平。标准普尔500指数成分股企业的平均权益收益率达到22%。专业零售商的权益收益率低于这个平均水平（达到15.26%，除掉亚马逊公司，因为它无利润只有亏损因此权益收益率为负值）。GE公司达到27%，传统企业平均为25%，计算机业也在25%左右，基本上与标准普尔500指数成分股企业的平均水平差不多。这些企业中，权益收益率最高的是微软，达到34%。

投资收益率

投资收益率是企业靠所有者权益和长期（一年以上）借款得来资本所创造的收益。如果一个企业需要更多资本，并且相信借款收益会超过借款成本，那么它就会从外部借贷资本而不是发行股票吸收权益资本。

假设一个企业所有者权益为1亿美元，从长期借款者那里借款5000万美元，用这些总资本额创造出1500万美元利润，那么它的投资收益率是10%（1500万/1.5亿）。但是这种杠杆化借贷行为，提高了企业的权益收益率，在这个例子中，企业的所有者权益为1亿美元，它的权益收益率是15%，超过10%。

使用负债来提高权益收益率是一种常见的做法，并不一定必须这样做。有的企业靠它们自身的经营活动可以创造出充足的现金，从而无须采用高成本的负债行为，也能获得较高的权益收益率。正如前文所提到的那样，微软公司没有什么负债，而它的权益收益率高达34%，投资收益率也差不多是这个水平（计算机业的这两个收益率基本上都是1：1水平）。

另一方面，标准普尔500指数成分股企业普遍采用负债方式来提高权益收益率，它们平均的投资收益率约为13.5%，而权益收益率达到22%。GE公司是这方面操作成功的典范，它的权益收益率为27%，是投资收益率的3倍（它的投资收益率为9%，与传统企业平均水平一致）。

资产回报率

资产回报率是企业用它所有的资产所取得的收益率。这些资产不仅包括所有者权益和长期负债，也包括通过对营运资本的有效管理所创造出的各种短期资产。如，企业可以进行短期低利率贷款，以赊购方式购买或售后付款，这样都会以较低成本增加企业可使用的资产数量。这些类型的资产不仅提高了企业收益，也提高了企业的权益收益率和资产回报率。

假设一个企业有短期资产（一年内变现）2000 万美元（到期还款并不影响企业的长期经营，因为企业可以不断进行短期筹资，从而保证 2000 万的短期资产数量），这部分短期资产也会增加企业的年收益，比如说为 200 万美元。这样的话，该企业拥有 1 亿美元的所有者权益，5000 万的长期负债和额外的 2000 万短期债务（或资产），该企业共创造出 1700 万的利润，那么它的资产回报率是 10%（1700 万/1.7 亿）。最终结果是，通过对短期负债的使用，企业的投资收益率提高到 11.3%（1700 万/1.5 亿），权益收益率提高到 17%（1700 万/1 亿）。

由于资产回报率揭示了企业通过管理安排所产生的全部资产的收益情况，因此它是以收益方式来衡量企业经营业绩的最强有力手段。高的资产回报率必然对应着高的投资收益率和权益收益率。（一些分析家们还计算一种“财务杠杆指数”，用权益收益率除以资产回报率。）

通过对最大化小额资产的产出利润水平，可以获得比较高的资产回报率。微软公司的资产回报率是 25%，表明该公司的资产密集强度处于一个低水平上，如果放开财务政策使用负债，那么它的权益收益率可以提高 10 多个百分点。在另一个极端上，GE 公司的资产回报率只有 3%，这意味着它必须熟练使用负债进行资本结构管理，必须有效地配置资产，这样才有可能创造出 27% 的权益收益率。

微软公司是资产非密集型的，而 GE 公司是资产密集型的。许多公司（如亚马逊公司）的收益，并不主要是由资产负债表中的厂房和各种实物资产创造的，更多的是由公司的品牌名称和储存、销售体系创造出来的。微软公司依赖较多的是它的固定资产和其他资产，但同时也从它的品牌名称和市场位置中获取巨额利润。GE 是一个资本密集型企业，需要对厂房设备等进行大规模投资，即使这样，它的产品仍然具有极高的品牌识别度（“我们创造美好生活”）。

由于发展历史还很短，很难判断出亚马逊公司会取得什么样的资产回报率。可确定的一点是，它的商业模式的设计是为了将资本密集程度最小化。它的品牌名称和网上表现形式是销售的最主要驱动因素，因而也是收益的最主要驱动因素。传统的零售商，如 Barnes & Noble，需要建设大量店铺，投巨资引进各种设备等，但是亚马逊避开了这些环节，并以此来降低公司的固定资产需求。

亚马逊对存货管理采取零存货（或称即时送货）策略，来降低存货的运输成本。通过对营运资本的优越管理，公司与它的客户和供应商之间的交易也会带来收益的增加——当产品订单下达时，公司就从客户那里取得收入，而对所售商品的供应商的付款，可以推迟到 30～60 天内，这显然是公司的一笔隐性收入。网上购物者购买时只看看电脑屏幕上显示的图形和图像就可以了，这样，亚马逊公司就避免了顾客实际接触图书所带来的图书损伤。而传统店铺书店在这方面损失很大（尽管它们可以把受损图书退还给出版商，但结果会降低购买的折扣率），亚马逊的这些做法是相当令人满意的，它降低了资产的密集程度，尽管它目前还比较年轻，收益为负，对它的价值还很难做出准确的评估。

8.4 总的工具箱

工具箱思想可以帮助你评估企业的流动性，效率和业绩表现。这些工具是由几种基本的评估参数发展起来的，可以用来应付特定环境和更进一步分析的需要。

下面给出了几个例子，可以用它们来评估企业未来相关的和可能的成功：收入的质量（经营活动产生的现金流除以经营收入），告诉我们收入中有多大部分可以转化成现金来保证企业的变现能力；每年的折旧费用，用它来预测企业未来资本投资需求；人均销售额，帮助我们评估企业整体的劳动生产率。

本章所述的这些企业关键比率，会随时间而发生改变。它们的任何变动趋势都是对管理效率和绩效的暗示。因此你必须仔细看一看企业几年内的损益表。尽管没有理由可以让人相信某个特定比率或趋势会一直持续下去，但是看看企业的历史状况，会帮助我们界定企业未来发生变化的可能性和概率。

举例来说。假设你在损益表中看到企业的研发费用大幅减少，同期企业利润大幅增长。但是这种利润的增长是由于压缩研发费用开支而得到的，这就不能说明是企业管理有效的原因。甚至有理由产生这样的担心，企业未来的增长前景是否会因研发投入的减少而不明朗。

再以应收账款为例。假设在一段时期内的平均收款期相对于信用期大幅上升，那么这段时期内销量的大幅上升可能更多是由于放松信用政策造成的，而不是企业效率提高的结果。如果这些账项未来收不回的可能性很大，那么现在看来很繁荣的销售增长，可能就意味着企业未来收款的困难，企业可能因此陷入困境。

我们可以按类似的思路一直分析下去，但是没有那个必要。只需牢牢抓住前文所述的那些关键指标，你就具备了在你的能力圈内区分出大量企业优势和劣势的能力，从而遥遥领先于一般的投资者。把注意力集中在那些符合你设定的检验指标的企业身上，对它们保持不断的观察，没准这些企业中就会有你所期望得到的高价值企业，尤其是在它们通过了下一章内容的检验之后。

第九章

再论：鉴别成功的经营

一个企业的价值，等于该企业从现在到停止营业那一天所创造出来的未来现金流的现值之和。对于一个旁观者来说，现值是衡量企业价值的一个重要内容，因为企业收益都是在未来实现的。这里没有必要把现值的计算步骤每一步都列示出来，包括那些会得出不同结论的各种方法。

估价是对未来状况的评估，因此在你进行企业估值时，你并不能保证你的预测是完全准确的。但是你的赌注就是你的财富，因此即使你不能对企业未来做出完全正确的估计，你也不想受到蒙骗。这样，你所要做的事，就是尽可能降低出错的危险，和尽可能提高你期望的未来情况最终出现的机会。

驱动企业现金流的，是企业的资产和收益。历史现金流状况是对未来现金流的最好衡量尺度。资产驱动收益，收益驱动现金流，现金流支付你最终估价用的股息和红利。你可以仅依据资产状况就得出对企业的估值（称为账面价值），也可以只依据收益状况来估值（称为收益流价值），或利用现金流来估值（支付给股东的股息价值）。

但是，这几种独立的估价工具在对企业价值进行估计时，每一种都不是十分充分的。不仅每一种工具的能力是有限的，即使把这三者放在一起共同使用，其效果也不怎么好，因为每种方法在具体评估时，都不可避免地必然存在这样一个弱点——利用现在和过去的信息来预测未来的现金流。为了帮助你做出正确的判断，你需要知道与这些情况有关的所有信息。

有一些估价方法是专门适用于特定类型企业的。例如，GE 公司有收益并支付现金股息，微软公司有收益但并不支付现金股息，亚马逊公司则两者都没有。很显然，评估这3个企业的价值，你可以都使用资产法；对GE和微软的评估还可以使用收益法；GE估价还可以依据股息带来的现金流来进行。

不那么明显的一点是，对这3个公司，你都可以使用这些工具，当然以不同的方式来进行。也就是说，对这3个企业，都可以估计它们的未来收益和股息（或许GE是容易这样做的，微软不那么容易，亚马逊最难）。

如果这些企业都位于你的能力圈之内，你就可以这样做了，即使你对各式各样书籍和下文将要讨论的不计其数的估价方法并没有什么把握，没关系，尽管去做好了，因为任何一种估价方法都不能绝对准确地告诉你企业的未来价值是多少，也没有任何一个人可以这样做。最好的情况是，你依据自己对历史的解释和对未来的诊断，用这些方法得出企业未来价值的可能分布情况。在你这样做的过程中，你会出错，因而会给自己带来风险。因此格雷厄姆一直坚持要在支付的价格和合理预测得到的期望值之间有一个较大的安全边际。现实中，每一个明星投资者都遵从这个原则。

在著名的畅销书《聪明的投资者》中，格雷厄姆写道："在过去的神话中，聪明的投资者最终把历史上发生过的重大事件归结为一点——这些都将过去。面对各种投资风险，我们遵循这样一个格言——安全边际。"在格雷厄姆提出这个概念的40年后的今天，沃伦·巴菲特仍然认为这个原则是完全正确的。

聪明投资的基础，是在你支付的价格和购买到的价值之间有一个较大的缺口。原因正如巴菲特所说，"内在价值可以被很简单地定义"，但它的计算"并不简单"。格雷厄姆发明了安全边际原则，来避免在内在价值计算过程中出错的风险。巴菲特的合作伙伴，查理·芒格，用幽默诙谐的语调说他从未见过巴菲特实际进行过内在价值计算，巴菲特所遵循的原则是他个人思想观念的一部分，只告诉他什么不该做。

9.1 资　产

企业的账面价值，是企业资产负债表中总资产超过总负债的那部分价值，也可以说是资产负债表中列示的已发行的股票的价值。因此，一个企业的普通股的每股账面价值，就等于企业账面价值总额除以发行在外的普通股股权。

注意：这里使用价值这个词是一种误导。因为资产负债表中列示的资产，是以获得这些资产时付出的成本标价的，并不是资产的即期价值（或有的情况下的即期市场价值）。因此，资产负债表中显示的已有资产价值，并不反映在当前市场条件下价值的增加值。并且，由于资产负债表中长期资产价值是扣除折旧之后的价值，因此资产价值只是重置这些资产所需成本的一个近似值，并不是完全准确的数值。

和企业类型千差万别一样，企业的每股账面价值的分布也各有不同，这反映了各种资产的历史获得成本而不是即期价值。举例说明，GE 公司的每股账面价值是 12 美元；微软约为 6 美元；亚马逊约为 2 美元。

这些数字向我们说明：当企业的生产活动更多地依赖于无形资产（如更多的产品不是由钢铁厂和其他工厂创造，而是由信息技术和网络销售系统创造）时，账面价值在评估企业价值方面的有用程度在不断降低。GE 公司每股账面价值是亚马逊的 6 倍，它更多地反映了 GE 公司相对于亚马逊公司的企业本质——它是一个资产密集型企业，而不是说 GE 公司价值是亚马逊的 6 倍。

对所有企业来说，现行的依据历史成本计价的会计体系，在评估企业的现值和将来值时，存在许多障碍。例如，如果把 GE 公司的财产、厂房和设备等以当前市场价格卖掉，那么企业每股的账面价值会有一个相当大倍数的提高；而如果亚马逊也这样做的话，它的每股账面价值可能不会有什么变化，因为亚马逊的所有资产都是在最近几年中取得的。

这条成本原则，表明在资产负债表中列示的资产的实际价值可能会高于它们的报告值，也可能会低于它们的报告值。即使账面价值能在一定程度上反映公司出售的价值（即清算价值），它也不能反映使出售成立的环境。多数情况下，企业清算时出售的资产，像存货、设备、机器等，它们的出售价格要低于资产负债表中列出的价格。

对有的公司，一些主要资产的出售损失可能是十分巨大的，如厂房和仓库这类资产。举例来说，如果迪斯尼公司要进行清算，那么我们有理由怀疑占据迪斯尼公司账面价值主要组成部分的主题公园的固定资产，能否按它们的账面价值被售出。更明显的一个例子是，如果可口可乐公司被清算，那么它所拥有的糖浆和浓缩物被甩卖的价值要远远低于这些存货显示在资产负债表中的账面价值。

说这些，并不意味着资产负债表是没有用的，这只是我们分析工作的起点。所有的历史数据能被加以调整来反映现在的经济状况。如果经济状况上升，通过确认市场价值是上升或下跌，来确定对资产的财务价值的当前衡量水平。把已有数据调整到适应新的环境，它的指导原则包括类似财产的销售价格和以消费者价格指数变化为基础的资产增值。

在经济状况恶化时，资产在资产负债表中反映的历史数量，可以按照它们在企业清算时的甩卖价格来进行减少调整。像存货和应收账款之类资产该贬值多少，取决于它们各自的周转率。例如，亚马逊公司的存货周转速度如此之快（一年周转 24 次），以至于即使这些存货按甩卖价格售出，它们的出售价格也会很接近于成本价（资产负债表中列示的数量）。而对于 GE 公司，它的存货一年中只周转 8 次，因此在甩卖时，损失就比较大一些。

然而，即使资产做过这样的调整，也不能精确地反映财务评估价值，这是因为还存在另一个会计原则——经济的或货币交易的原则。一个商业企业，还会从它的无形资产中创造一定的财务价值，这部分价值并不反映在财务报表中，因为无形资产并不会对具体的经济交易做出贡献。例如，对于智力资产，如专利、商标和版权等，只有它们的开发成本被作为资产反映在资产负债表中，这些智力资产的真实价值在资产负债表中并没有被列示出来，即使企业的品牌识别度和顾客忠诚可能价值数十亿美元。

毫无疑问，你应该知道 GE 公司的广泛的品牌识别和消费者认知，是有价值的。但是你在 GE 公司的资产负债表中，看不到任何与公司品牌价值和智力资产有关的说明。同样，公司的人力资本和员工培训等价值也反映不出来，但这些无形资产的价值确实对公司的生产经营发挥了极重要的作用，尤其是对像微软和亚马逊这类的高科技和新兴企业。

这些价值来源被称作经济亲和力，它是多种无形资产的集成束，它能帮助企业创造出极出色的权益收益、投资收益和资产收益。像前文提到过的那样，它们也能创造出一种特权和市场控制力量，帮助企业在不损失销售量同时提高售价。迪斯尼就是一个很好的例子。它可以提高迪斯尼公园的票价，而丝毫不损伤它的参观量。

企业的另一种亲和力被称为会计亲和力。它是对交易中支付价格的记录，企业把它作为账面价值的报酬。会计亲和力的经济价值更难评估。如果购买行为是十分谨慎小心的话，那么经济亲和力所获得的经济价值通常要大于会计亲和力的价值。由于会计规划要求会计亲和力必须被摊销，即在未来几十年内每年扣减一定数额，因而，经济亲和力的价值更要大于会计亲和力的价值。但是，如果购买是相当聪明的话，那么亲和力的价值就会在几年内显著上升，而不是像摊销所造成的那样下降。

为了回避对资产负债表进行这些调整的需要，本杰明·格雷厄姆提出了一个老式的简单方法，他说如果普通股股票能够以等于或低于企业当前资产净值的价格买入的话，那么这只股票就具备了充足的安全边际。也就是说，价格只包含每股的营运资本数额。这意味着购买者不必支付企业固定资产的价格。这种情况在今天极少发生，因此这种方法在实践中的使用价值不大。

但是，这个保守方法在进行一定调整之后，在现实中有时还会发挥一些作用。如果你可以按企业当前资产净值加上一定数额，比如固定资产原始成本的一半，以这个总额来购买企业股票的话，这个企业也是具有很好安全边际的。这时，投资者对净营运资本的价值的支付是按宣布价值支付的，而对其他资产价值的支付获得了一个50%的折扣。对于今天的绝大多数企业来说，这个支付额仍是比较低的水平，但是有的企业，特别是一些小公司，按这个标准来筛选，可能会在你的视线之外。

这些方法的可能麻烦之处在于，运用这些方法，你会成为一个低层的钓鱼者——即你一心搜寻那些价格非常低的企业（即鱼）。这样做并没有什么错，但是你必须小心千万不要买入那些将要死的鱼。通过讨价还价地进行廉价货搜寻之后，如果你所得到的只是一时的短暂经济收益而非长期收益，那么这种廉价货搜寻会给你带来灾难性的后果。谨慎的投资者搜寻的是那些具有公平价格的而不是便宜价格的股票，以及那些具有强大而不是一般经济特性的股票。正如巴菲特建议的那样，**最好是以公平价格买入**

一个好企业，而不是以一个好的价格买入一个一般的企业。

在任何情况下，一个投资新手所常犯的错误，是仅仅依据资产负债表来评估企业价值，即使资产负债表中由于会计原则带来的一些不足已被克服，单靠资产负债表也是不行的，除非你对一个企业进行估价的目的只是想对它进行清算出售。除此之外，对企业进行估价，你想知道的并不是企业资产能卖多少钱，而是这些资产能创造出多少利润和现金。

格雷厄姆认识到了资产负债表存在的各种不足。他指出考虑营运资本状况是十分有用的，而关注固定资产的账面价值并没有什么用处，它们“不应该被很认真地对待”，资产负债表中列示的无形资产价值，“如果一定要给个权重的话，就要给个很小的数”。他建议道：

“在许多单个例子中，存在这样一种真实的情况——具有较小资产价值的公司可能它的利润很大，而资产价值很高公司的利润可能很小很小甚至没有。尽管这样，我们还是应该对企业的账面价值状况保持注意，因为存在这种可能性——投资资本创造出大额利润会引起新进入者加入，竞争加剧，从而这种大额利润只是短暂的；同时，资产规模较大企业，可能现在并没有什么利润，但未来会创造出超额利润。”

因此，格雷厄姆得出结论，“账面价值在投资分析中是有一定重要性的，因为企业的投资额和它的平均利润之间存在一种非常不确定的关系”。

9.2 利 润

利润指的是列示在损益表最后一行的会计利润。它被分成两种：每股的基准利润和每股的稀释利润。每股的基准利润，等于利润总额除以同期内流通在外普通股的平均股权数。

稀释利润考虑了一些可转换证券和股票期权会增加流通在外普通股股数的可能性。这些金融工具的转换和执行，会降低每股利润。本章将重点放在对每股稀释利润的分析上。（一定要形成这样的思想观念：即使是每股稀释利润，也不能一直反映全部的稀释状况和发行给管理者的股票期权的成本。在后文我们将会看到这些情形。）

在评估一个企业未来能为你带来什么时，你可用的数据只有企业现在和过去的利润数据。那么，现在的和过去的利润如何引导你对未来利润的评估呢？或者说，以前各种年利润数值，或总值，到底哪一个才是“正确”的利润水平呢？

在 GE 公司的例子中，它最近 4 年的每股稀释利润分别是 2. 16，2. 46，2. 80 和 3. 22 美元；同期，亚马逊的每股稀释利润分别为：-0. 06 美元，-0. 24 美元，-0. 84 美元和 -2. 18 美元。（这些数据没有考虑企业在 2000 年及以后的股票分割情况。）

或许你应该使用最近一期的数据。但是，正像 GE 和亚马逊的例子那样，如果最近一期数据与前两年数据有了非常大变化时，该用哪个数据呢？很显然要问的一个问题是为什么会发生这些变化？是由于不可能再次发生的特殊因素造成的吗？

如果是这样的话，使用前两年数据可能比较合适一些，尽管对于这些阶段性发生突发事件的企业来说，更精确的衡量标准是把考虑期间扩展到 7 ~ 10 年，以平抑这种突发性增长。

另外，或许企业正处于一个稳定的向上或向下的利润发展趋势。在这种情况下，把最近 4 年的利润数据进行平均，这样做的结果比较有意义。这样的话，GE 的利润是每股 2. 66 美元（亚马逊是每股 -0. 83 美元）。

很显然，这些问题都需要你做出判断，并且你的总的原则是你要认识到你是在对未来利润情况进行估计。取过去 4 年的平均利润，并把它用作未来 4 年的利润估计结果，这样做的话，你需要对未来时期内企业的利润增长情况做深入预测。尽管公司的年亏损额在不断稳定的扩大，但是亚马逊公司的管理者们仍期望在几年内实现盈利。（持同样想法的还有该公司的成千上万个股东们，正是这些人驱使在 2000 年年初亚马逊的市场资本额达到获利企业 Borders 和 Barnes & Noble 公司的 10 倍规模！）

GE 公司在 90 年代末的利润增长率约为 12% ~ 15%。你可以谨慎地预测该公司利润增长率在 2000 年会有轻微下降或保持不变。保守地估计一下，只取 10% 的利润增长率的话，那么未来 4 年，GE 公司的每股稀释利润将分别为 3. 50，3. 90，4. 30，4. 75 美元，平均值为 4. 10 美元。

在估计利润大小时，要再次强调会计记录的局限性。会计利润是从总收入中扣除现金支出和像折旧和坏账准备这类非现金支出之后得到的。这种算法听起来很简单，但在具体计算时很复杂，必须做大量决策来决定各种事件该如何计量入账。会计利润要受到所有会计处理习惯的影响，这些习惯包括所售商品成本的计价方法、固定资产折旧方法和坏账冲减政策等。

不完善的会计规则仍旧会有一定影响，如果只考虑利润情况，当利润被正确和不断计量下去时，这些会计规则也发生作用。即使对固定资产，如计算机设备等的折旧费用也不是对未来设备淘汰之后重置成本的最好衡量，因为折旧费用中有一部分是要再投资于企业的，以为了维护企业未来的销量水平和竞争地位。

一旦有代表性的利润水平被确定之后，利润数据必须被折现。这样做，需要一个合适的折现率（习惯称为资本化率）。它是用来补偿进行这样投资风险的一种必要收益率，因此它等于无风险利率（一般为美国短期国库券利率）加上反映企业特定风险的利率补偿。

假设你认为GE公司在未来4年内的每股期望利润是4.10美元，那么为取得未来每股4.10美元利润收入的权利，你必须付出一定价格，这个价格是企业的必要收益率的函数，这个必要收益率是用来补偿每股每年4.10美元利润可能无法实现的风险的。它等于无风险利率，假设为3%，加上你拥有GE股票承担相应风险而要求的风险报酬率。

广泛争论的焦点，集中在对于不同企业和不同类型的投资，到底什么样的折现率才是合适的。一般地，一个特定企业所包含的风险程度越低，它所要求的折现率也越低。例如，如果企业具有很高的确定性保证它可以继续达到以前年度的业绩，那么10%左右的折现率就比较适合这个企业。如果企业具有中等程度风险，那么折现率在15%～25%之间比较合适。而对于风险性企业，它们取得未来成功的不确定性非常之高，那么适合它的折现率水平可能从30%～40%直到100%水平。

正常情况下利润波动很大的企业，可以被看作是对预计利润可能会发生变化的风险的调整。例如，对银行和保险公司来讲，它们资产的大部分是现金和投资，这些资产更容易受经济周期变化的影响，因此给这类企业一个8%～12%的折现率是比较合适的。而对于消费品生产企业，如食品和清洁用品制造企业，无论是蓬勃发展期还是处在衰退阶段，它们的销量会一直比较稳定，因此要给这类企业一个较低的折现率，比如说6% ~ 8%。

一个适当的折现率，除了取决于无风险利率之外，还考虑了整个国家的经济增长率。在稳定的经济增长和行业发展时期，风险程度相对较低。在经济衰退期，增长的可能性很小，取得稳定的利润也不大可能，因此总体利润水平收缩的可能性比较大。在这种情况下，风险上升，你应该选取一个高一些的折现率。

因此，**确定折现率的一个简便方法，是依据无风险利率，以及特定企业和行业的风险水平来确定。同样，我们必须调整折现率大小以适应未来的可能变化**。例如，如果未来利率水平上升或经济增长速度放慢，那么折现率也要增加或下降，进行相应的调整。

进行利润估计和折现率挑选时的困难，与你的能力圈有关。在进行这两种工作时，首要的是要正确评估经济状况，当然在具体进行预测时，对经营管理方面知识的了解也是必不可少的。GE、微软、亚马逊无一例外地都是优秀管理方面的典范，但其中，尽管GE和微软也从优秀管理中赚钱，但亚马逊甚至突破了几种关键财务比率的已有记录值，创下了新的纪录。没有管理知识，是很难做出这种区分的。

GE公司是一个造币机，特别是它的资本融资部门。在GE公司的100年的历史中，并且在过去20年内的每一年，该公司都取得了稳定的利润增长。公司业务实行多元化并在各行业中属于领导者地位，这为预测公司未来利润增长和利润创造情况奠定了一个扎实的基础，当然它的生产经营也要受到宏观经济环境的影响。由于GE公司有着非常独特而卓越的经营业绩，给该公司一个中等程度的折现率应该比较合适。

让我们假设GE公司在无风险利率基础上得到一个风险贴水，比如说达到5%的收益率水平，并把这个折现率应用到我们对未来平均每年每股取得4.10美元利润的估计当中，那么对GE公司价值的估计，就只需简单地把利润估计值除以这个收益率即可，就是把4.10美元除以0.05，得到该公司每股价值为82美元。

如果我们对GE公司未来的盈利前景，稍微做一点更大胆的猜测的话，那么我们的估值结果就会有很大差异。举例来说明，假设我们预测该公司未来每年每股利润将达到5美元，仍然使用5%水平的折现率，那么估值结果是该公司每股价值为100美元（5.00/0.05）。如果把折现率降为4%，即认为公司在未来有更大的发展机会和环境，而且确定性很大，那么这样再做估计，结果是每股价值达到125美元（5.00/0.04）。

通过上述这种数字变换，我们得到GE公司每股价值分布在82美元到125美元之间。如果我们以一个更悲观的观点来考虑，那么这个分布范围还将扩大。如果我们使用过去4年的每股2.66美元利润来代表公司的未来利润水平，折现率仍取我们最初估计的5%水平，那么估值结果只有53美元/每股。如果我们认为公司未来发展前景比过去状况风险更大，因而取一个高一点的折现率，比如说6%的话，那么每股价值是44美元。现在我们创造出一个新的价值分布，从44美元直到125美元。

利润估计结果和折现率的选择，对股票估值的具体实际操作来讲，是十分重要的（例如，对亚马逊的每股价值的预测，可能的分布范围是从零直到几百美元）。但是即使你是很严格地按步骤进行了这样的估计，并得出了最终结果，你的这个估计值也不能完全确定地反映企业的实际价值是多少，只是一个大致的估计范围而已。毕竟，在这个估值过程中有大量的步骤，需要你做出各种判断，一步出错，结果就不会那么准确。

9.3 银弹和安全边际

绝大多数人对于折现率问题都同意这样的观点：折现率是由动态变化的实时无风险利率水平驱动的，这个无风险利率一般取自美国的国库券利率，它被认为是不存在任何违约风险的。这个无风险利率的分布，可以从现行的3%到历史平均的3.5%，到美国政府现行的通货保值国库券的4%水平。有的人在决定无风险利率时，参照短期国库券（如30天、60天等）的利率水平，但是由于所有者权益本质是长期性质的（如企业的股票具有永久持有期），可能更好的参照依据是长期国库券利率水平。

在设定好无风险利率水平之后，你要为你的股票增加一个风险贴水。常用做法是考察总的股票市场在很长时期内的平均收益率水平，美国股市的这个平均收益率为7%左右，从中扣减掉无风险利率，那么得到你的平均风险贴水在3%～3.5%之间，这其中具体数据取多大，必须结合你要分析股票的实际情况做个别分析。前面已经给出了一些简便的方法，但是你必须认识到这个贴水大小的确定，应该是越精确越好。例如，前文已经讨论过，信奉现代金融理论的那些人，认为只要把市场风险贴水乘以特定股票的β值，就可以求出一个比较合适的折现率。

所有的这些不同看法以及提到的这些例子，告诉我们在估计企业价值时有大量的工作要做，也有大量的争论。假设条件的一个极小极小的改变，就会对你的研究方向和最终结果造成很大的影响。例如，如果你对市场贴水水平的估计有1%大小的变化，那么这1%就会让标准普尔指数有大约200点的点数变化（如果你对企业未来的利润增长率估计也存在这样的差偏，那么标准普尔指数的点数变动会更大）。

你最好的决策方法是保持技术性判断方法，而不是科学上严格精确的方法，费尔·卡罗特把这个看法当成他的投资戒律之一，他说："证券估价时，要忽视那些结构呆板的计算公式。"如果你想通过估值公式来得到企业的正确价值数据的话，这条戒律可能会让你失望。但是，通过商业分析思想，从价值考虑着手来搜索未来可能成功的投资对象，这种思想认识和分析思路是十分有意义的。

格雷厄姆在思考投资时发表了投资的银弹思想，他认为投资哲学的核心是安全边际。他认为，**精确地指出企业的内在价值是多少是完全不可能的，你所能做的最好情况是依据一个合理假设，得到对企业价值估计的一个范围区间，能做到这一点，就很不错了**。他还认为投资者应该给自己设定一个限制点，以确保所支付的价格远远低于估值区间的下限。

格雷厄姆认为安全边际是投资的核心概念。他说，安全边际的首要功能，是不再必须要对未来情况做出精确的估计。使用安全边际，你不需要为准确确定"正确的"风险贴水、利润和折现率大小而伤脑筋费功夫，只要你能做出一个合理的大致估计就可以了。它的第二个功能是降低了你的假设条件中出现错误所带来的影响，而我们知道，假设条件的一个极小误差会带来结果的巨大变化。因此，安全边际的作用还是很强大的。

格雷厄姆观察到，**绝大多数的投资错误不是产生于为高质量股票支付高价格，而是来自于在经济繁荣发展时期买入低质量股票**。对于人们愿意把资金投向成长性股票的流行的投资战略，格雷厄姆持否定态度。如果你通过对成长性股票未来前景的仔细预测估计，也得出同样的安全边际值，那么这个安全边际对你有更大的价值，但危险之处在于，成长性股票总是受到投资者欢迎的，投资者对这类股票的偏爱导致它们的高价格的出现，而这种高价格显然会降低你的利润水平。

格雷厄姆认为，安全边际原则最终会成为区分投资和投机的试金石。不承认在价格和价值之间有差异的人，和那些没有得到一个安全边际值的人，其实就是在进行一场轮盘赌，胜负成败，听天由命吧！

9.4 现 金

对公司预期未来会创造出的和支付给股东的现金，也可以采用同样的判断方法。约翰·巴罗·威廉姆斯（John Burr Williams）发明了依据现金——股息的估计方法。他认为：

> 利润只是到达企业生产经营活动终点的一种手段而已，但不能把这种手段错误地当成终点。我们要说的是，股票的价值来自于它支付的股息，而不是利润。简而言之，**股票价值等于我们能从它身上得到的价值**。
>
> 在每个新进入市场进行交易的投资者的头脑中，一个常见的规则是价格是由利润决定的，而不是由股息决定的。而这里，我们认为是股息，而非利润，决定了股票价值大小，这看起来有一些矛盾，与一般认识相反。但是，这种矛盾是很容易解释的，因为我们讨论的是长期性投资，而不是短期的投机性交易；是数年以来产生的股息值，而不是某一时点的投资收入。
>
> 当然了，如果说在某个时间内不太可能利润很低而同时股息很高是正确的话，那么在长期趋势中说低利润就意味着低股息，这种说法同样是正确的。因此，就分析来看，我们的使用股息的计算公式与常用考虑利润的方法并没有什么真正的矛盾。

威廉姆斯认为，股息折现方法和利润资本化方法，在解释股票价值方面，会给出同样的结果（或估计值的分布）。

这是因为股息是从利润中分配得来的。一个企业所创造出来的利润，要么作为股息分发给股东，要么留在企业内部进行再投资。如果留在企业内部的这部分留存收益的再投资收益率等于股息折现率，那么用利润资本化方法算出的价值和用股息折现方法算出的价值应该是相等的。

确实如此。把股息折现估值方法分解开来看，它与利润资本化方法的技术是完全一致的。前者是把假定的股息支付额除以一个假定的折现率，后者是把假定的利润水平除以一个假定的折现率。在每种方法中，都要回答这两个问题：(1) 期望的股息或利润的总量和增长情况如何；(2) 这些总量和增长目标不能实现的风险有多大。

两种方法概念上的差别是，在股息折现方法中，你假定股票价值是企业从现在到解散期间内的期望股息支付额的现值。这种假定是成立的，因为股票的价值由从股票身上所取得的收入流构成的，这种收入要么是拥有股票的股息收入，要么是它卖出的卖价收入。

把卖价也作为一种收入的惟一原因，是其他的投资者也想买入这种未来的股息支付流。这些投资者在做出这种购入决策时，可能是正确和理性的，也可能相反，但是无论如何，双方一方肯卖，一方愿买，原因在于双方对该股票估值的判断不一致。这种交易的结果是，普通股的价值只取决于未来期望现金股息流的大小。

股息折现和收益资本化方法，实际操作同样都是很困难的，因为两者都要求选取一个具有高度敏感性的折现率。对股息折现方法，许多人使用加权平均资本成本来做折现率，希望以此来降低折现率确定的困难。但是加权平均资本成本也不是一个惟一正确的数字，它的计算，也需要进行许多的判断决策。

计算企业负债的加权平均成本是相对容易的——它是依据企业负担的各种类型债务的不同数额做权数，计算出来的一种长期负债的平均利息率。但是要指出的是，企业权益资本成本的计算就比较困难一些。

通常，权益资本成本是由市场期望的该公司股票的年收益率大小所定义的，这种年收益，包括了价格增加和股息支付。但是，在这里我们真正要计算的是什么呢？在决定股票价格过程中，我们要努力求出收益是多大。如果在你的计算中，关键变量指标取决于市场的期望，那么你实质上是在回避这个问题，你只是给出了一个假定的答案而不是在分析问题。

最好要形成你自己的价值判断。像这些例子所强调的那样，没有一个公式可以直接告诉你答案。在这一点上，你的惟一朋友是格雷厄姆和巴菲特所倡导的安全边际，而不是市场先生（人是容易犯错的，市场先生也一样）。

9.5 市场循环

使用市场尺度来估价的最大不足，是会产生循环问题。如果说一股“爱默生电器”股票的价值等于该股票刚刚成交的价值，那么这并不会告诉你这笔交易是如何估值的。当然，我们知道它是如何定价的，是由股票市场上供给和需求双方力量所决定的。同时，我们通过本书第一部分的内容，也知道那些市场力量不是足够理性的，它们受情绪、心理和噪声等影响，甚至可以说这些力量是混乱无章地起作用的。

这就是我们所知道的全部。它们并没有告诉我们价格是否是分析或期望或恐惧之后产生的产物，也没有说明价格是按未来期望利润折现或现金流折现，或按账面价值的一定倍数或者是猜测等方法得到的。

记住威廉姆斯的论断，会帮助你看清市场循环问题。他说，任何一项资产的价值，是该资产未来创造出的现金流流量，按照这些流量的实现概率进行折现的结果。你可以争论说，用一些类似资产的集合体所创造出的收益率，把它作为折现率。这样做也是可以的。

但是这样做的话，你会面临两个问题的挑战：如何定义类似资产？如何决定这些资产是以什么为基础来进行估价（同样地，你会由于市场整体的判断问题，而再次陷入循环当中）？

不计其数的书籍和文章一直在讲述利率和其他的收益率是如何被市场决定的，但是没有一本书或一篇文章可以很确定地告诉我们真正是怎么一回事。根据社会大众是具有借款以满足即期消费的倾向，还是具有投资以满足未来消费倾向的不同，利率总在发生变化。这些消费倾向的形成，不仅要求有严格的数量条件，如劳动生产率和货币的供应量和收益率，而且还要求有一些行为和心理条件。这些行为和心理条件是不可测量的，它们在任何情况下都具有高度的不稳定性。

毫无疑问，每个人对资产可能取得的收益率都会有一个自己的期望值。但是这个期望值因人而异，变化范围很大。近期的调查数据显示，在大萧条期间或后期生活过的人们，他们对股票投资组合的期望年平均收益率，接近于10%，与战后时期各年的平均收益率呈线性关系；而年轻一点的投资者，对大萧条只有书本上的认识而没有切身体验，他们的期望收益率接近20%，与整个20世纪90年代的平均年收益率水平呈线性关系（在其他时期，如60年代末期，也出现过这样的期望值裂缝）。

这两类人的期望值都是不正确的。因为从逻辑上来推断，没有人可以正确地预知未来。但是，在无比复杂的人类心理和经验基础之上形成的这些期望值类型，构成了市场所创造的收益的基础。大量的期望值是不可信的，市场尺度的循环仍旧是不可测知的。

一旦你已对价值大小做出了判断结果，你一定要到“市场”先生那里去看看它的出价是多少。在得出最终决策结论之前，要把你的价值估计值和几个价格比率做一个比较衡量。

我们无法保证具有低价格比率的股票会提供高于它们价格的价值，但这样的股票值得我们去思考。同样地，高价值比率股票也并不就一定意味着该股票没有吸引力，它的价格仍可能会低于其价值。具有良好经营环境、流动性经营业绩和盈利记录的企业，值得我们密切关注，特别是当该企业的价格比率很低而权益收益很高时，但这并不是必需的条件。

价格/账面价值比

企业股票的市场价格与它的账面价值之间的关系，被称为价格/账面价值比。它等于每股的市场价格除以每股的账面价值。

把一个企业的价格/账面价值比与它的同类企业相比较，这是一种测量投资者如何看待该企业相对于其他同类企业和行业平均水平，为其定位的一种有效方法。价格/账面价值比越高，就意味着投资者认为该股票越受人欢迎。

新千年的初期，公开上市交易股票的平均价格/账面价值比约为2～3.5，其中老式的工业企业（如钢铁厂）股票交易的价格/账面价值比，有时会接近或低于1，而新型的技术型企业（如计算机软件制造企业），它们股票交易中的价格/账面价值比，有时会高达20倍，甚至更多。

按照前文的3种企业分类，亚马逊公司的价格/账面价值比超过40倍，属于领先地位；微软公司的该比率约为15倍；GE公司为10倍。没有一个企业会满足价格低于价值的标准。如果你能发现有某只股票是以价格/账面价值比率低于1的价格交易的话，你就可以用低于该公司资产净值的价格买入该公司股票了。当然，这样的股票在现实中非常少见，需要我们做深入的调查分析才能发现。

价格/销售额比

对于绝大多数企业，在公司价值和它的销售水平之间存在一个很强的关系——销量带动增长。销售额越大，意味着利润越多。企业的发展速度不可能超过销售的增长速度，但是如果管理不善的话，销售增长速度将会很慢，反映在财务上，是企业的效率比率和业绩比率表现很差。

销售额大小多少也受到会计习惯的一些影响。在损益表的最上面一行，列示的是企业的销售收入。这个数字，要与会计中要求的确认销售收入成立的时间安排有关。由于这个时间安排可以被人为操纵（本书第十章详细讨论这个问题），因此可以确信，销售额比利润数据更容易受各种会计习惯的影响。

计算价格/销售额比，可以用企业股票价格除以每股销售额（这个数据在财务报表中一般不列出，但很容易计算出），或者也可以采用相等价的比较传统一点的方法，用总的销售额去除企业总的市场资本额（等于每股价格×股数）。无论是哪种方法，只要你能以等于或低于公司每股销售额的价格购入该企业股票，那么你就一定会得到一个比较好的安全边际。

还以那3个企业为例。就价格/销售额比率来做比较，微软公司股价最高，该比率达到24倍，亚马逊次之，比率为17，而GE公司只有4倍比率值。如果你发现一个具有低的价格/销售额比，最好还有一个比较高的销售利润率，那么恭喜你，你正在赚钱了。

市盈率

投资者们通常用交易价格相对于每股收益的比率，来比较公司股票的市场价格。这一比率被称为“市盈率”，把普通股的市场价格除以公司的每股收益，即得到市盈率比率。在使用利润乘数来估价时，它有很多局限，要么我们必须要确定一个合适的折现率。现在，使用市盈率之后，这个问题就很简单了。

一般地，较高的市盈率比率表明，投资者对该公司的发展前景比市盈率较低公司的更乐观。从历史上看，市盈率比率高低的分界点一般取15倍，超过15即为高，不到15即为低。非常高的市盈率比率（如超过50），表明有大量投资者痴迷于公司的发展前景。当然，市盈率比率的大小，也要随一些因素的变化而变化。这些因素包括：企业的发展前景、行业发展前景、企业的相对成熟程度、计算净收入时使用的会计政策等。因此不同公司之间的市盈率比率，是不可比的。

本章所一直讲述的那3个企业，GE、微软、亚马逊公司，它们的市盈率比率在整个20世纪90年代和21世纪初几年中，有很大的波动。但是，我们可以做如下假设，假设每股普通股的市场价格在25～50美元之间，假设每股平均收益为1美元，那么市盈率的分布是25倍到50倍之间。暗含的折现率在2%～4%范围内。那么，这些数字是否意味着你要使用这些比率呢？为什么要这么做？另一方面，假设某只股票（如杜邦）的市盈率是5倍，这看来好像安全边际值就比较小了。

经济增加值

如果考虑一下由商业咨询公司所创造的所有行业尺度，你就会发现市场是多么渴望能有一些新的工具出现，以调整纠正各种错误和荒谬的思想观点。这种工具被命名为“经济增加值”（economic value added），它认为可以按照企业资本收益是否高于资本成本这个标准，来评估企业的业绩如何。而如果前者真的大于后者的话，就创造出了价值增加值。

尽管经济增加值计算所需的几个构成要素是很容易找到的，用公司的投资资本收益减去它的加权平均资本成本即可，但是，我们已经知道要想准确求出后者（即加权平均资本成本），它可比看起来要麻烦得多。

对于经济增加值而言，可以把加权平均资本成本作为企业估值的折现率水平，但是这样做并没有避开上文提及的循环问题的陷阱。也可以用公司的债务成本——在衡量期内为负债而支付的平均利息率——来作为折现率，但是如果只这样做的话，那么经济增加值就应该被换成另一个名词：杠杆化收益。

如果对折现率的衡量中，不仅包括负债成本，还包括权益资本的期望收益的话，那么这种混合测量方式不仅不能避开循环问题，而且还增加了费用开支。这种计算方法所能说明的，只是公司会对预期收益值有多大的偏差。比如说，公司去年的权益收益率是10%，今年市场预期收益率值仍为10%，但是公司实际上的收益率达到2%。那么，这超额的2%就是经济增加值。但是，请注意：你知道有2%的超额收益就可以了，并不一定就需要知道经济增加值这个名词。

糟糕的是，人们开发出经济增加值这个工具的部分动机，是要克服收益管理方法上存在的一些问题，如销售收入确认时间的人为操纵问题、债务重组问题，以及在下一章讨论的许多其他问题。这些管理方法的大量繁殖，是与投资者强调企业要达到分析者们做出的期望收益率目标相适应的。使用经济增加值不仅没有解决问题，而且使之恶化了，因为经济增加值只在管理者超出期望目标时为其鼓掌喝彩，而不管他们是如何达到这个目标的。

而且，如果用经济增加值来衡量企业为股东投资资本创造收益的能力的话，那么它也会产生与传统财务比率同样的缺点：即计算利润的正确与否，取决于基本财务数据是否真实完整。这样看来，经济增加值就可能助长经理们操纵伪造数据。

所有这些，并不表明我们要拒绝经济增加值的内在思想——即依据企业每美元投资额会创造多大超额利润，来评估企业业绩。确实，在评估管理效果时，我们应该在报表中的报告结果里扣除一部分费用用做产生这个业绩的资本费用（有时不需要这样做，特别是在股票期权的报告值和回报与收益紧密相关时。这个问题在本文第三部分做详细讨论）。对于有些企业，例如可口可乐公司，它的资本收益率是如此之高，以致即使我们不能很准确地求出公司的资本成本，我们也确信它的收益会远远高于成本。

让人困扰的是，经济增加值在准确性上给出了一个虚假的补偿（或报酬），这与前文讨论过的现代金融工具有几分相似。尽管巴菲特本人也相信经济增长值所暗含的基本思想是正确的，但他还是经常说，他宁愿要一个大概的正确值也不愿意要一个精确的错误值。在哈撒韦公司2000年度股东大会上，巴菲特的合作伙伴查理·芒格毫不掩饰地表达了他对经济增加值的公开指责，他认为经济增加值就是在“胡说”。

格雷厄姆对于市场价格和企业价值的评论，值得我们好好体会，并暗记于心。他说：

“广为接受的认为普通股股票应该以当前收益的某个特定比率卖出的思想，必须更多地考虑实践必需的结果，而不仅是逻辑上后果如何。市场通过对不同类型企业，变换这个比率，以此来把企业的未来趋势和前景计量在内。具有极小利润增长可能性企业的普通股股票，通常以一个相当低的市盈率比率被卖出（市盈率值低于15倍）；而具有很好利润增长前景企业的普通股股票，却以很高的市盈率比率卖出（市盈率值超过15倍）……

“当市场既不是处在蓬勃的快速发展期，也不是处于大萧条时期时，投资大众利用市场价格为标准对单个股票做出判断，这种做法通常是很好的。如果一些股票的市场价格脱离了该企业的基本事实情况和数据的界限，那么尽管在表面上看起来不那么明显，但最后我们总会发现，这个明显超出的价格是把企业未来状况也考虑在内的。然而，部分股票市场经常存在这样一种趋势——在向好的和向坏的两个方向上，都会严重夸大利润变动的重要性。这种趋势，在市场总体处于蓬勃快速发展期或萧条时期，是十分明显的，而在其他时期，对某些个别企业，也同样具有这种夸大效应。

“成功购买股票的最基本能力，是准确预见未来的能力。然而，如果对过去历史看得过多过于仔细，那么它不仅不能满足预测未来的需要，而且它带来的损失会多于好处。普通股的挑选是一种困难的艺术，因为从本质上来看，挑选成功的话会带来巨额收益。这就需要在过去的历史情况和未来的可能性两者之间，进行一种有技巧的认识上的平衡。”

第十章
躲过骗局
——企业财务报告的审读

自会计处理方法在1494年由卢卡·派萨利（Luca Pacioli）发明以来，在账簿记录中一直存在着作弊等各种问题。没有理由期望在未来的500年中会改变已过去500年形成的固有模式。没有一种会计、审计或其他的规则，可以保证财务报表数据的完全真实性。各种规则的出台，并不会减少管理上的选择，而且仍然会存在各种虚假伪造的、非正式的，甚至是欺骗性的财务报告。

每个投资者和企业管理者都不应该成为这些虚假财务报表的受害者或同谋犯。但是看一下曾经出现过的一些臭名昭著的会计欺诈事件吧，从20世纪60年代末70年代初的Leasco公司，National Student Marketing公司和Penn Central公司，直到20世纪90年代末21世纪初出现的Cendant公司、MicroStrategy公司和Sunbeam公司。这些欺诈事件深深地伤害了投资者的利益，而操纵这些事件的企业管理者们也该知道，总有一天会被人发现，会受到应有的惩罚。

许多表面上看起来不存在欺诈行为的报表，是由一些技术方法做出来的。这些方法由设计好的大量“平滑技术”构成。用平滑技术把企业的总体财务数据，从前文讨论过的各种比率到收入本身，按需要进行配置。收入平滑技术，也被称为利润管理方法，是对一般会计准则的弹性使用，通过把交易行为进行分类，或者按时间阶段进行分配，以此来取得令人满意的财务报告。

10.1 几个长期存在的问题

美国证券交易委员会主席亚瑟·李维特（Arthur Levitt），在20世纪末和21世纪初发表了一系列有影响的演说，确认了用于证明利润管理的纯正性的几个长期存在的会计问题。这些问题的技术方法和会计本身一样古老，而且在过去的一个世纪中，已经被企业经理们加以充分地利用。然而李维特认为，现时期的问题已被提升了许多，不再是以前的那些问题了，主要原因是：专业投资分析人员的影响力不断加大，企业经理者们为满足分析人员所设定的利润预期目标，而面临许多管理上的困扰和压力，使得他们不得不“制造数据”。

这种问题的存在，得到了两位会计专家的证明。他们是：华盛顿大学的大卫·伯格斯坦勒（David Buvgstahler）教授和密歇根大学的伊利亚·第契夫（Ilia Dichev）教授。他们的研究显示，有1/10的经理们，会在利润小幅下降时努力在报表中显示为利润增长；大约4/10的经理们，会把亏损努力报告为企业获得利润。这些“制造数据”的妄想，使得经理们制造出一些虚假的财务数据。

李维特指出了5个需要特别思考的问题，对每一个问题，他都设计了一个很迷人动听的短语来概括，这样不仅具有诗情画意，而且便于记忆。

- “大浴盆”。大浴盆式会计是一种极具攻击性的利润管理方法。它把影响本期收入的各种不利事件集中起来，以便提高下一期的企业财务表现。这是一种非常普遍的做法，但毫无疑问，这种方法要受到各种成本的制约。这些成本包括取得成本、财产或权利的剥夺成本、重组的成本，以及其他一些企业有组织地进行变化的成本。

这些交易行为的发生，要求对会计入账时间和入账项目分类做出大量的会计判断。经理们通常会在交易完成时，尽最大可能地花费各种潜在成本；或者试图在企业收益不好以致投资者纷纷卖出该企业股票的年份，通过给当年利润加一个这样的“大浴盆”，来创造一个更为明亮的企业未来，吸引保留投资者的热情。

●“合并的魔术”。这描述了企业资产取得时的会计处理情况。如果一个企业以远超出对方企业账面价值的价格，买入对方企业，那么购买方在绝大多数情况下，都要在会计账簿上记录一项被称为“会计亲和力”的资产（本书最后一章做详细讨论），并把这个资产在未来几十年内进行等额摊还。这样做的结果是，减少了购买年企业的利润额。

为最小化这种利润的减少额，购买方企业的经理，会把这部分超额价值的一些或许多分配给其他支出项目，最多采用的办法是把它分摊到研究开发成本身上。由于会计记账规则要求像研发这类费用要在实际发生时计入费用支出（而采用分期摊销方式），因此购买企业会在企业合并完成时，把超额价值作为一次性费用支出计入研发成本当中，尽管这样做不符合企业的实际商业运作情况。

●“饼干箱的储备”。它具体描述对一些问题的过高或过低估计的情况，包括对销售收入的估计、贷款机构的可能贷款损失估计，以及制造商的担保责任估计等。正确的估计结果，能帮助管理者在各期的实际利润值与预期值有出入时，调整并烫平这些波动。

●“它不是重要的”。会计规则中的重要性原则要求在报表中报告那些重要的项目，允许对非重要项目不加以报告。所谓的重要性并不是一个绝对的概念，而是需要经过调整的。在联邦证券法的条框约束下，上市公司对重要性的标准法律陈述，是看这个项目对投资者制订与该证券有关的投资决策是否重要，以此为标准来划分的（会计规则中的类似判别条件，是以该项目是否会影响个人的合理判断为依据）。

与重要性有关的判断，通常是由几个简便方法来引导的。其中之一是会计师和审计师们在决定某项目是否是重要的时，通常看该项目是否负担了超出一定比例（比如说5%）的公司利润。通过利用这样一个简单的方法，可以在很大程度上帮助企业财务报表的使用者，迅速找出那些对自己有用的项目。

●“未到饮用期的葡萄酒”。在葡萄酒窖藏期未满就打开瓶塞饮用，这个形象的比喻是用来反映草率的收入确认行为。例如，一家玩具制造商把存在仓库里的存货都当作已销售商品入账，而实际上它们没有被卖出或根本就永远卖不出去。或者移动电话销售商们，在手机售出得到付款后，就把款项记入收入当中，而忽略购买者在退货期内（如90天）有退货可能的这个事实。这样做法所反映出的报表数据，显然不能反映企业的实际情况。

为防止这些操纵行为的发生，美国证券交易委员会呼吁对美国公司企业文化的变化做出即时而协调的行动反应。李维特提出了一个全面系统的三方面解决方案。首先从证券交易委员会入手，引导委员会的工作人员，对会计结构重构和虚增损失或准备金等滥用职权的欺诈行为，进行详细的检查。同时，他要求美国注册会计师协会（简称为AICPA）清楚地阐明与购买资产的研发费用处理、大额资本的摊销原则和收入确认有关的审计规则。他还要求美国证券交易委员会人员加强对实物资产的关注，不仅仅要注意分析企业实物资产的数量，也要看它们的质量水平如何，杜绝企业的实物资产不好处理必然会出错的借口，对收入确认的会计处理也制定新的标准。

李维特也呼吁在这些过程中设定一些个人或民间的标准，特别地，他希望美国的财务会计标准委员会（简称FASB）能在一般会计准则下，对企业负债的定义重新进行考虑。他鼓励公众监督委员会（Public Oversight Board）加强对该委员会的下属机构——审计委员会的关注，经常进行审查，并招收更多的具有财务背景的人士加入该委员会。他希望审计委员会的人员能够经常碰头，提出一些更尖锐的问题，他称这些问题是由“私人部门回答”的问题。他还专门任命了一个蓝带委员会，以各种方式来帮助加强审计委员会的作用，希望以此来促进企业管理者和华尔街人员，重新建立起财务报表的真实准确的信誉来。

这项方案暗含的一个结果是，证券交易委员会将对那些数量庞大的存在像李维特提到过的利润管理问题的公司，提起诉讼。证券交易委员会也制定了更严格审计管理条例，包括要求企业的季度财务报表必须由审计师出具审计意见，和对实物资产不仅注意数量也注重质量的规章要求。

现在，审计委员会必须对企业财务报表的准确性进行审计检查，并提供证明。审计委员会要在企业报表前提供一项报告，该报告的内容包括声明他们是否已对报表进行过审查，企业的计账处理是否符合证券交易委员会的各项规定，以及企业是否每隔3年向证券交易委员会审批执照。证券交易所也制定出一些规章，要求上市公司必须披露审记委员会的成员是否是独立完成审计工作的，并要求审计委员会成员要具备财务知识背景。

李维特的这项雄心勃勃的改革正在进行当中，投资者应该对执行这项改革的人表示支持。然而，无论投入多大努力，也无法消除由一般会计准则所带来的不可避免的弹性会计处理，以及由它们所导致的操纵数字的巨大诱惑和屈服行为。因此，对聪明的投资者来讲，仍要对财务报表持保留的怀疑态度，对可能出现的造假欺诈行为保持警惕。因为历史状况并不能确保未来的发生可能，它只是一个连续事件开始的序幕而已，早在1936年，格雷厄姆就对美国企业存在的财务报表造假滥用现象加以严厉的批评（从格雷厄姆之后，也有许多人提出了批评意见，其中最有名的是纽约大学的会计学教授亚伯拉罕·布雷罗夫（Abraham Briloff）先生）。

10.2　一个讽刺性质的例子

格雷厄姆假设一个讽刺性的例子：虚构了一家美国钢铁公司，说该公司采用了一种“先进”的记账方法，运用这种方法，在没有额外现金支出和经营、销售条件发生改变的条件下，可以在报表中显著提高企业的利润水平。为了对这种会计处理伎俩做更好地说明，我们首先要考虑一下，如果这家虚构的公司，使用李维特谴责的那些造假方法，现在会取得什么样的结果呢？很可能，对该公司的新闻报道和公司的财务报表中会这样认为：

“E - America Dot. com 公司宣布已获得超过预期水平的利润”。

网络公司宣布（E - America Dot. com 假设是由这家钢铁公司开设的）有盈利，这条消息一定会让华尔街的分析家们震惊，因为这些人的一致观点是认为对去年刚上市的新建网络公司，一定会持续保持负利润状态。公司股价也因此大涨40%。这种戏剧性的结果，必然会引起同行业的那些亏损公司的注意，但是我们相信，他们经过这样的会计调整，也会达到这样的效果。

企业在增加销售额、改进产品、营销战略、销售渠道或顾客服务等方面并没有采取任何特别的举动，这种报表上利润的突然增加，只是改进了企业记录其经济活动的记账方式的结果。这些新的记账方法的使用，使得企业盈利由本来的实际每股亏损 25 美元，变为每股盈利 50 美元。这种会计上的改进，由以下几个步骤构成。

- 修改收入确定的会计政策。
- 调整坏账准备金和对销售退货的处理方法。
- 把市场份额的价值作为一项资产记录下来。
- 把“烧”掉的现金，作为一项资产记录下来。
- 以不同的货币来做报表。
- 重新定义重要性的含义。

E－America Dot. com 公司的董事们与公司的审计师们相互串通勾结，在本周的董事会上，一致地通过了如下公司决议：

公司董事会和公司的外部独立的审计师事务所，在经过仔细的研究和评估之后，认为自公司 10 个月前上市以来一直采用的会计政策和实际操作，是已经过时的，不能反映公司预期或预测的管理业绩。

该公司董事会和它的审计师们，在一个专门审计委员会的帮助和鼓动下，达成这样一种认识，认为许多其他公司按照一些创新性的会计方法来报告公司的会计账目，使他们在资本市场中获得相当大的竞争优势，而本公司因为没有采用这些处理方法（他们称之为“新会计处理方法”）而受到一些损害。

同样也采用这种新会计处理方法，会冲销其他公司在这方面所获得的优势，在不需额外支出现金或改变它的经营活动的情况下，可以增加公司股票的市场资本额。因此，在审计师事务所出具证明文件的条件下，该公司董事会采取了以下会计变化：

修改收入确认的会计政策

我们在行业中的竞争地位，使得我们要给客户支付大量的信用额。这包括如果公司客户不能在180天之内把产品卖给最终消费者，它们有权要求公司进行全额退款。我们以前的会计处理方法是，在180天的销售期达到以后才能确认销售收入入账，而在此之前，销售在会计上并不成立。

但是这种陈旧的经济政策，极大地降低了我们公司在损益表中报告的销售额。董事会决定从现在开始，对这类交易只要交易达成，就立即作为销售额入账，因为公司销售人员一直在不知疲倦地创造销售机会，他们应该得到这种认可（我们以后将对退货政策进行调整，但对于现在，我们更愿意报告一些短期的好消息，而把一些长期的不利消息延后）。

特别地，我们将根据情况，有时会把存货“寄存”在客户那里，给它们一个无条件退货的权力，这种权力是以独立于销售合同条款之外的口头协议或“单边协议”形式来约定。这样做的结果是，在我们公司的报表中会报告出更高的销售收入和利润的大幅增长。如果必须要做一些调整以平滑这些利润增加额，我们将会在下一个公司季报中来重新阐述上一期的利润数据，把这个利润的大幅增长宣称为是公司应收账款回收能力增强的结果。

在一些我们高度参与的业务中，如果完工产品不能满足客户订单所要求的运货要求，那么就把在产品（未完工产品）运送到一个货物运输商的仓库中，直到我们需要对它们进行最后组装装配时才运回。这样做是很必要的，其目的是维持我们对客户的供货周期。我们不断增加产品的运出数额，即使它们只是一些未完工产品或不完全产品。有时候，我们不能按购买合同中的约定向客户运送产品，而在有的情况中，我们会在客户要求送货之前已把产品运送过去。因此，我们相信，不论在哪种情况中，当未完工产品被运出并收到订单时就确认销售收入，是要好于在实际运送最终合格产品到客户时才确认销售收入的做法的。

调整坏账准备金和对销售退货的处理方法

众所周知，企业为防止拖欠或无法回收款项对企业经营的影响，要设立坏账准备金。在这里，为了增加我们企业的融资资本额，我们需要减少坏账准备金数额。怎么做呢？有时候，我们只需简单地把客户的付款期限延长就可以了。而有时候，我们要假设这些拖欠款项会被安全地收回，不论这种假设是否可行。这样的一些做法，会帮助我们极大地降低坏账准备金数额，减少公司的信用损失，因而会增加公司的净收入值。

类似地，在我们的各种业务中，我们要把客户退回的产品当作已售出产品，并不冲减原来的销售收入。这种新政策的另一个好处，是增加了应收账款的回收速度，使我们企业的经营运作看起来更快速更有效率。

把市场份额的价值作为一项资产记录下来

对市场当中的交易商和投资者来讲，他们所奉行的一个热门原则，是根据网络公司的产品销售额占同类产品市场总额的比例，给网络公司确定其价值。这样的做法是必需的，可以把这些公司在上市之初和在交易所交易的价格调整到相对一致的水平上来。毕竟，绝大多数的这类公司并不能创造出利润或者是净现金流流入。在股价无节制而最终导致大溃退之前，我们采取一项深入的具有逻辑意义的操作——把市场份额的价值作为一项资产反映在资产负债表中。

我们是这样做的：每个季度，我们都依据我们所占有的市场份额，估计出我们公司的市场价值数额，并记录在一个称为市场份额的资产项目里。这种处理方法与我们的其他新会计处理方法是紧密相关的，那些其他的处理方法可以帮助我们在报表中得到盈利或有正现金流的结果，即使它们实际上都可能是负值。无论如何，我们相信，公司股东和其他的市场参与者们是希望见到这样的报表数据的，因此我们就要不断努力地协力合作。

把“烧”掉的现金，作为一项资产记录下来

那些现金流为负值的公司，有时还会得到社会公众的赞赏，因为这笔现金支出可能是花在研究开发新产品身上的。这种情形，在生物技术行业是十分普遍的现象。为什么那些生物技术公司可以采用这种方法，而我们却不可以呢？完全可以。而且投机者和交易商在评估企业价值时，烧钱是

一项重要的得分。

从现在开始，我们要把我们公司所“烧”掉的现金，作为一项资产反映在资产负债表中，而不再像以前那样，在损益表中反映为一项费用支出。另一方面，由于把支出的现金作为一项费用还是作为一项资产会对我们的利润产生极其重大的影响，因此我们随时保留这样一种权力，即要依据各季度利润报告值的变化趋势，在上述这两种现金处理方式中进行灵活调整。

以不同的货币来做报表

我们在网站上以实物贸易的方式向其他公司销售我们的产品时，通常是通过票据交换方式来进行的。而在交易场内，这样的商品和服务是直接交换的，以我们所标明的“网络元”为货币单位来计价。这种“网络元”，是我们专门为方便实物贸易而发行的，它的面值要远远大于真实的货币——美元。这样，在企业的财务报表中，对有的资产项目或销售交易项目，我们不用美元而用“网络元”来计价，这就会极大地提高报表中的资产和收入值（当然，我们并不会傻到把费用和负债也用“网络元”标价，它们仍用美元来标价）。

重新定义重要性的含义

律师和审计师们，经常倾注很大精力来考察一些经济事件对企业是否是重要的。他们是按照一个理性投资者的眼光来分析哪些事件是重要的，看这些事件对企业的业务和财务状况有什么样的影响力度。在过去，这种判断方法导致我们不得不在财务报表的注释中，来详细陈述那些对公司经理者和公司股东们看来不具备什么作用的一些事件和行为。

为了与管理上对财务报告要求条件的需求保持一致，公司董事会决定采用一项新的重要性判断标准。在这个新的标准中，只有对公司利润的影响额超过最低5%限度的那些经济活动，才被认为是重要的。这个新规则比旧规则更明确，更可靠，会对记账带来更大的确定性。采用这种重要性判断方法，我们就可以摆脱掉在制作报表时的各种烦人的问题，因而会节省大量的资金支出。

这个讽刺性的 E－America Dot. com 公司的例子，揭露了虚假的会计处理方式和利润管理手段可能是多么的残忍和歪曲事实（其中的绝大多数情况在实际中经常发生）！然而，你可能永远都无法看到上述虚构中所坦率陈述出的各种操纵情况，因为这类违法操作是被很隐蔽地进行的，而且出于各种目的的需要，这类操纵报表的行为会一直存在。

因此，除非你知道该如何正确深入地看财务报表，否则你根本看不出这些财务诡计、攻击性操纵行为和欺骗甚至欺诈。你会发现以下提到的这些最近发生的财务欺诈行为的案例对你是很有帮助的，如果你坚持从每日出版的报纸、新闻通讯和主要网站中阅读那些描述财务欺诈行为的文章，相信你一定会从中受益。

在考虑这些造假案例时，我们要弄清楚一点：这些常受批评的处理技术方法并不总是不道德的，也并不必然违反一般会计准则。然而，它们会经常地影响财务报告的真实性。更糟糕的是，如果公司采用一种宽容的态度允许这种攻击性操作行为的存在，那么会带来财务报告等级下降的危险，即开始的极微小的虚假行为，最后可能演变成为一场灾难性的财务欺诈。

总会存在种种压力迫使企业在会计上使诈。已经发生的许多丑闻事件都表明，当企业经济状况或面对严重竞争压力时，企业易于采用一些不合法的会计手段。公司的合同约束也会增加企业采用攻击性或不合法会计手段的压力。例如，许多贷款协议中都包含了借款人对保持公司的一些特定财务比率的承诺，如权益负债比等许多前文讨论过的财务比率，这都将导致公司经营者采用奸诈手段来实现这些承诺。

由达到设定的销售或利润目标而可能带来的刺激性的报酬协议，也会鼓励经营者们在会计上做手脚。同样的造假压力还来自于企业的安置协议、或为达成一致意见、或公司面对的其他法律责任。对额外的融资要求做出计划，除了产生一个不好的公司绩效之后，会对公司总体做出一个很好的描述。正如李维特警告的那样，在一个注重短期效果的投资氛围下，必然会使企业存在维护稳定利润增长率的压力。

10.3 财务欺诈案例

实际中存在许许多多的攻击性会计技术和机会，导致没有哪两个欺诈案例是完全一致的。然而，绝大多数的这类会计欺诈案例都有一个共同点——给利润值注水。而虚构利润值的最常见做法之一是把一些本应该被当作费用处理的事项，当作一项资产项或负债项来入账，这样，这类业务的成本就被隐藏在资产负债表中，而对损益表没有什么成本支出影响，因而利润值当然上升。

对各种会计欺诈现象进行剖析，只需要对简单的记账原则和它与企业财务报表之间的关系，有一个基本的了解即可。平行记账法要求对每笔交易在借方和贷方同时做相同数量的反映。这使得资产负债表可以平衡（资产总等于负债加上所有者权益），也反映了所有者权益和企业利润（收入减去费用支出）两者之间的直接关系。

特别地，资产或费用的增加反映在借方，而资产或费用的减少被反映在贷方；负债或收入的增加被反映在贷方当中，而负债或收入的减少被反映在借方。这些记账原则是根本性的，是不容侵犯的。因此会计造假一般是少记或漏记交易，即在4类项目——资产、费用、负债、收入——之间玩一些花样。

Person 公司案例

在这里，让我们好好思考一下 Person 集团是如何通过它下属的企鹅出版公司来对账面销售收入做假的。我们知道，以信用销售方式售出的商品在企业账簿上要同时做一个平行记账反映：借方记入“应收账款”，是一个资产类项目；贷方记入“销售收入”，是一个负债类项目。当后来企业收到款项时，也要做一个平行记账：借方记为“现金”，贷方记为“应收账款”，冲减前期账项。

企鹅出版公司采用信用销售方式来销售公司产品，该公司声明对那些在规定信用期内提前付款的客户，公司将在销售价格上给予10%的折扣。在会计记账规则下，在收到客户的提前付款后，企业账目上反映为贷方有一个按销售价格计算的“应收账款”项目，但是由于购买者在价格上得到了10%的折扣，那么对同样的这笔现金收入，企业在借方应记为：按销售价格90%计算的“现金”项，和一个按销售价格10%计算的“费用”项目。当然，这个10%的费用支出，必然会减少企业报表中的利润值。

而Person公司并没有按照上述的这种标准记账规则来记账。它对在信用期内客户提前付款的处理，是按原设定销售价格90%计算的销售总额记入借方的“现金”项，同时贷方的“销售收入”项也按销价90%计算出的总数额入账。这样一来，10%的价格折扣额就不再被当作费用项处理。Person公司通过这种手段，只简单地在一些资产项目和应收账款中做一定保留处理，就人为虚增大量公司报告利润。

尽管Person公司所属的企鹅出版公司给予的10%折扣，在单个消费者角度来看并不是一个什么大的数目，但是Person公司在6年当中，累积下来的差额达到1.63亿美元之巨。在Person公司决定把企鹅公司与最新购进的Putnam Berkley出版社进行合并时，公司管理者才发现这些隐藏的账目处理。其结果是导致公司被迫进行破产清算。

Mercury财务公司案例

在1997年1月，Mercury财务公司发表声明，宣称它以超出一倍的规模高估了公司在1996年前3个季度和1995年全年的利润情况。这一下子给公司带来了巨大麻烦，Mercury成为一家信用评估等级很低的公司，失去了消费者的信任；公司总裁和财务主管被迫辞职；聘用了一个善于应对危机事件的公关专家；正在商谈中的与波士顿银行和所罗门兄弟银行的业务合作也被取消；公司没有现金来满足到期商业票据的兑现要求。公司处于破产的边缘。

这家公司和它所在的消费者信贷融资行业，几乎每天都是新闻报道的焦点。许多人对此发表了各自的意见。一些时事评论家正确地指出，像Mercury财务公司这类处于高风险行业的许多企业，都使用这种“攻击性的财务技术”；而其他的一些所谓专家则不正确地认为，财务公司的会计是“相当复杂”的。其实它一点也不复杂。

对于贷款者，所贷出的款项是贷款者的资产，即使其中有一部分有可能收不回来。坏账是一项费用——作为企业的业余成本。这种坏账带来的费用增长，显然减少了企业的净收入。估计可能的坏账数额需要做一些很复杂的判断，但是其会计处理却十分简单，只需把确认的无法收回的账款记做费用（借方项目），在贷方冲减坏账准备即可。

Mercury 财务公司并没有按这样做法来做。该公司认为，即使借款者无法还款，自己总还会在一定程度上会收回一部分资金（例如，取得对借款人汽车的占有权等方法）。因此在记账处理上，在借方开设了一个称做“其他资产”的资产账目，来反映这种资产的占有处置权力，而不像正规做法的那样设立一个费用支出账户来反映那些永远无法收回的贷款。Mercury 财务公司按这种方式来处理坏账，很显然会降低报表中的费用支出数额，因而虚增了惊人的企业利润。

Mercury 财务公司的财务报表也是一路高奏凯歌。它的“其他资产”账户（资产负债表中借方项目）在 1994 年末数额是 2460 万美元，而一年以后骤然升至 1.21 亿美元。即使该账户中除了包含具有处理权力的那些资产之外还有其他的正确处理的资产，但是这种疯狂上涨的数字，对任何稍微具有一些会计知识的人来说，都是令人怀疑的。

美国在线公司案例

美国在线公司（AOL）的资产和费用支出项目账户是非常复杂的，因为该公司把开发订阅者数量的费用支出作为企业的一项投资（资产类项目），而不是作为一种业务成本（费用类项目）来处理。这种做法，与 20 世纪 60 年代末至 70 年代初 National Student Marketing 公司财务欺诈丑闻中的做法十分类似。在这里有必要做一个判别。

对这类业务的处理方法，一般有两种。一种是对类似于报纸杂志的这类在线服务，把它作为一项成本费用支出来对待；另一种是对直接邮寄商品的公司，把它的费用支出资本化，即作为资产来入账，把所发生的成本分摊到未来会计期内。

在对这两种处理方法进行选择时，所产生的会计问题是是否这些支出款项必然会在未来为企业创造出收入。结果表明，美国在线公司无法准确估量出企业花巨资培养出来的访问者，会在多长时间内成为企业的保留顾客。因此说这些款项支出会增加企业未来收入的说法，是没有事实基础的。

或许对美国在线公司的管理者和审计师们来讲，做出他们已做出的那种判断，是合理合情的，因为他们面临着投资收回和股东提起诉讼的压力。但是，无论如何，我们可以确信，这样的做法是不正确的。

和 Mercury 财务公司一样，美国在线公司的财务报表令人陶醉：在它的资产负债表中有一项被称为“延期订阅者获得成本”的不常见的资产项目，其数额在 1995 年 8 月至 1996 年 10 月期间暴涨到 3. 85 亿美元，成为该公司资产负债表中的最大资产项。丑闻发生后，愤怒的股东们对公司施加了强大的压力，迫使公司最终放弃了这种做法，并重新公布它的利润数字，去除掉了 80% 的所有者权益。

Fabri – Centers 公司案例

判断在企业会计决策中起到十分重要的作用。当企业管理者要对一项交易是作为费用支出还是作为资本投资入账进行选择，或制定其他的会计决策时，判断会帮助管理者去说服审计师和董事们接受他们的主张。而当管理者的决策建议被接受后，对该项判断也要做出全面披露，这种披露要被包含在企业的财务报表中。但遗憾的是，许多企业并不总是按这样的要求去做。

如果你对做出困难判断进行披露的必要性有所怀疑的话，不妨考虑一下被证券交易委员会处罚的 Fabri – Centers 公司的案例。Fabri – Centers 公司有超过 900 家的零售店铺，包括 JoAnn Fabrics 连锁店。在该公司创立了一套年存货管理系统之前，Fabri – Centers 公司清楚地知道它所有店铺的每日销售额，但是并不知道所售商品的成本和利润大小。因此，该公司对这两样数据进行估计，使用所谓的毛利润方法，用上一年度的实际利润值去计算下一年度的季度利润数值。

然而，在好几个季度内，公司由于面对严重的价格竞争而导致盈利水平大幅下降。在这种境况被报告和公开披露之前，该公司进行了一次公开债务出售活动。证券交易委员会处罚 Fabri – Centers 公司的原因，也正是对价格竞争信息的不充分披露和在债务出售时它的估价不合理。

在 Fabri – Centers 公司的存货管理系统中，对季度盈利额作为判断是必需的。但是，企业的季报中对那次债务出售行为未做审计和准备。因此在债务出售时，企业应该对会计估计的角色和作用加以更大的注意，但它并未这样做。

Sunbeam 公司案例

Sunbeam 公司的会计欺诈是与众不同的，但其基本种类还是常见的。它的引起人们广泛关注的会计诡计，是由一系列的被称为“账单—持有”交易所引起的。在冬季几个月中，该公司对所生产出的炭烤食品这样记账：只要有订单来订货，就把它记为销售收入，而不管这些产品可能是要到春天才可能交货的。这种造假手段，使得 Sunbeam 公司在冬季的报告销售额大幅增加。

这种会计造假行为发生在自吹大王艾尔·达恩拉普（Al Dunlap）掌权 Sunbeam 公司的末期。当时，Sunbeam 的业务处于严重的下滑之中，公司掌舵者艾尔·达恩拉普进行了大重组，他解雇了半数工人，关闭和清算了超过半数的工厂。艾尔·达恩拉普夸口说他的目标是要让他的公司具有“吸引力”，并声称他的商业计划部署得就像诺曼底登陆那样周详。然而艾尔·达恩拉普毕竟不是丘吉尔，他对Sunbeam 公司的改组计划最后以惨败收场。以艾尔·达恩拉普这类企业主管者的性格，企业采用不规范的会计处理手段并不出人意料，但是，Sunbeam 公司的做法使得这种情况发生的可能性大大增加。

MicroStrategy 公司案例

Sunbeam 公司在收入确认问题上受害不浅，许多其他公司也同样为此而痛苦，特别是李维特的声明中提起的要求引起特别注意的计算机软件公司。这类公司的案例之一是 MicroStrategy 公司。

MicroStrategy 公司有几项独特的合同，它从其他企业那里购买并销售产品。这种双向交易使公司能以比会计规划所允许的时间更早地记录收入数据，遮盖了审计师事务所对企业账目的审查。

来自新闻记者的压力，迫使公司和它的审计师们对这些合同进行仔细检查，最终得出结论这种提前入账的做法是不正确的。当公司对这种做法进行调整之后，它的股价从每股 245 美元骤然降至每股 87 美元（有超过 60% 的市值缩水）。是谁承担了这样的损失呢？当然是该公司的股东们。

Cendant 公司案例

公司披露语言的模糊不清意味着企业存在一定的麻烦。这是从 20 世纪 90 年代末期发生的 Cendant 公司会计欺诈案例中所得到的教训之一。Cendant 公司是在 1997 年末，由 CUC 国际公司和 HFS 国际公司合资创办的一家公司。

CUC 公司只对公司会员提供折扣购物服务，该公司通过这种会员费用创造收入来源。平均来看，像这样的会员俱乐部从长期会员那里取得的收益，要远远超过从短期会员那里取得的收益。确实，企业从短期的入会时间在一年内的会员身上几乎没有什么盈利，因为这类会员被给予了一种退还会费停止其会员资格的权力。

早在 1989 年，CUC 公司就面临着一些会计上的困窘局面，因为该公司把一段期间内，会员支付给公司的费用款项全部作为当期的企业收入入账，而同时把为取得这些会员所付出的成本费用在未来 3 年内分摊到每个会员身上。在账目处理上，具体做法是：借方记入收入，贷方记入费用项和一些负债项。通过账目借贷双方的不匹配，虚增企业报告利润。

尽管在财务分析专家和其他人的严厉批评之下，CUC 公司对这种情况进行了调整，但是该公司仍在其他一些地方采用攻击性的会计处理手段。其中首先的一种是它对会员流量和会员年更新速度的报告方法。会员流量和会员年更新速度是重要的信息，可以帮助企业评估在企业真实价值来自于长期会员的条件下，新会员会对企业带来多大价值或有没有价值贡献，从而评估企业未来的发展前景。

如果在某年年末，公司新会员中有 70% 是以前期会员重新登记加入的，那么 CUC 公司在它的披露文件的报告，会使得一般人看起来好像该年公司所有会员总数的 70% 都是老会员重新登记加入的。具体来讲，如果该年公司进进出出的会员有 100 人，在年末保留下 10 人，那么 70% 的重新登记率意味着其中只有 7 人是重新登记加入的，并不像 CUC 所报告声称的有70人是重新登记加入的。这样一来，对公司未来前景的估计，就有一个10倍的差距，CUC公司夸大了自己的未来预计。

这种误导性的信息披露只是该公司数不尽的会计违规例子中的一个。丑闻被揭露后，投资者对该公司提起诉讼，要求赔偿额高达28亿美元之巨。该公司同时被要求做一份清晰的会计申辩报告。在这份报告中，说明了这些恶性会计行为的危害，形成一种不好的企业文化，同时也包括了该企业其他一些欺诈行为，包括伪造与会员退还会费比率、现金管理、甚至CUC和HFS合资创立Cendant公司等有关的账目和数据。

10.4　本章小结

攻击性或不规范的会计处理，并不是所有企业进行商业承诺时必然要选择的做法。但麻烦在于，这些做法通常是不易被发现出来的。巴菲特语带双关地警告说："被偷走大量数额的钢笔，要比被偷走少量枪支安全得多。"控制这类劫案的发生，就需要特别留意企业的管理者，因为正是这些人，构建了该企业的企业文化。一些公司的企业文化会鼓励诚真正直的会计处理，而有的公司，如上文所列示的那些，它的企业文化鼓励企业采取造假手段，格雷厄姆把这种行为称为"变魔术"，这样的企业，它的报表数据都是变魔术变出来的。从National Student Marketing公司到Gendant公司，所有的案例都表明，**公司高层管理者的态度性格可否被信任，是决定企业是否诚信受人尊敬的重要标准**。本书下一部分对此做展开说明。

第三部分

可信任的管理者

In Managers We Trust

第十一章
走向全球化

巴菲特先生一直强调向你所“喜欢、信任和敬佩”的人投资的重要性（这个词组在《沃伦·巴菲特论文集：美国公司的教训》中出现次数相当高）。格雷厄姆先生在进行投资选择时也十分强调这个管理因素。因为他认为这个因素是很重要的。

格雷厄姆感到烦恼的是，对这个管理因素的测量存在一些困难。他认为“除非一个客观的、数量化的、合理而可靠的方法被设计并应用于对管理能力的测试，否则这个因素将永远都是雾里看花。”格雷厄姆认为投资者用来测量管理因素的最好方法，是看企业财务报表中报告的企业的历史财务业绩。

同时，格雷厄姆所倡导的商业分析投资思想的重要原则之一，是对管理者本人是否诚实正直的关注。格雷厄姆告诫投资者不要把财富随便委托给他人经营管理，除非：（1）投资者可以对受托的那个人进行监管；（2）投资者“对受托的人的诚实和能力有绝对合理合情的深信不疑的信任”。格雷厄姆的这番话是针对投资咨询者的，同样也适用于企业管理者。毕竟，不论投资者是否利用中介机构进行投资，他的财富最终还是落在企业管理者手中。

如何对管理者的能力和可信赖程度进行测量仍是一个问题，但看一看下面重要的这两点吧！首先，自从格雷厄姆写下那段话，认为有一些确定的方法可以用来考虑和衡量经营者的正直诚实和有效程度之后，企业管理领域日渐活跃繁荣。其次，格雷厄姆明确地指出了企业经营管理者的可信赖程度的重要性，并认为财务记录可以用作对经营者能力的测量。因为正如我们已看到的，企业历史财务报表的可信任程度取决于企业经营者的可信任程度。

然而，经营管理者的很强的能力和可信任程度，并不一定意味着你要增加对该企业的估价价值；但是相反，经营者的能力和可信任程度很低或者没有，就必然要减少对企业的价值估计结果。正如巴菲特所说的："对由注重大多数股东利益的经营者管理的企业，投资者要付出一点成本；而对于由只关心自己个人利益的经营者管理的企业，投资者的支付额必然要少一些。"

为了给检验管理者的诚实和能力设定一个检验范围，首先有用的一点是考虑管理者应该具备的行为标准，不仅是美国范围，也包括其他各国。对这点，有许多华丽的词藻来形容这些标准，但现实中总是很生僻的。因此，在讨论积极的股东管理的特定指标之前，先让我们对全世界的企业管理发展阶段做一次简短的旅行。

11.1 两种不同的管理模式

通常地，人们都认为美国和英国企业经营的根本目标是为了使股东获得利益。这与日本、德国和其他欧洲大陆国家的情况形成鲜明对比，在这些国家的企业中，管理者都认为企业经营的目标是为了获得普遍性的好处——股东的利益、员工的利益、债权人的利益和社区的利益。从一个抽象的水平上来看，这两种归纳性的结论都是正确的，但仔细审查一下，你会发现两者都不正确。

这种比较描述了英国和美国采用的"股东市场模式（Shareholder market model）"方法。在该模式中，有两个内部集团构成并控制一个企业，它们是：管理者和股东。股东拥有企业的所有者权益，而该权益的价值随企业价值的波动而波动。管理者们由两部分人构成，一类是负责企业日常经营的经营者（企业官员），另一类是监督和指导这些企业经营活动的人（公司董事、监事）。

美国和英国企业管理的最关键问题，是企业所有权和控制权的分离，这源自企业股东和企业经营管理者的分立。两套机制的设立，加剧了这个问题。监督机制要么给企业管理者增加责任，要么就是授权允许股东们采取反对行动。退出机制包括的最主要内容，是所有者利益的可自由转移性，该机制的存在，使得股东们可以按个人意愿卖出他们持有的该公司股票，退出对该公司的投资。这种做法，常被称为“华尔街规则”。

监督机制和退出机制的存在，加强了金融市场和劳动力市场的发展，反过来也是一样。股东们可以排斥驱逐那些不称职的管理者，因为存在一个对企业进行管理和控制的市场。股权利益的可自由转换（即退出机制），为促进建立一个深入的、流动性的和积极的资本市场做出了贡献。美国的企业披露法案，促进了企业绩效水平透明度的提高，从根本上为各种市场力量负责任。

企业透明度，天生就与美国和英国的自由雇用传统相联系，同时也由于劳动力市场的良好运转和发挥作用而得到进一步加强。举例来讲，如果企业的管理业绩十分糟糕，企业透明度就会使得企业股东们可能会投票来把这样的管理者赶下台，其他企业也不会雇用他们。

然而，在另外一方面，经营者们也可以通过压缩或扩张雇员基数来加强企业业绩表现。当然了，工会组织通常具有相当大的力量，因为它们拥有替所有员工集体同资方议价的协议，而该协议是受联邦劳动法案保护的。但是，工会组织的这种权力并不是由企业外部管理机构强加的，它完全是员工自愿商定的结果。

消费品市场通过形成能最后带来企业盈利的消费者偏好，对企业管理者业绩水平进行衡量。不论怎样，最终结果都是劳动力市场是不完美市场，而且我们经常可以看到这样的情况——企业业绩一般或十分糟糕，但高层管理者的报酬却十分惊人。

美国以各种方式来加强这些监督机制。股东们可以利用大量的法律文件、程序要求、法律的或公平的赔偿办法等来保护自己的利益。他们也从专业化的律师团体那里取得好处，这些律师不仅在州和联邦法律框架内代人进行直接的、附带其他条件的各级法律行为诉讼，而且还对这些行为进行确认，提供意见，甚至提供融资。

美国企业中其他人员所具有的权力与股东的权力大不相同。企业以契约形式设定了员工、供应商、债权人和顾客的各自权力，其根本理论基础是确保在企业破产时股东在清偿顺序上属于最后地位，只有在其他利益集团被支付完之后才会得到支付。因此说要求管理者要为股东利益负责，实际上暗含的含义是所有相关人员的利益都得到了保护。

这种市场模式的核心财务特征，是企业权益证券的分散化的所有权关系。从潜在的文化影响方面来看，这种分散化的所有权结果会创造出一种鼓励对所有者权益进行广泛投资参与的企业文化。参与者不仅包括那些需要所有者权益的人（用做建立和发展企业），还包括那些为企业提供供给的人（风险资本家和一般投资者）。

这种所有权结构的另一个基础，是美国厌恶垄断力量的文化特征。最杰出的例子是“希曼和克莱顿反垄断法案”，该法案中止了 Standard Oil 和 Theodore Roosevelt 公司的合并主张。另一个例子是 Glass - Steagall 法案，该法案中规定了投资银行业务必须与商业银行业务分业经营。在 1999 年，该法案被宣布废除，这反映了美国人和美国政府的态度有了一定程度的转变。同时也反映出这样一种事实：即在世界经济日趋一体化、全球化的过程中，垄断力量已被极大地分散。但美国政府坚持要用反垄断法案来肢解微软公司，也表明这种反垄断思想还是比较流行的。

把所有这些与描述日本、德国和其他欧洲国家企业机制的所谓“银行/劳动力模式”（bank/labor model）相对比，我们会发现，与股东市场模式所具有的所有权分散不同，银行/劳动力模式的核心财务特征是所有权集中和大量的投资仲裁。

银行是一个金融中介机构，它吸收个人储蓄，积累起来对企业进行投资。现实中只存在相对很少数量的这类投资机构。所有权的集中和持有负债，降低了发展积极有效、深入的、流动性的资本市场的压力。而且，除了 Glass - Steagall 法案之外，并没有什么其他东西被用来防止商业银行和投资银行业务的联合交叉，这种联合降低了已有的投资所有权集中程度。

这种中央集权体制，产生了一些数量极少但力量强大的股东和债务人团体，与美国和英国公司设定各种工具来保护利益相关者利益的安排相比较，集权制下产生的这种二重位置关系则要求建立一个有较少政府管制的机制。因为一个独立的银行不仅是股东，同时也是债务人，因此它所面对的要挑选出偏重于股东或偏重于企业其他相关者利益的模型的压力就很小。

而且，由于在这些国家的传统当中，劳动力并不只是按照合同约定条款的企业参与者，而是企业管理结构的中心，因此对建立一个管制型管理机制的需求就很小很小。欧洲国家历来注重对工人的保护，为他们设定了工资政策，并立法防止随便解雇员工（这与美国和英国的自由雇佣制度形成鲜明对比）。种种力量都解释了为什么在银行/劳动力模式中，企业高级管理者和普遍员工之间的报酬差距，要低于市场模式。

就正式的管理方式而言，德国和荷兰的模式把劳方提升为企业领导关系的第三个主要参与方。这些公司中都有工会组织，该组织对与各种公司政策有关的各种事件进行咨询协商。德国企业一般采用双重委员会体制，由一个管理委员会和一个监督委员会构成。管理委员会负责公司的经营管理、代表公司与企业外部从事业务活动，并定期向监督委员会提交生产经营报告。

监督委员会有权任命或解除管理委员会成员的职务，监督审查企业的管理情况。德国法律中规定监督委员会中员工代表和股东代表的席位是一致的。但是，监督委员会不能制定各种管理决策，只对管理委员会制定的各种活动和业务方案进行审批。

德国的双重委员会结构是以联合决策思想为基础的。根据这种观点，因为劳资双方联合决策共同决定了企业的未来，那么在企业管理体系中，劳方就可以通过在监督委员会中派驻代表的形式来保护他们自己的利益，而不需通过合同约定或政府管制来保障自己的权益。银行机构由于处在一个既是股东又是债务人的独特位置，因而它成为监督委员会的另一半组成。这样的结果是，股东市场模式中强调的所有权与控制权的分立，在银行/劳动力模式中并没有得到体现。

在银行/劳动力模式中，即使是企业的股东，也没有权力去任免高层管理者。这种权力十分缺乏，特别是在采用双重委员会结构体系的德国和荷兰，其主要原因在于欧洲国家所普遍采用的工会管理体制。欧盟委员会为此专门颁布一项法令，要求除英国以外的绝大多数欧盟国家都要建立员工会议程序和工会组织。

事实上，许多欧洲国家的做法已远远超出了欧盟的要求，这些国家的几乎所有的企业都建立并维持了工会组织的存在和正常运转。对于可能影响员工利益的主要企业政策的制订，管理层必须与工会进行咨询协商，这些主要企业政策包括员工的临时解雇计划安排，以及在绝大多数案例中出现的企业控制权的变化等。为了在企业管理模式中更加激发劳动者因素的作用，欧盟要求员工的雇佣合同应充分考虑到企业资产被出售后的情况，以保证在企业资产被出售后，资产购买者仍要按照“企业经营法案”对企业员工进行相应安置，并保证已有合同的履行。

与欧洲模式相比较而言，日本与之的变化主要体现在日本更加强了在管理结构中贷款方银行和劳动力的角色。和欧洲情况一样，银行也拥有工业企业大量的债务和权益。两者最显著的实际特征是日本采用被称为“水平协作（horizontal coordination）”的生产模式。在该生产模式中，每个工人在生产线上都是具备多种技能的多面手，工人之间在整个生产过程中一直不断地进行信息共享并接受各种培训。然而，由于专业化程度十分有限，因此企业就必须对劳动力身上投入巨资，以开发必需的人力资本价值。

因此来讲，如果员工背叛企业，那么日本企业所面临的人力资本投资损失的风险，要高于欧洲和美国企业。而另一方面，日本企业中的工人们也面临取得的技能只适用特定公司而无法转移到其他企业或行业的风险。而日本企业普遍采用的终身雇佣制又加剧了企业和工人的这些风险。终身雇用制为员工提供永久性的工作保障，同时也给企业提供了一个相对受约束限制的劳动力市场选择。

由于没有任何一个已签订的劳动合同可以保证劳资双方一定是安全的，因此日本模式发生了一些转变，开始发展交叉所有权企业，来提供必要的企业结构上的保护。许多日本的工业企业都拥有其他行业企业相当数量百分比的股票证券等。这种做法导致的后果是企业所有权的集中程度甚至超出了欧洲模式的中央集权体制下的集中程度，对资本市场控制力量产生了相对称的稀释。

11.2 对管理责任的误解

对两个世界的故事（美国英国一方与欧洲日本一方），我们就谈那么多。现实情况已经表明，对于谁是企业管理责任的真正受益人这个问题，在各种先进经济体制中有共同的共性，同时也有一定的差异。这个问题是投资者要理解的一个重要问题。

在美国的企业管理责任中，维护企业的社会责任仍是重要的一块组成。因此美国企业做了大量直接的努力来提高非股东的企业利益相关者的权益，这种做法的前提考虑是尽力使股东利润最大化，在此基础上，也会对企业的其他参与者有所帮助。

大量企业组织都采取了这种直接的方法，来满足企业不同利益者的不同要求。包括行动承诺、工作环境、公平工资、隐私权、童工、企业清算、性骚扰以及工作与家庭生活时间平衡等各种主题，而企业组织则通过员工培训和员工福利程序、企业使命声明和社会责任审查等各种方式，对员工提出的各种问题进行解答。

目前，社会责任在企业组织中已被发展到极高水平。例如，有一个成立于1992年的名为“企业社会责任”的组织，现在已发展拥有超过1400个企业会员，这些会员年收入总额超过10亿美元，员工总数接近500万。其中，包括了一些家喻户晓的著名企业，如美国电报电话、可口可乐、杜邦、联合包裹、摩托罗拉等知名大公司。有大量的投资基金和机构投资者也明确表示，只对那些具有很强社会责任的企业进行投资。一些投资者认为以这种方式进行投资，能使股东财富最大化。

许多企业追随这一风尚，并强调它们是自己的社会责任。这方面的杰出典范是Body Shop和Ben & Jerry公司（该公司在2000年初被Unilever公司接管，Unilever公司承诺要大力发展企业的社会责任，努力成为全球消费品业的巨头）。同时，现实中也存在许多令人惊奇的追随者，如Philips-Van Heusen公司。该公司首席执行官布鲁斯·克莱斯特（Brvce Klatsky），曾是布什和里根政府贸易政策方面的顾问专家。锐步公司、沃尔—玛特公司也都在追随这种全球化趋势。这种社会焦点与美国各大洲的法律是完全一致的，在这些法令当中，明确要求企业高层管理者要尽最大努力来满足股东们和企业作为一个整体的利益要求。

德国法律中对这个思想做了更认真严肃的考虑，认为董事责任的受益者除了股东之外，还应该包括其他的企业利益相关者，德国同时立法禁止董事会成员违背股东利益要求行事，要求他们按照“全体股东利益”的原则来进行各种企业活动。“德国企业法”是欧洲国家在这方面的典型代表，而与之相对应，美国法律则强调对企业所有利益相关者的保护。至于如何来实现这种保护，这两个法律体系都认为要增加管理者的谨慎小心和忠诚的责任。

谨慎小心责任要求在企业中进行一种广泛的信息传递和收集，进一步意味着董事会成员必须用他们可能获得的一切信息来武装自己。董事们在充分掌握各种信息之后，必须谨慎并合理地履行他们的责任。在绝大多数情况下，如果公司董事们违反了这种谨慎责任，他们将被告上法庭，面临“疏忽大意罪”的指控，这种情况与酒后驾车性质类似。忠诚责任要求董事们在他们的个人利益与企业利益发生冲突时，个人利益要服从于企业的集体利益。这种责任要求在一些发展中国家还有其他特殊的应用，但各国之间的变化不会比美国各州间的差异大。

进一步地讲，英国、美国与欧洲大陆国家在董事责任上的差异，要比我们认为的小得多。董事责任的不同规定，其中的变量是这些责任的具体内容，而不是谁是这些责任的受益者。这些规定是“垂直型的”，目的在于保证并把企业这块蛋糕做大，并不是强调这块蛋糕该如何分配。

现在的问题是蛋糕规模大小的问题。这种情况下，管理者的利益要受到企业其他利益相关者的利益的冲击。因此在不同经济发达国家之间这些垂直机制也存在一些差别，这并不会让人感到吃惊。令人感到意外的是这些垂直机制被发展成为另一个问题——按照利害关系来进行利益分配的“水平化”的问题，尤其是面临失去企业控制权风险时，这个问题就显得更加敏感。

绝大多数的美国州法令中，对董事责任增加了一个加强的标准。这个加强的标准要么是强调企业面临恶意收购时董事所应承担的责任，要么是对董事的行为举止进行司法审查和评价。在每种情况下，它的主要思考点都是要看董事们是否按股东利益最大化原则行事。而在德国的法律中，不存在这些加强的标准，德国法律只要求董事们不可以违背股东利益行事，要关心留意企业各成员的共同利益。但是这些差别，并不说明是美国的那些加强的标准，把美国法系与欧洲大陆法系区分开来。

美国有许多州要求公司董事们在许多情况中要考虑非股东的企业参与者的利益。例如，尽管美国法官们一再宣称“股东第一”，但同时也强调企业决策对除股东以外其他相关者的影响，包括债权人、公司客户、员工，有时甚至包括一些常见的社团组织。

法官们有时要把命令性的法律语言与随机事实协调结合起来，这些事实包括那些企业管理者与敌意收购者展开斗争的极端情况。格雷厄姆认为敌意收购是20世纪60年代末期的一项重要发明，它应该成为对业绩低劣管理者的一种惩戒力量。例如，在90年代中期，德拉威最高法庭接受了由时代公司（Time Inc.）董事会提交的一份抗辩书，该公司董事会坚决抵制Paramount公司的敌意收购计划。抗辩书中声称时代公司之所以这样做，根本出发点是只有这样做才能保持该公司杂志真实诚信的文化特征。因此，除了对董事会行为进行最为严格的司法审查之外，在收购内容方面，董事们还是具有很大自由度的。

企业收购法案并不要求一些特殊行为（或行动），如拍卖，也不会给公司董事们增加责任压力，要求他们保证企业股东们能获得最高价格。在所有这类收购案例中存在的一个相同疑问，并不是股东利益是否会有受损风险，而是是否存在对企业的威胁。

举一个看上去是在超越股东利益的法律条令下发生的例子。看一下AlliedSignal公司和AMP公司之间的股权之争。AMP公司是一家企业盈利和获利能力大幅下降的公司，AlliedSignal公司对AMP公司很感兴趣，发出收购要约，收购价格比AMP公司的市场价值高出55%。AMP公司股东以压倒性的力量支持AlliedSignal公司的收购行动，因而在收购要约发出的一个月内，AMP公司的外部流通股中有72%流入AlliedSignal公司手中。对此收购活动持支持态度的股东中，包括了AMP这家家族企业的创始人罗伯特·赫金和许多机构持股人，这些机构持有约占公司总股本80%的股份，其中包括了教师保险年金和大学退休金权益基金（英文名为“Teacher's Insurance Annuity Associate – College Retirewent Equities Fund”，简称TIAA – CREF，以下同）。

实际上，TIAA – CREF还加入一个股东集团，对AMP公司董事会提出法律诉讼。在AlliedSignal和AMP公司发生直接的法律诉讼过程中，该股东集团采取独立的“庭外和解”手段来支持AlliedSignal公司。TIAA－CREF声称AMP公司践踏了基本的“股东民主制原则”。

尽管有这些占据压倒性地位的股东支持AlliedSignal公司，AMP公司的管理层还是成功地建立起抵御这次收购的防御屏障，他们充分利用了美国的宾夕法尼亚法律条文，该法令中要求企业董事会的行事原则是要遵循企业利益最大化原则，而不是股东利益最大化原则，该法令还允许公司董事会以他们认为能最大化满足员工、贷款方、社区和其他方面的利益的方式来行事。因此AMP公司管理层建立的一个特殊防御屏障是采用企业反并购中常用的“毒丸计划”，这种毒丸一经建立，那么在任何AlliedSignal公司方的董事加入AMP董事会之前，即使是现在当权的公司董事们，也不能消除这个毒丸。

AMP最终赢得了法院发出的禁止令，禁止了AlliedSignal公司提出的要求法院同意其收购活动的提案，除非AlliedSignal公司能保证在收购完成后派驻到AMP的每个董事人选候选人，都能按照宾夕法尼亚州法律规定，按企业总体利益最大化原则来经营管理企业，而不是仅顾及到股东利益。

AlliedSignal公司在声明中声称AMP公司董事们在对AlliedSignal的出价做出反应时，违反了董事应承担的为股东负责的责任。AMP公司对此不服，向法院提出要采取特别行动来回击这项声明，但法院没有支持这项提案。从这个观点上来看，法院不断强调一个“股东”标准，这看上去像是宾夕法尼亚法律的核心，在法律条文中，使用了以下的明确无误的陈述：“董事们要对比企业其他利益相关者的利益来权衡股东的利益。”他们“要考虑对各个集团的可能影响效果，包括股东、企业员工、供应商、消费者（客户）和债权人”。他们“不应该被要求把企业的或任何集团的利益当成是凌驾于其他利益之上的或占有统治性控制权能力的”。

这些陈述并不暗示股东优先原则的成立。其中不那么明显，但却是很真实的一点，是宾夕法尼亚州法律与美国其他州的法律并不是完全不同的。推而广之，它们与德国的法律也不是完全不同的，美国法律甚至也可能适用于德国的对共同利益的要求。

考虑一下德国的曼尼斯曼电讯公司反抗英国沃达丰电讯公司收购的例子，或是德国的戴姆勒—奔驰公司与美国克莱斯勒公司合并的例子，我们从中可以看出，尽管德国法律允许公司董事们评估员工利益、债权人利益以及所谓的共同利益等，但是法律中同时也要求董事会做任何事情都不能违背股东利益最大化原则，上述两个例子中的双方董事会都严格按这条要求行事，即使是曼尼斯曼公司为了对对手施以报复，也不例外。

这种对股东的尊重，并不能说明股东是高于一切的，这种尊重也不是赌金保管者模式的标准形式。美国实际操作与欧洲实际操作的相似程度，超过了美国实际操作与美国法令的相似程度；同样地，欧洲实际操作与美国实际操作的相似程度，也超过了欧洲实际操作与欧洲法令的相似程度。两者之中，没有一个地方的管理者会因法律条文而对公司所有权关系一直保持不变。

11.3　发展的趋势

企业实际操作的日益广泛合作表明企业之间的协作趋势正在不断加强，小看或忽视这种发展趋势是错误的。这种趋势导致不同国家、地区的差异不断缩小，也使得原来被认为是必需的占有所有权关系相对弱化。如果事实真的如此，那么现在的美国企业中身兼企业所有者和经营管理者的本来就不多的人数，将会进一步缩减。

现在，就像产品市场在过去几十年中所发生的那样，金融市场的国际化竞争趋势不断加强。投资者（资本的提供者）现在突破了国家或地域的局限在全球范围内搜寻最佳投资机会，与此同时，作为资本需求方的企业和其他组织机构，也在全球市场中努力搜寻最低成本的资金供给。资本市场的分割隔离已不再存在，在金融市场出现了更多的面对面的直接竞争。

欧盟在许多方面把企业财务与管理状况结合起来。其中最明显的一个措施，是在欧盟成员国内采用一种单一货币，通过均分各成员国之间的劳动生产率差异，来协调各国之间的竞争。这种劳动生产率差异，是技术进步和更高资本投资的结果。这种做法的结果是，企业在费用支出上的差异，特别是工资上的差异，将会逐渐减弱直至消失。这种做法程序的第一步始于各国使用欧元作为流通货币，最终结果将是各国废除原有的货币。

具有深远意义的是，欧盟所做的这些革新极大地消除了资本在各国间流动的障碍。欧盟已颁布的一系列法令，迫使各成员国消除对外国资本投资的控制。而各成员国也对此做出了积极的反应，放松了对外资的控制。仍然存在的对外资投资的限制，主要是对投资公告要求的限制，或是对一些能影响国家安全或公众健康、安全以及个人财富等有关的特殊行业部门的投资限制。许多欧洲国家仍然保持着必要时对外资资本加以控制的权力。

会 计

一系列基本准则的颁布使得欧洲各国之间的会计政策逐渐一致。这些基本准则包括：（1）对财务报表格式的一致化要求；（2）常用的估值原则，包括历史成本，增值会计和保守谨慎原则；（3）财务报表中必须列出企业真实而且公平价值的法律要求；（4）每年进行企业财务状况审计；（5）企业财务报表存档，并向社会大众公开；（6）联合化原则。会计政策朝一致化发展的趋势，加强了企业在财务和管理上的协调一致化趋势。

类似的变化趋势也发生在日本。日本的现行会计规则要求把各企业控制的下属公司的会计账目联合起来集中反映。在过去，由于没有这种要求，企业集团会把不利的会计消息分摊到下属公司身上。日本的新规则还要求，对于企业持有待售的房地产，如果其当前市场价值低于原始取得成本的50%，那么在企业财务报表中必须按市场价值把房地产的价值列示出来。正是由于缺乏这种会计规定，加剧了日本20世纪80年代发生的房地产投机性泡沫，并逐渐蔓延到90年代（这部分内容在本书第五章中已详细讨论）。

从全世界范围来看，越来越多的非英语国家企业，在采用国际化会计准则和以英语制作财务报表方面，步子迈得很快。尼桑公司是一个杰出的典范。该公司在1999年末采用联合会计报表准则，比各国设定的推行时间表早了6个月。该公司对各阶段的财务报表以英语来制作，这种做法，如果放在10年以前来看，简直就是不可想像的（即使该企业的一方出资人是法国企业）。

在2000年中期，当尼桑公司使用国际会计准则来报告公司上一年的财务状况时，报表中显示出企业令人不可思议地亏损63亿美元。造成这么巨大亏损的原因是对企业关闭的成本，即养老保险负债的确认，同时也对企业所持有的房地产和证券价值按更现实的价值入账。尽管还有其他一些重要影响因素也对这一结果产生了影响，但是这足以让我们提高警惕，尤其是那些打算向非美国企业投资的投资者们，更应该清醒地认识到其他地方所采用的会计准则并不像表面看起来那么美好。

美国正在采取措施把美国的会计准则与世界范围内流行的会计准则相协调，使之趋于一致。1996 年 10 月，美国国会通过 1996 年的“全国证券市场改进法案”（National Securities Markets Improvement Act），该法案要求证券交易委员会要定期向国会报告发展国际化会计标准的进程。证券交易委员会同“国际会计标准委员会”已经合作了近 10 年，双方共同致力于宣传会计宣言的核心条例和思想。1997 年 10 月，在国际会计标准委员会的协作下，证券交易委员会出版了它向国会递交的报告，并加入一些全球性组织机构来支持国际会计标准委员会的提议和创制。

七国集团各国的财长和央行行长都发表声明，宣称支持国家会计标准委员会的行动，并鼓励该委员会能尽快完成一些核心准则的设计工作。另外，世界银行也向全球“五大”国际性审计公司发出命令，要求这些公司要向它们的客户公司强调，准备好制订财务报表所需的资料，与国际性会计标准接轨。一时间风起云涌，有许多政要也是这种趋势的坚定支持和倡导者。其中包括英国首相布莱尔（Tony Blair），和当时的美国财长罗伯特·鲁宾（Robert E. Rubin），两人都极力倡导这项运动，并认为开发并应用国际性会计标准，是新兴的全球金融体系的一个重要组成部分。

证券交易委员会认为，国际性会计标准必须是包罗万象的，具有可比性和透明度，能提供企业信息的充分披露，能够经得起严格的推敲和实践检验，具有很强的说明解释基础。实际上，许多人都把证券交易委员会主席李维特先生提出的打击美国企业对利润管理的滥用这种举动，看成是对增加国际性会计标准吸引力并使之协调一致而做出的反应。面对将来必然要采用的全球统一标准，美国当然是想领导这一趋势，而不仅仅是追随。

企业会计状况的未来发展趋势，对投资者来讲是至关重要的。和美国国内所采用的会计规则一样，各种会计规则仍是衡量企业实际状况的有效方式。如果再建立起一种财务报告的真实诚信的审计文化，那么这样情况下全球会计体系会为投资企业带来更大的价值增值。因此，那些打算向国外进行投资的投资者们，应该意识到这种价值差异，并关注监督这种全球范围内的改进程度，不管它们为你提供了一个机会还是一个陷阱。

管 理

在欧洲内部，针对欧洲的一体化努力爆发了周期性的抵制活动。例如，欧盟发布了13个条令，目的在于在一体化进程中，通过该法令能为各成员国建立一些新的跨欧洲型企业，而不仅仅是对国内企业的替代。这些法令至少提高了地区性的一体化。但遗憾的是，这些措施中没有一个是当前欧盟要优先发展的重点内容。

在一些情况下，特别是在欧盟成立初期集中效应还很显著的时期，让员工代表进入公司董事会的做法偏离了原先计划的进行企业集中管理的初衷。这些抵制行为中，有很大一部分来自英国。因为在过去几十年中，英国国内就一直在争论到底是应该继续采取美/英联合模式还是采取欧盟联合模式，才能让英国有一个更光明的未来。尽管英国立场的不确定给欧洲一体化带来了极大障碍，但在国内，它是利用这两个模式实现国内统一的。

美国的企业管理最初源自英国的传统，后来进行了改善。现在，轮到英国从美国引进这些改进后的原则和方法。英国在1992年发表了企业管理方面的卡德伯立报告（Cadbury Report）（该报告的1998年最新版本被重新命名为哈姆派尔报告——Hampel Report），在该报告中，英国试图确定到底什么样的行为是跨国公司的“最佳实践”，这就要引入美国在企业管理方面的技术创新方法，其中一些我们将在下一章中讨论。

英国在欧洲的重要角色以及它与美国企业管理之间的联系，带动了欧洲的大陆模式朝美国的市场模式接近。法国的经验教训是一个具有刺激性的例子。从历史上来看，法国的企业管理一直采用托管人模式和财务仲裁制度。与此同时，由该国制订的产业政策明确界定了法国资本主义制度的发展范围，这样做的结果是法国企业的平均规模要小于其他资本主义国家企业规模，而且它的产业发展所需人才并不是从行业内部培养，而是由行业外部引进。这种制度环境限制了资本市场的发展深度和它的监管能力。

现在，法国模式也开始追随全球化和自由化趋势。这种修正，使得法国模式更接近于市场模式，在私有化的不断努力下，法国放松了以前紧抓不放的产业控制。另外，企业小股东的数量快速增长，继英国之后，法国也开始在国内推行基于美国模式的管理方法改革。而且审计和薪酬委员会也包含在法国企业董事会当中，占少数地位股东的作用越来越显著，在数量和质量两方面的优良的信息交换，加强了企业经济活动的透明度。

类似地，日本也开始朝股东—市场模式发展，不再像以前那样奉行长期雇用制和水平协作生产方式。日本越来越认识到利润最大化战略的实际效果，与以前各种措施所提供的保护，实际上是一致的。越来越多的日本工作者——特别是年轻一点的工作者——都认为他们并不想一次性在一个雇主那里干上 10 年或 20 年，更别说是在某一家公司签订终身雇佣合同干上一辈子了。

美国企业管理也是不完善的，这一点在以后几章中我们可以见到。美国企业管理所依据的基本原理是相当完美的，但是仍可以从别国的管理中学到很多东西。对于那些想在国外创立企业参与全球竞争的投资者来讲，认识到这一点是十分重要的。

合并和收购

在 1999 年初发生的反对敌意收购战中，英国沃达丰公司与德国曼尼斯曼公司之间的争斗是一种美国方式的合并活动。在法国，Banque Nationale de Paris 公司出价 380 亿美元，要恶意收购该公司在法国的两个主要竞争对手，Société Générale 公司和 Paribas 公司（最近这两家公司宣布它们将自主地计划将两家公司合并）。在意大利，Olivetti 公司开出 600 亿美元高价，企图恶意收购它的主要竞争对手意大利电信公司，而后者则采取了一系列卓有成效的防守战术来反抗这项收购计划，其中战术之一是寻找“白衣骑士”，把德国的 Deutsche – Telecom 公司作为联盟伙伴。

在另一个跨国收购战役中，法国的 LVMH Moët Hennessy Louis Vuitton 公司展开了一项耗时甚久、争斗激烈的战役，企图获得一家名叫 Gucci 的位于意大利的荷兰公司的企业控制权，而 Gucci 公司也对这种恶意收购计划做出强烈的反击和斗争。1999 年中期，TOTAL – FINA 公司对 Elf Aqvitaine 公司进行一个敌意出价，意欲收购后者，这个巨大的变动甚至惊动法国的工业和政府机构。这些种类的交易活动，无论是在进攻还是防止的方式方法上，都采用了美国在企业合并行为中惯用的方式方法，这在欧洲来说是从未有过的事情。

大量友好性的全球联盟加强了这种市场模式行为在欧洲和日本的传播。最出名的是戴姆勒与克莱斯勒公司的合并，通过这种合并把汽车行业各种跨国业务活动联合在一起，而这在以前被认为是不可能做到的。汽车业的行业总生产能力大约为年产 7000 万辆汽车，而一般平均的年需求量最高只达到 5000 万辆；因此，在全球 40 个主要汽车制造商只有大约 10 家是盈利的。这种情况导致的结果是：福特购买了马自达公司的控制权；雪铁龙公司获得了英国的罗尔斯·罗伊斯公司；Renault 公司买入了韩国的大宇公司和日本尼桑公司的 1/3；戴姆勒—克莱斯勒公司也买入三菱公司 1/3 股权。

也有许多其他行业，整个行业都处在类似的全球联合的发展边缘。在图书出版业，德国的 Bertelsmann 公司加入由其他欧洲和美国同行组成的联合冒险行动计划；Gucci 在抵制了 LVMH 公司对它的恶意收购之后，自己又收购法国的 Yves Saint Laurent 公司；Deutsche 银行购买了 Bankers Trust；英国石油公司买入了 Amoco 公司；Nabisco 公司和一家美国公司联手收购英国的 United Biscuits 公司，结果因法国、德国和英国银行财团的阻挠而告失败。因此，从公司角度来看，上文提及的和大量未提及的英美企业合并收购案例，都在实际操作和目的方面，具有惊人的一致性。

几乎没有什么其他方式可以让公司董事会比采用合并收购方式更快速地破坏股东价值。随着全球化进程的不断深入，出现了更多的交易机会。其中有的机会是令人向往的，有的则不然。因此，对这个领域的活动和发展保持密切关注，对投资者来讲是至关重要的，这部分内容在以后还将被强调。

资本市场

欧洲股票市场总体资本化价值超过了美国纳斯达克市场的总体资本化价值，是纽约证券交易所总资本化价值的一半多。（当然，总资本化价值，即总市值，在短期内是不断变化的。在2000年初，上述三地的总市值分别为7万亿美元、4万亿美元和11万亿美元)。

1998年7月，法兰克福证券交易所计划与伦敦证券交易所合并，允许对方的上市股票可以在本方交易所进行交易。法国对两者结盟把自己排除在外很不满意，也很快获许加入法兰克福—伦敦联盟（尽管法国只占联盟20%股份，而两个创始者分别占40%股份)。在法国宣布它也加入到这个欧洲新兴的交易平台当中之后不久，米兰、马德里、阿姆斯特丹和布鲁塞尔证券交易所的官员们也纷纷做出同样的回应，渴望加入到这个联盟中来。

由于这个欧洲联盟在达成共同交易系统方面存在一些困难，该集团选择了这样一种方案，允许在各个交易所之间进行股票交易。在各方谈判者进行不断努力的同时，曾经受到冷落的法国证券交易所利用这个拖延，与阿姆斯特丹证券交易所和布鲁塞尔证券交易所签订了合作协议。这3个独立市场的联合被称为Euronext，它夸口说这个联合市场的资本总额超过整个欧洲市场总值的1/4。

在这个Euronext集团精心打造联合市场之际，伦敦和法兰克福证券交易所达成了合并协议。这两个交易所集团也允许在对方市场中交易己方上市股票，这两个交易所集团宣称它的市场总价值超过了欧洲总值的1/2。这几项交易的完成，并不预示着欧洲市场的联合已经完成，在欧洲大陆，还存在许多未被加入到联合体的交易所。

美国的“全国证券商协会”（National Association of Securities Dealers，简称NASD）建立了它自己的纳斯达克欧洲股票市场，该市场与欧洲的两个交易所集团有着很强的联系。这表明朝建立一个24小时交易的全球化股票市场的努力又取得了一个关键性的进展，其中也包括与NASD类似的纳斯达克日本市场。纳斯达克日本市场的建立，得到与大阪证券交易所有很强联系的日本软银集团的大力支持和合作。所有这些举措，都以一种令人生畏的方式迫使这些市场走向一体化，对各方面产生了重大影响，体现在财务、会计、信息披露、企业并购、管理以及最终投资者期望和管理绩效等诸多方面。

交易所联合的结果是股票上市和交易在各交易所之间的相互渗透。很长时间以来，外国公司一直在努力推动其股票全球上市，其中以1993年戴姆勒—奔驰公司股票在纽约证券交易所上市所取得的成就最为显著。这种努力一直未被放弃，也取得了一些成功。在Glass - Steagall法案被撤销以后，瑞士银行UBS向证券交易委员会申请在纽约证券交易所上市，该银行希望用在美国股票上市所获得的资金来购买一些美国的金融服务公司。

SAP，是德国的一家有着25年历史的软件公司，1998年8月初，该公司在纽约证券交易所上市，而它首次在法兰克福证券交易所上市还是10年前。SAP公司最出名的是该公司创造了“美国式的增长率”和“美国式的利润回报”。SAP公司高层把股票在纽约证券交易所上市，看成是超越法兰克福股票市场成为跨国界大公司的标志，因为该公司中汇集了大量不同的管理模式。

国际化证券交易集合的明显表现标志是建立了用做期权交易的国际证券交易所（International Securities Exchange，简称ISE）。这交易所是一家网上经纪公司，从事网上交易活动。在Adirondack Trading Partners公司的带领下，一大群代理交易商投资近8000万美元建立了这个完全电子化的期权交易所。该交易所以低交易成本来吸引客户，同时跨越地域界限在各国之间进行电子化交易。

投资者在听到这些好消息同时一定要保持冷静，不要忽略资本市场是怎样形成的——交易以何方式达成，由谁来做，成本多少，哪些时间阶段会显著影响价格波动性冲击市场效率。同样重要的一点是，交易所的交易规则中常常指明了对上市公司的会计要求，因而跨国上市越容易就越可能减少上市公司财务报告的真实性和准确性。

最新的边界信息

在各种跨国交易中一直存在着一项实践上的障碍，这个障碍与交易方的可能信息的性质和数量有关。在像美国和英国的市场模式国家中，信息的价值可能更多考虑的是在那里设定的对象目标，这些国家采用了一种把真实的公开信息记录作为智力资产来处理的系统。已经充分发育的证券业和企业并购业加强了这样一种信息文化。

买方和卖方都认识到获得信息来进行正确估价的必要性，和通过契约性保护措施来进行保密的必要性。卖方为了满足这种需求，要在交易达成的最初阶段执行保密协议，并在与买方在协议达成之前为买方提供大量真实的资产数据。

欧洲和亚洲国家的文化与美/英两国的市场模式形成鲜明的对比。在欧洲和亚洲国家里，获得财产有关记录的途径是很有限的，而且信息被严格地加以保护。卖方不愿意让潜在购买方知道企业信息，担心对方一旦发现一些不喜欢的东西，如保护卖方的保密协议等，会放弃这笔交易。这种情况在美国和英国就绝不可能发生。欧洲和亚洲国家这样做也是比较合情理的，因为这些国家执行这些协议的法律执行系统不是十分发达，卖方对买方能否保密的担心并不是多余的，而是很必要的。

在沃达丰和曼尼斯曼公司的争斗中，文化差异是十分明显的。曼尼斯曼公司就对这种发达的法律执行系统能否严格执行协议清除卖方的疑虑表示怀疑，并提出法律诉讼。该公司把沃达丰的咨询方——美国高盛公司告上英国法庭，要求高盛公司不得以该公司以前所掌握的曼尼斯曼公司的信息（包括一些机密信息）来为沃达丰提供咨询意见。英国法院对这项诉讼进行了简单的听证就立即驳回了提案，并认为曼尼斯曼公司的这种诉讼请求是很不值得一提的，很愚蠢。

同样地，对相关信息的理解也随各国所采用模式的不同而不同。在市场模式中，特别是在美国，披露可能的环境变化或退休人员的福利安排是种受人尊敬的举动。其他国家只是在最近几年才开始对环境加以管制。另外，许多传统上对社会安全系统依赖性很强的国家，都忽略对私人利益的关注和考虑（即使是在像德国这样的国家，它的这种欠债也是十分惊人的，并未得到很好的解决）。

美国企业披露的内容要远远超过欧洲和日本企业。美国联邦和州法律，还有股票交易所规章，市场的压力和期望等，迫使美国企业向股东和其他利益相关者披露大量的各种信息。其他国家对信息披露的要求是很有限的，效果也不怎么好。

随着像戴姆勒—克莱斯勒公司和SAP这类多样化的全球集团不断在美国和世界各地的股票交易所上市，这些企业将会发现它们必须要服从美国式的信息披露要求，这一方面源自于管理规章的要求，另一方面也是迫于市场期望和需求。由于各企业在完成跨国交易时需对信息进行披露和评估，因为企业对正式信息披露的要求会看得比较重要，这些要求也出现了许多变化形式。事实上，市场参与者最终将会发现美国/英国式的信息披露要求与许多国家现存企业的惯用传统是一致的，特别是德国。因此，扩展全球企业法条文，对这些披露做出规定性要求看来是可行的。

社会管理机构承担了这种责任。证券交易委员会正在同“证券佣金国际组织”（International Organization of Securities Commissions，简称 IOSC）合作，开发一系列非财务报表披露的国际性标准。这些努力对跨国公司来讲是个绝对的好消息，这样的话它们就可以用一个独立的全球化披露标准走遍天下，更有利于它们跨境融资和上市。证券佣金国际组织发布许多新的规定，它们与现金交易和普通权益证券的出价和上市有关。该组织正在努力把这些规定也应用到证券交易所的出价、企业合并、私有化和其他联盟交易身上。

在当今全球化市场当中，高质量信息对聪明的投资者是至关重要的。伴随着更多的国家以企业和投资文化为基础来发展信息，投资者要想忽视在互联网上堆砌的大量信息垃圾和非有用信息，变得越来越困难了。

发展的双向路

并非所有这些趋势都以一种方式来发展。在 20 世纪后半叶，美国的股东至上思想已被逐渐并且很显著地淡化了，企业价值由原来的股东独享转变为在从股东到员工的各种利益集团之间进行重新分配。过去，企业员工除了工资单和辞职权（或被解雇）与企业有一定关系外，并没有什么其他利益关系，但是在现在，员工与企业之间除工资单之外毫无利益关系的企业，已经很少见了。

员工们现在会向雇主要求更多的利益，包括带薪休假、病假工资、要求安全性和反歧视的权力、医疗保健计划、中止合约权力、退休福利和养老保险等。所有这些要求都要花费大量金钱，而这些钱在过去被认为是企业股东所有的。更有甚者，有一点自相矛盾的是企业员工也可以成为企业的股东，而且与日本的发展趋势相反，美国员工在一个雇主那里呆得时间更长，也比过去显示出更大的对雇主的忠诚。

美国政府管理机构以一种莽撞的方式来追随国外趋势，最主要的例子是清除了投资银行和商业银行业务之间的障碍。这项决定是在1996年12月作出的，当时美联储增加了投资银行业务收入，商业银行也可以从投资银行业务中得到10% ~25%的补助。这个被称为“Section 20 subs”的规定宣告了政府对银行业务管理上的变化，这种变化在很大程度上促进了投资银行和商业银行的合并，与历史曾强调的分业经营思想恰好相反。1999年11月，Glass - Steagall法案的撤销，加剧了金融业的重新联合。

美国的诉讼体系并不受世界其他国家所仰慕，这个体系鼓励股东更多地以行动反动管理层，并对他们提出诉讼。与此相反，绝大多数其他国家的法律体系都对这类诉讼加以严格限制。尽管无明显证据表明美国的这类诉讼案会大幅减少，但毋庸置疑的是立法者已经开始想要控制诉讼滥用的发生，要减少其数量。例如，1995年颁布的“私人证券诉讼改进法案”，就通过在法律中过滤掉一些愚蠢的诉讼请求，而极大地减少诉讼案件的发生，并对证券法律做出了修订。

上文的分析，预测了企业管理模式将在参与者和财务特征两个方面出现交叉混合。这些模式并对所有权提出特别要求。各种力量正在推动这些模式朝一致化方向发展，将出现的新模式也不会要求所有权定位。确实，就这些改变对欧洲企业管理造成的可能影响来看，统一化不仅不会加强管理法令中对谋求更多股东利益的要求，相反还会稀释这种要求。因此在全球市场中寻求所有权定位变得比以前任何时候都更加重要。

巴菲特告诉我们说，他从投资中所学到的最有价值的教训是意识到了具有企业所有权的管理者的重要性。这个永恒教训的价值在全球化市场中将会以几何级数增长。当然，巴菲特还强调说，既然管理者的水平会对你的投资收益造成很大影响，因此对于在你的能力圈内的优秀企业，你永远都不要把它抛开或找个替代品。他说：“**一个好的管理记录（以经济收益来衡量）更多的是源自你所登上的企业那艘船的功能如何，而不仅是你的船划得如何出色（以智力和努力在对企业选择做出判断。尽管这也有一定作用）**。”余下的几章，将重点讨论如何识别出那些将获胜的管理者。

第十二章

规则与信任

投资者要把他的财富委托给别人进行投资，那么难道投资者不应该对委托那个人的能力和正直诚实有一个很高的信心吗？当然这是一个很基本的要求。但是怎样才能评估出这种能力以及该人是否正直诚实，是需要一些技巧的。

在本书第二部分内容中，格雷厄姆用数量分析的方法来解决这个问题，用企业的各项财务指标来评价管理者的能力和个人品质。如果企业的这些数据年复一年一直看上去很好很令人满意，很容易让人相信以后年份也将会是这样，这种状况表明管理者是有能力的。

许多投资者，包括沃伦·巴菲特在他刚进入投资业的头几年中，都因为忽视了对管理层正直诚实品质的关注而遭受了极大的教训。毫无疑问，如果企业的各项财务数据看上去十分优秀并且是准确的，那么这个企业的管理者可能就是很有能力而且值得信任的。如果这些数据看上去很好，但却是不准确有误导他人之嫌的，那么管理者可能就不具备能力或不是正直诚实的。巴菲特这样告诫我们："从长期趋势来看，那些在会计报表上施加压力做手脚，让其超越企业经济本质的管理者，通常是能力低下的或不诚实的，两者必居其一。"

因此，正直诚实是投资选择中的一个额外的独立性因素。是否存在一种合理的方式可以考验管理者的正直诚实呢？巴菲特认为关键是要向那些你所"喜欢、信任和钦佩"的管理者投资。巴菲特检验一项投资是否满足这个要求，看的是这个企业的管理者是否是"你愿意把女儿嫁给他的男人"。

这个形象的“女婿”标准对我们有帮助吗？严格来讲，这个标准只能帮助我们避开那些我们不愿意见到、不愿意与之共进晚餐的人。但是这种处理方法的实际意义要远远超出我们的想像。

12.1 家族管理者

所有的商业交易都以彼此之间的相互信任为基础，这种信任一般也总是存在的。合同可以帮助我们约定并保护各自的权力，但这样做的话一般是在合同中加入一项条款或声明，要求对方能按承诺或约定来履行合同。合同也通过帮助人们抵消未来可能发生的风险而减少商业交易和投资的成本，但这只在交易对方能真正遵守合约的条件下才有效果。

商业中的信任深深地扎根于家族关系中，因此来看，“女婿”检验无疑是有意义的。对管理者的“女婿”检验和企业本身之间的联系强弱，与企业发展历史长短是相一致的。绝大多数企业创业之初都是以家族式企业起步，以后在几十年或几代人的时间内，企业规模不断发展壮大，创业者的亲属们也逐渐加入到企业的各级管理层（一般情况甚至包括女婿的加入。这类例子很多）。在许多情况下，企业的迅速发展促使家族企业逐渐放弃对企业的控制权，企业也成为一个现代化的企业。这类情况曾在杜邦公司、麦格劳-希尔公司，还有不计其数的其他企业身上发生过。

以前的家族企业转变为现代企业之后，掌权的就不再是父亲、祖父或女儿了，而是职业经理人组织，这样做创造出了企业控制权的分散，建立了一个制度化的企业组织结构和各级的专业管理机构，最终结果是使企业的所有权与经营权相分离，由股东来监察管理者如何经营企业。而现代企业中信任的标准和价值，与家族企业并无二致。

对单个投资者来讲，能和绝大多数主要企业的首席执行官坐到一起并相熟悉，几乎是不可能的。但正是这些企业高层管理者们每年向股东发表公告，也定期对企业状况做描述。在这些文件中包含了反映他们的可信任程度的线索，管理者的个人言行会揭示出他的性格特点（第十四章重点讲述这个问题）。

你信任一个管理者，认为他要做什么呢？问题的答案来自于把他作为你的管理者，考虑一些几乎从未做过的事情。人们经常谈论他们的经纪人，他们的会计师、他们的律师，却从未（或极少）谈论他们的管理者。然而事实上，企业管理者为你的财富所做的事情，不少于你的那些合作伙伴。

那么你的管理者应该做些什么呢？对于你——企业的股东来说，你的管理者应该经营企业为你带来利润，处理大量的并且经常与你冲突的企业其他利益者的利益。这是经常被人们忽略的另一个关键问题。投资者的想法与管理者的想法经常是有分歧的，在这种情况发生下，投资者的利益就会受到损害。

管理者以权益资本或股票等形式，吸引社会投资来为企业筹集资金。投资者要么被管理者认为是企业的合伙人，要么只作为消费者。

在作为消费者看待时，投资者被认为是具有一定口味和偏好的，这种口味和偏好反映在管理者能卖出的企业股票和其他证券的价格当中。绝大多数的这类投资者从不或极少关心企业是如何经营的，甚至企业的管理者是谁都不知道（除非是每年选举董事会成员）。

这样的投资者是企业的陌生人，他们的利益附属于企业整体的利益水平。例如，在这样的企业中，管理者会从企业整体利益出发考虑股息分配的税收效应，或企业的并购交易，而不是从单个股东的利益出发考虑。

与此形成鲜明对比的是，单个股东的发言权对具有企业所有权的管理者更为重要一些。这样的管理者把投资者看成是企业的合伙人，是企业的成员而不是陌生人。选举董事会成员是小股东发挥发言权作用的正式形式，但更多更令人关切的是以所有者利益被考虑进去的方式来参与的。这些企业的管理者在考虑企业像股息分配和各种交易的决策时，以投资者利益为出发点，而不是或至少不完全以企业利益作为考虑的出发点。

家族企业或其他较小的私人企业的管理者们，更容易采用企业的所有权导向方式，而大型的公开上市公司的管理者们更易于采用与它相反的方式。聪明的投资者们，应该把自己的财富投资给那些按照投资者的想法来行事的企业管理者，而不管这个企业规模有多大或它有多少股东人数。

12.2 各种有局限的管理方法

全球化企业在管理上的现状，意味着企业董事会和管理层可以为企业许多利益相关者的利益来经营企业，而并不仅仅为股东谋利。法律也允许管理者在从股东导向到其他相关者利益导向的范围内，自由地按他们个人的想法来做出经营选择。企业分析的一部分内容就是要评估管理者采用股东导向的程度如何。

决定这种股东导向的来源有许多，可能在美国会更多一些，但在整个世界的发展过程中其他国家也在不断增加这种来源。在美国，联邦和州法律，以及股票交易所章程和公众对市场施加的压力和期望等，迫使企业必须向股东和其他相关人员披露相当多的各类企业信息。

许多企业的做法甚至超出了这些要求，它们在公司网站上登出了大量信息，你可以从像标准普尔公司，Dun & Bradstreet 和 Robert Morris Associates 等权威性的行业分析机构那里获得大量高质量而且可靠的信息，也可以从联邦交易委员会这类的政府机构中获取信息。只要你肯想肯做，总是有许多途径可以获取企业信息的。

对这些信息的筛选，要考察作为股本资本管理人的企业管理者。利用这种方式可以找出最好的企业管理者——他们在以企业所有者角度来制订各项决策；他们对股东持合伙人的态度来看待，把股东作为企业的成员而不是陌生人。这样的管理者，投资者是愿意与之为伍的。

然而，即使是股东导向的管理者，有时候他们的利益也会与股东的利益发生冲突。因此我们必须多方努力，识别出那些具有化解冲突能力和管理上的代理关系的那些人，也就是具有亚里士多德式的伦理修养的那些人，并向他们投资。

从企业中探查出能反映所有者导向管理方式的指标，其困难程度丝毫不亚于从企业财务报表中探查出企业的财务绩效或管理绩效，甚至企业价值的困难程度。但是只要我们努力去做了，这项工作就一定有意义有价值。

困难与可能性并存，因为法律中对企业管理方面的要求极少。值得肯定的是“联邦证券法”中对企业加入了许多深入披露责任的要求，尽管这些披露工作在有活力的市场经济体制中，可能会由企业自愿地去完成。还有就是各州法律中加强了对公司董事和管理者的责任要求，但这些责任都是松散和一般性的。有些法律规定和禁令，要么是太正式应该加以改进，要么就是对实际活动并无意义，应该改入企业法或企业有关文件要求中去。

企业也不必硬性采用哪种管理方式。绝大多数企业管理方式变革的拥护者，赞成朝强制性的所有者导向方向发展，通常描述为把管理状况与股东利益联系在一起，加强对公司首席执行官业绩的监督和考察。但是，如果一个企业需要采用这些机制来创造出所有者导向的经营方式的话，那么该企业的评估价值也要被相应地打个折扣。

多数企业进行的管理方式改组也没有解决管理方式的问题，一些变革甚至加剧了原有的问题。无论如何，机构投资者和赞成这种变革的股票持有者们已经向周围散播了大量与企业管理方式有关的政策信息，绝大多数用来促进所有者导向的管理方式的建设。但正像造假现象困扰财务报表一样，这些变革也带来了管理上的混乱。

在过去几十年中，最流行的管理思想可能要算是引入独立董事制度。全国企业董事协会（the National Association of Corporate Directors，简称NACD）和许多机构投资者，包括Calpers和TIAA－CREF等，促使企业董事会中至少要包含过半数的外部董事，这些外部董事并非企业员工，与企业没有任何合约关系。这种管理思想认为通过独立董事的引入，可以加强企业的管理状况，使之经受得住各种检查。几乎所有主要的大公司都采用了这种制度，《财富》杂志评选出的1000家大公司中，近90%公司董事会中外部董事人数超过了一半。

然而，这些建议是建立在直觉而不是严格分析基础之上的，它认为企业管理者一定需要引入什么东西才能加强管理，并且认为董事们能起到看门狗的作用。这个假设正被几项研究的结论所推翻。这几项研究显示，与设想的利用独立董事制度加强企业经济绩效目的相差很远，实际中董事的独立性程度与企业的财务结果是一种负相关关系。

这并不是说引入一些或许多独立董事是不可取的（例如，巴菲特就认为企业绝大多数董事都应该是企业外部人士)。但是也没有理由仅仅因为它们存在而对其高度赞扬。遗留的几个具有重要意义的问题是:(1)由谁来担任独立董事?(2)这些独立董事们给企业带来了什么样的价值?与此让那些靠国际外交手段或手中职权成名的人做独立董事,倒不如让具有深厚行业和管理经验的财务官员加入董事会。把独立性作为样板来加以推广,这是不可能实现的事情,只是一个空想而已。

正确的做法是选择那些对企业业务熟悉、对这项工作有兴趣,具有所有者导向思想的人来做企业董事。要避免的做法是选择社会名人做董事和未按基本的原则来选择董事,如只为了增加董事会构成多元化或借机出名等原因。

许多企业采用的另一个流行的管理趋势是把企业首席执行官与董事会主席的职能分割开来。这样做的理论基础同样是独立指令原则,要求首席执行官有权审查董事会行为和决议。《财富》杂志评选出的1000家大公司中约5%的公司采用了这种方式,并且各自的理由都很充分。

作为一个经验性处理,绝大多数证据显示做了这种职能分割企业的绩效表现并不比没做分割企业要好。而作为一个抽象的事情处理方式,对企业这种职能分割的做法很难给出赞许的评价,因为这种做法实际上是赋予了首席执行官一个监督审查权力,但问题的关键在于首席执行官本人有可能是不可信任的。另一方面,对那些首席执行官不足以令人信任的企业来讲,这或许是很好的一步操作,它看起来更像是企业高层管理者是否正直诚实的一种考验,是向投资者发出的远离该企业而不是加强对其投资的一个很强烈的警告信号。因为,只有傻瓜才会相信信任是可以被购买或建设的。

然而,这种变革的一方面还是有意义的,许多企业采用这样一种变通形式,设定了一个非执行性的董事会主席,由他来行使一些像评估首席执行官、评估董事会和董事等职责。毕竟,让首席执行官去评价他自己及所领导的董事会,难免会存在自我掩饰或鼓吹的风险。因此,用一个企业外部独立的评估者来评估这些人和机构的业绩,可以比较公正客观一些。因此采用这种方式进行管理的企业受到普遍的赞许。

企业董事的独立性经常受一些委员会的激励而产生,尤其是审计委员会经常会有这种要求。审计委员会的独立性与美国企业审计的实际情况相一致，美国企业所请的审计公司必须是独立于企业和它的管理层之外的。薪酬委员会的独立性则反映了这样一种逻辑考虑——由非执行性的监管者来执行对首席执行官和董事会绩效的评价功能。

但是对于其他的如任命委员会、伦理道德委员会和管理委员会要求的独立性问题，它所引起的争论和独立性本身一样多。如果一个企业需要这类东西，那么这个企业无论如何也会存在一些问题。即使企业拥有各种独立性的董事委员会也不能确保由此引起的问题会减少或消失。

常见的做法是对企业首席执行官和其他董事们进行定期的、正式的评估，这种做法看上去是合情合理的，值得表扬。然而，为维护对这种做法的赞誉，对企业首席执行官的评价应该在执行官本人不在场的情况下进行，这是一种不容易做到，也不常见的一种做法。具体执行的一个更常见方式是在首席执行官不在场的定期董事会议中，对首席执行官顺带做出评价。这种做法是巴菲特发起并极力提倡的。这种做法是值得信任的，不是对首席执行官的无端猜疑，而是一种独立进行的审查。

在现实中，经常散布着一些对改进董事会工作程序的断章取义的胡说，这些都是对事实的无谓曲解。而有一些要求，如要求快速反应的质量信息流、要求管理原则的公开声明、要求所有董事们全面有效的参与程序等，这些要求看上去都是无稽的空谈。因为这些行为只是良好经营企业正常经营活动的一部分而已。要对这些行为加以赞扬，就如像要对懂得篮球规则的裁判额外奖励一样，根本就是多余的，因为这些都是他们分内的责任。

其他一些常见而十分奇怪的规定，就如同美国外交政策一样愚蠢。例如，规定对董事的任期限制。为什么要让一个好董事停止他的工作，而原因仅仅是因为他已做过一定时间董事？再例如年龄限制，就更说不通了，但是，《财富》评出的1000家大企业中，有近40%的企业都对董事人选的年龄做出限制。

那些对董事任职做出年龄限制（比如说不超过65岁，或70岁）的企业，这样的做法并非明智。举例来讲，当“先锋”基金主席约翰·伯格（John Bogle）先生按照基金法律规定，在他达到70岁的退休年龄而主动离职时，人们可能会对伯格鼓掌表示欢迎，但是是否先锋基金中没有了约翰·伯格和其他更老的正直的聪明人，表现会更好呢？未必。再比如说，如果在迪斯尼公司董事会18位成员中有5位是70多岁的老人，而这5个人又是十分懂行的企业领导者，他们可以提升公司股东利益的话，那么让这5个人继续担任公司董事又会有什么关系呢！

企业管理活动政治化的极端是强调董事会组成成员的性别和种族多样化目标。但是多样化本身并不是一个值得称道的企业目标，它本身没有什么意义。这个目标就像小心翼翼创立并维护股票投资组合多样化一样，是不适当、愚蠢和脱离问题本质的。企业最终可能会实现这样完美的目标，但即使这样的话，这种实现也只是谨慎地把企业注意力集中在基本面上而不是名声上的结果，并非其实现原因之一。通用公司董事会成员中有两位女性和一名黑人，但这并不说明这种构成有什么重要作用或意义，除非这几个人能给企业股东带来价值增值。

上述各种建议存在的问题是具有普遍性的。适用于福特公司的东西，并不一定对通用公司也是好的，而适用于这两家之一的东西并不一定会适用于宝洁公司，E-bay公司或Hershey公司。每个公司的特定情况决定了它们应采用不同的管理结构和管理分析方法。各种良好的赞誉只能给予那些本质上经得起逻辑推论的管理方式变革，如董事会在首席执行官不在场情况下对其管理业绩做出评价，或拥有独立性的审计委员会。

除此之外，这些一般性的管理原则并没有多大用处。对它们强调过多，会产生一些误导。你固然可以把你们期望的各种管理方式方法加入董事会中，但如果首席执行官或其他企业强权人物缺乏正直诚实的品质，那么这些方式方法就根本不会发挥作用。

12.3 常见的管理方式

如果一种管理方式能解决各种企业管理中存在的不尽如人意的问题，那么这种方法就具有一般性。这类一般性的管理方式有许多，其中最重要的一个是董事会要积极参与企业的经营管理活动，提高企业的业绩水平。这是具有重要意义的，经验研究也证实了这种直觉结果。

在所有管理结构中的一个关键问题，是董事会的规模问题。企业必须保证一个最少数目的董事人选，这样才能保证企业的各项决策是深思熟虑过的，是经过多方研究讨论的结果。假如说最少人数应该为6人，那么，董事人数越多，董事会的管理能力就会越小。在企业中实行倾斜的政策是有重要作用的，通过倾斜性的管理结构可以让各种思想和资源更快速流动，正如通用公司出售西屋电器公司所显示的最终效果那样。人数少的董事会通常容易形成这种倾斜式的管理团队。

类似的一个问题是单个董事同时任职的董事会数目。某个董事在各种公司中承担的责任越多，则他对其中每一个公司的作用效果就越小。如果一个董事只任职于两家企业，而这两家企业又有很强的关联性，他本人也很有经验，那么会给这两个企业都带来价值增值。例如，美国前参议员山姆·尼恩（Sam Nunn）同时在6家公司董事会中任职（包括通用公司、可口可乐公司和Texaco公司等），在其中一家公司的工作可能会让其他几家从中受益。但同时效力6家公司，要让他的工作在每家公司都十分有效，这怎么可能呢？弗农·乔丹也同时服务于多家企业，但他因此受到外界一致的批评。批评理由在于尽管他本人十分有名而且令人信任，但在触及到权力之后，他是否还能对公司做出有价值的事情呢？企业需要的不是他的名声，而是他的能力和人品。

所有企业应该注意的最后一个问题是企业高层领导的继任者问题。让一个公司对首席执行官的继承人做一个正式的继任计划是不必要的，但是董事会形成一定的思路和目标却是很重要的。麻烦在于，即使是很周密的计划也会发生变化，有时出人意料的继任安排会给企业带来惊人的好处。继任是一个企业对候选人进行判断的过程，董事会认为这种判断是很困难的，但这并不意味着设定好的计划就一定有效（关于这个问题，将在下一章中进一步讨论）。

所有这些企业管理中的细节内容，为我们提供了获得管理信任的线索。董事会成员与首席执行官是亲密的私人朋友，而执行官本人又缺乏坚固的商业背景是不行的；不能定期按规定对主要领导人的管理业绩做出评价的董事会，也是不足信任的。下面考虑一个新问题——公司的慈善性支出问题。如果公司大多数慈善性捐款是按首席执行官个人好恶来决定的，那么你就应该问一下自己，是否首席执行官把公司看成是他的私产，而不是作为股东的你的公司。在美国所有大公司中，哈撒韦公司是个独一无二的典范，该公司在巴菲特领导下，坚决反对公司管理层做出各种随意性的慈善支出安排，而按这种支付权力直接交到股东手中，由股东自己决定。

如果上述这些因素能暗示出较高信任程度的话，你在企业估价中就要降低折现率数值，而如果这些因素只表明一个一般性的信任程度时，就该提高折现率（如果因素表明企业不怎么关注股东利益，那么最好远离这类企业）。

在对企业管理方式展现出强烈兴趣的同时，我们经常会碰到下一个问题：网络公司的管理问题。有一些人认为传统的企业管理样板不适用于新经济企业。很难确定具体原因是什么，但在关于新旧经济模式的争论中，许多人认为造成这种情况的原因在于行业变化的速度、竞争的激烈程度、技术型管理人才的缺乏和报酬体系中股票期权的重要性。这些方面的不同，表明新经济不可能遵守旧的经济规则和经营管理方式。

这些争论是愚蠢的。以他们看来，他们认为在新经济企业和旧经济企业的管理方式上存在很小的差别。行业变化、竞争、懂行管理人才和刺激性报酬计划等，在所有企业中都是至关重要的。争论点应该集中在各类企业的各自平均规模上。规模小的企业，就比大规模企业更需要以正式方式进行管理（如由董事会评价董事长的业绩）。但这种争论只与网络公司的管理问题有关，更进一步讲，网络公司平均规模要小于非网络企业的平均规模，很难说在将来这种描述是否会正确。

对任何类型的企业，不论是新经济、旧经济还是未来经济、或别的类型，有一个关键问题总是一直存在的，即由什么构成良好的管理。这个问题的答案随企业不同而有所改变，包括企业可能归属的种类。不适用于非网络公司的管理模式，也不会适用于网络公司。

公平地讲，那些赞成为新经济企业制定新的管理规则的支持者们，已被放置到一个很奇怪的位置上（网络公司作为一个整体，既有相似之处，也各有特色），因为管理专家们一直在鞭打旧经济企业在管理方式上的一体化现象，认为现在流行的管理活动对网络公司并无多大意义（同样原因，它们对许多旧经济企业也没有多大意义）。

那么，不同企业的管理原则是否应该不同呢？对此问题花费太多时间是一种浪费。为什么呢？答案很简单。不同企业的管理原则当然会有所不同，但造成这种差异的原因并不是由于网络公司具有什么特别的特征，而是由于每个企业组织都是具有各自特色的，都是独特的。

12.4 股东的发言权

说服公司董事会听取股东意见，是一种理想化的企业管理方法，但它受到法律和实际操作中一些问题的限制。股东对企业的漠不关心和集体表决行动也限制了股东的发言权，但这只是问题的一部分。

绝大多数州的法律中，都要求企业要建立专门的程序来处理股东在年会或其他会议上提出的议案。证券交易委员会对此也做了额外的规定。作为一项实际内容，一般来看，企业管理层更喜欢见到那些能帮助他们取得股东投资代理权同时可以忽视他们的提案的规则。

"股东提案规则"的使用，使得许多主要大公司的政策发生极大的改变。例如，从20世纪30年代开始，该规则为加强股东权力做出许多贡献，比如说累积投票制度和会议报告公开等。

事实上，企业任何一位股东都有权要求在企业每年的股东投票权代理声明中，加入自己的提案。法律规定这样的股东必须拥有公司1%或市值达到1000美元以上股票，持有时间在一年以上。而股东提案的成本要由企业承担。

股东提案通常只由提名股东制订，企业当中的非股东利益集团利用这个提案来实现一些社会变革。社会政策倡议者利用这些提案，要求企业在报告中要考虑企业活动对环境的影响、种族和性别问题，以及人权行为。有时，这些内容是股东所关心的，有时并不是。

在过去的几十年里，股东和其他的利益集团无数次地使用这种方法。由于不实行股东投票的多数投票制度，那么参加提案的股东人数越多，该提案就一定会被通过。但是我们知道股东提案是由提名股东制订的，即使它获得了大多数股东的同意，公司管理层一样可以对它置之不理。因此，管理者通常会选择不执行获胜提案的做法。毕竟，如果管理层认可了某一项提案，他们就会立即去执行它，而不会等到各个利益集团进行投票表决之后才去实行。

比股东提案规则更重要的，是企业被接管的可能性问题。这种接管可以通过争夺股东投票代理权或通过股权收购方式来实现。在股东投票代理权争夺中，企业被接管的方式越传统，某个或某些股东就越可能号召其他股东一起通过选举新的董事长，来改变对企业的控制权。这些股东集团会为争取到所有股东的投票代理权而提供各种理由，由该集团代理行使投票权。这样的话，这个集团所说的话就很有分量了，就可以达到控制企业的目的。

在20世纪60年代末和70年代初之前，本杰明·格雷厄姆对股东以此方式来改变企业低劣经营状况时所遇到的困难，深表痛心（格雷厄姆本人对这些问题有切身体会，在他出道不久，曾参与过一场为争夺企业控制权而发生的股东代理权争夺战）。但是代理权争夺，在80年代开始进行的一些企业管理方式改革之后，变得更加容易进行并更有效果。这是60年代末70年代初兴起的代理权争夺发展的结果。格雷厄姆这样评价，“现在的董事会成员可能比以前更有活力和生命力，因为他们的基本责任就是要让别人看到公司有一个令人满意的高层管理团队”。

在整个20世纪80年代，美国企业发明了许多成熟的设计更合理的企业接管战术。其中最主要的是股权收购，即购买那些对企业管理状况或业绩不满意的股东的股份，帮助他们退出。这样做的结果是形成了一个企业控制权市场，这是股东真正具有发言权，对他们真正有意义的一种权力行使方式。因此，在这种企业管理变革发生之初，格雷厄姆所做出的论断，现在具有了更大的价值：“现在的股东们，会以一种开放的心态和特别的关注，来考虑那些不满意企业目前管理状况而想做一番改变的股东们所提出的投票权代理问题。”

第十三章
工作中的领导者

一个不断增长的常见现象，是美国企业中领导人承担过多工作任务，他们被要求做太多事情，必须疲于奔命，努力满足大多数人的相互矛盾的利益，诸如此类。对这种情况，有一个简单而充分的解决方法：即企业领导者只应该去做5种事情，并且要做好。这些被委托给企业董事会的关键工作是：

- 挑选一个有力的首席执行官。
- 设定企业高层管理者的酬资报酬制度。
- 评估企业接管情况。
- 进行资本配置。
- 促进财务报告的真实性。

这些工作最终是否能取得有效的业绩表现，不太取决于企业的管理机制，而取决于企业董事会成员的可信任程度。投资者应该对企业领导人（尤其是董事长）执行这些任务的效果加以密切关注，以此作为评估这些领导者把企业设定在什么位置上的一种方法，即看他们认为企业是所有者导向还是管理者导向，或是介于两者之间。管理者导向意味着企业管理者即使取得的业绩很差，也会获得丰厚的个人回报。股东导向情形揭示了企业迫于就业压力，保留了一些无效率的生产工厂，因而造成投资资本回报率很低。所有者导向则反映为优异的企业业绩，对管理层支付合理工资待遇，培育出有生产能力的工人和工作。

以管理者导向为例。问一下你自己，在前文讨论过的 AMP 公司抵制 Allied Signal 公司收购收价案例中，到底哪些人的利益受损了呢？AMP 公司股东们反对这项收购，很显然表明他们认为自己的利益被低估被忽视了。而 AMP 公司自己的原定计划是要提高企业的盈利能力，举措之一是裁员 9%，约 4200 个工作岗位，并关闭 10 家工厂。AMP 公司董事会最后可能会通过与一个友好商业伙伴达成交易协议，来服务于企业的利益，但是公司首席执行官和管理层无疑给董事会施加了压力，要求董事会抵制这些被所有会计师认为是有利于股东而不利于工人的处置措施。

判断企业处于哪种位置导向的最好方法，是调查企业主要领导者解决他们主要工作任务的方法。密切关注这些工作任务，然后从中选出哪一家企业的董事会做得最好。

13.1 挑选企业管理者

企业的 CEO 设定了企业最高层的风格。在投资者要对一个首席执行官进行评价判断、决定是否把自己的财富委托给他进行管理时，一般要考虑的几个主要问题是这个 CEO 过去在一些事情上的表现如何，如与薪酬回报、企业购并和企业资产配置等有关事情。由于 CEO 在企业组织中具有独特的地位和作用，因而在确定 CEO 人选时，一定要特别小心。

沃伦·巴菲特指出，现行的衡量 CEO 业绩表现的衡量标准，要么是不充分的，要么就是容易作假，因此衡量 CEO 的业绩表现要比衡量绝大多数企业员工的表现困难得多。CEO 没有上级领导者，除了理论上公司董事会是 CEO 的领导者之外，但是，在评估 CEO 业绩表现时，董事会通常会设定一些障碍，妨碍了客观评价的进行，原因一方面是由于缺乏合理明确的衡量标准，另一种原因可能是由于经常在一起开会，CEO 与企业领导者（即董事们）之间互相了解熟悉，建立起了一定感情，因而不能做出客观的监督和评价。

董事会保持这种监督者身份是十分重要的。在对 CEO 的表现进行评价时，董事会的作用是十分敏感的，而遇到一些平庸的管理者时，董事会的作用要减弱许多。对于董事会来说，最容易做的是辞掉极差的经营者，最难做的是如何应付那些平平之辈。董事会的一项至关重要的职能是为企业招募具有极高才干的人才，制定出高层领导的继任计划。董事会的这种角色的重要性通常被忽略掉了，因此当企业 CEO 因故离职时，许多企业的董事会都会让企业原来的二号人物继任 CEO 职位（在 2/3 的情况下，公司都会这样处理）。这样做，意味着有许多企业的董事会不能正确评估企业组织变化的需要，和企业第一、二号人物个人能力上的差别。

当董事会允许现任 CEO 指定继承人时，很明显，董事会放弃了本应由它承担的挑选 CEO 人选的责任。而事实上，并没有充分的理由可以让人相信，在挑选 CEO 继承人这个问题上，现任 CEO 可以比董事会做得更好。因而，经常可以见到的结局是新任 CEO 在其任职不长时间后被解职。因此，当这种情况出现时，董事会的表现也应该大打折扣。

因此来讲，董事会仍然应该保持在 CEO 缺席情况下定期评价其业绩表现的责任。这种评价要比表面上看起来的复杂困难得多。不仅要评估 CEO 各项决策的短期效果，还要评估可能出现的长期效果。如果在评估中只注重短期企业表现，那样会迫使 CEO 们产生经营管理上的短视行为，只重眼前，忽略了企业的长远发展。这显然是一种损害股东利益的做法。

重新回想一下前文提到过的 Sunbeam 公司会计造假丑闻案例。Sunbeam 公司的 CEO，达恩拉普采用了一种攻击性的、命中注定要失败的计划，打算对病入膏肓的 Sunbeam 公司进行会计上的包装。这个恶劣的会计欺诈丑闻表明这种做法在本质上是愚蠢的。一旦可以明确地认定达恩拉普本人是一个极差劲的管理者的话，Sunbeam 公司董事会很容易就可以把他踢除出去。但不幸的是，在丑闻发生之前，达恩拉普只是一个平凡的管理者，因此董事会拿他也没有什么办法，只好听之任之，结果造成了丑闻的发生。

13.2　确定工资报酬

大量证据表明，美国企业高层管理人员的报酬水平与企业业绩水平之间是一个正相关关系。有些证据甚至显示，企业业绩水平与报酬中支付的股票奖励水平呈正相关关系。

即使这样，可以看出的一个很明显事实是，一些管理者实际收到的报酬总额要超出他们按管理业绩所应该获得的数额。因此，投资者要密切关注企业管理者的掠夺性的报酬水平。

报酬水平

谈到高层管理者的报酬水平过高这个问题，并不是说要按企业员工最低报酬水平的一定比率来设定一种管理规则，限定管理者报酬的最高水平。实际上，Ben & Jerry's 公司在公司创立头几年中做过这种尝试，规定创始人和主要企业领导人的报酬水平不得超过企业最低工人工资水平的7倍。但是，一旦公司快速成长，企业迅速壮大，超出创始人管理经营能力所及范围，那么企业就必须从市场中招募精英管理人才来管理企业，因此对这些稀缺人才的报酬水平就超出了设定的界限。

如果说 Ben & Jerry's 公司早期的工资政策是坏的形势判断结果的话，那么后来出现的一些高数额的工资报酬水平就表明情况变得更糟了。举例来讲，Network Associates 公司的首席执行官在该公司的下属机构 McAfee. com 股票上市之前，获得了价值约为 700 万美元的股份，尽管 Network Associates 公司业绩表现十分糟糕而且 McAfee. com 还处于亏损未盈利状态中，但公司首席执行官个人仍然获得了巨额报酬。

在克莱斯勒公司与戴姆勒—奔驰公司合并的案例中，一个很重要的话题，是关于这两家所存在的巨大差异。这种差异，不仅体现在高层管理者的报酬水平上，也体现在公司最高水平报酬与员工最低工资水平之间的比率上。例如 1997 年，克莱斯勒公司董事会主席罗伯特·伊顿（Robert Eaton），当年获得的报酬总价值超过 1000 万美元，是公司工人平均工资水平的 200 倍还多，这个数额相当于戴姆勒—奔驰公司董事会 10 位董事取得的报酬总和。与之相比较，戴姆勒—奔驰公司董事会主席乔根·斯舍瑞姆普（Jurgen Schrempp），他的年报酬水平只有伊顿的 1/10，这个报酬水平约为戴姆勒—奔驰公司工人平均工资水平的 20 倍。

因此，在这两个企业合并时出现的一个重大问题，是合并后的联合体中该采用哪种薪酬结构。斯舍瑞姆普指出，已有的薪酬水平的差异，反映了两国文化上的差异，特别是德国企业中普遍盛行平等主义的文化特征，在企业的监事会中有工人代表来监督企业上下工资报酬的差距。他还预测说，美国的薪酬模式将会比较适合于新成立的戴姆勒—克莱斯勒公司和其他的跨国公司，其中只要做一点改动，要让高层管理者得到高额回报做法广为社会所接受，就要“把这些人的报酬水平与企业的业绩水平密切联系在一起”。

斯舍瑞姆普的论断反映了美国企业的夸张和张扬。美国企业和德国企业在管理上的差异还体现在许多其他方面，但那些差异显然不及公司高层薪酬水平之间的差异那么大。理解了这一点之外，你就应该知道，当斯舍瑞姆普说戴姆勒—克莱斯勒公司是“具备北美文化特征的第一家德国企业”时，他的主要意思是什么了。后来，伴随着斯舍瑞姆普在新公司所进行的改革的进行，所有有关这个问题的疑问都明朗了：斯舍瑞姆普在戴姆勒—克莱斯勒公司2000年4月的股东大会上，对薪酬体系中所采用的美国式的可执行期权做法做了改动，当然，其中一些内容遭到了企业的德国股东的抵制。

股票期权

10年前，企业管理变革和支持者们鼓动企业董事会在向管理者支付的报酬中，更多采用股票形式而减少现金支付数额，希望以此来加强管理者和股东之间的利益联系。这种变革造成的最终结果是十分可怕的，形象地做个比喻，有点像影片《泰坦尼克》中阿斯特夫人说的那样：“我要的是冰，但这太荒谬了。”

企业领袖们所得到的，是一个不断增加的报酬支付水平，尽管其中大量采用股票支付来代替现金支付，但是所支付的股票价值并不等于所放弃的现金数量，而是远远超出了管理者应该合理取得的现金支付额。在企业管理理论的发展历程中，以股票期权为基础的薪酬体系一直是最有争议性的主题之一。

有一些人认为，股票期权制度在美国的广泛使用，只是简单地反映出美国更急于加强股东与管理者之间的利益联系，是这样一个目标作用的结果；欧洲和其他地区对股票期权使用很少，这反映了在这些地区缺乏这种目标激励，或实现愿望并不是那么迫切。然而，加强管理者与股东之间利益联系的说法，只是一个虚构的神话，或者可以说它只是为了清除管理层工资中与股东利益相冲突的那些不良成分的一种努力而已（并未提到劳动者利益）。

股票期权的神话故事

没有任何证据可以表明美国现行的管理层薪酬结构在哪些方面可以加强企业管理者和股东之间的利益联系，让两者协调一致不发生冲突。事实恰好相反，大量证据已经证明：这种薪酬结构设计是随机性的。

许多企业为企业管理层提供股票期权，这部分期权价值的增加，只需通过收益留存就可以达到，并不需要对资本进行优良配置来提高企业经营业绩水平方式。通过对净收入的留存和再投资，管理者们不用做任何努力去提高资本收益率，就可以得到一个可观的年利润增长结果。

巴菲特对此做了总结，他说："即使你是躺在摇椅上管理经营企业，你也一样可以得到同样的结果。只需把 4 倍的资金存入到储蓄账户中，你就会使你的利润变为 4 倍。但这种做法，即使完成了原定目标，你也听不到什么赞美的声音。"

当那些情况发生时，股票期权实际上是在掠夺企业和它的股东的财富。即使是每股稀释利益数据，也反映不出这些成本。

即使股票期权可以鼓励持有者把自己作为企业股东看待，但实现他们所面对的风险与股东所面对的风险是不可能一致的。如果企业的经济绩效提高，股价上升超过了执行价格，那么期权持有者就会执行期权，同企业股东一样分享股价上涨的好处。但是，如果企业的经济绩效不怎么令人满意，股价一直低于执行价格的话，期权持有者就不会执行期权，这种情况下，股东会由于企业业绩不好而受损，期权持有人却不会。

而且，这种利益分配格局加剧了公司股票期权持有者（通常为高层管理者）与普通员工之间的利益不协调，增加了享受高工资的管理者与普遍员工之间在报酬水平上的差距，这种差异比率，在美国要高于欧洲和其他地区。因此，当企业选择使用股票期权来进行利益分配时，面对的对象应该是企业的所有员工（像通用电气公司的做法），而不仅仅限制在高层管理者范围之内。

股票期权的成本

采用股票期权来作为报酬体系组成一部分的直接成本，是它稀释了企业所有者的利益。企业对这种稀释所做的管理上的调整通常是回购流通在外的企业股票，这种解决方案吞噬了企业积累的资金。而这些资金很可能会创造出更多的利润。

采用股票期权的间接成本十分惊人，这主要来自于会计规划中并没有要求将员工持有的股票期权在损益表中作为费用支出项记账，这样，在股票期权被执行后，企业每股收益的数值就会被明显高估，企业盈利也会被高估，即使期权执行会对利润有一定稀释，也不能完全反映这些成本。

因此，你必须调整利润数据把它作为期权的成本。然而，想这样做是不容易的，因为并非所有信息都可以在企业财务报表中找到。你需要仔细检查对一些突出事件的脚注解释，这些突出事件描述了如果企业现在已有的股票期权全部被执行后，所占公司流通股股本的比例。这个比例增长迅猛，几年前不到10%，现在已经接近15%了。

尽管在企业财务报表的脚注中对期权成本有一些披露，但这些成本数据并没有直接给出。期权的直接成本等于期权在执行时的价格减去预定的执行价格。这种方法是对期权成本的最真实准确的衡量，因为企业可以通过以当前价格而不是期权价格，把用于期权的股份卖给其他人而创造出这种差额。

管理层持有的股票期权的成本是相当高的，在有些情况下总额甚至可以达到报告利润的一半。在过去已经发生的设定了期权目前尚未执行的例子中，如果股票期权在账目上被记为成本支出的话，那么1999年一些主要公司的利润数值将要被大幅缩减：思科公司减少24%；微软公司减少12%；IBM公司减少8%；Oracle公司减少16%。

这些成本影响还将持续许多年，具体多少年取决于期权期限长短。在许多公司，期权年限被设定为5年，有许多公司把这个年限延长到10年或15年。

谁该对期权设计负责

在监督管理企业支付给高层管理者的报酬制度方面，法律规定并不是很完备。美国法庭对此所采取的一般态度和做法是评估报酬发放数额，如果这个数额可以全部被评估的话，则采用废弃物标准。这条标准极少与企业的决策发生冲突，它要求企业采用与用货车运钱扔到河中相类似的方法，处理掉大量由于不合理原因废弃的企业资产。就管理层报酬机制这个问题而言，美国法庭是相当听从于企业管理者的。

就证券披露法律来看，美国证券交易委员会要求企业以可比较的业绩图表形式，对高层管理人员的报酬情况进行大量而集中的披露。由于管理者的工资结构总在变化，因此在披露中也无法显示出披露工资的最低数目。例如，在会计标准制定者制定规则，要求企业把以前发行期权的执行价格作为成本费用记录到损益表中之后，许多企业采取了应对措施，延长了期权的年限。

在没有有效的法律和会计规定的情况下，监督管理企业高层管理者报酬情况的重任，就落在企业董事会身上。董事会成员对这个问题，一定要坚持这样一个原则：让管理高层的报酬水平与他对企业经营业绩所做出的贡献相一致。这就涉及到对企业经理们经营业绩的考核问题。对此，一般认为，用企业获利能力指标来衡量管理者业绩是最可靠的一种评判标准，不仅考虑到了股东的利益，也考虑到企业劳动者的利益。要注意的是，在衡量企业经营业绩时，应该从利润中扣除掉资本投资带来的利润，和企业留存收益带来的利润。

巴菲特的告诫

尽管巴菲特在他的企业中也采用了受到批评的股票期权报酬机制，但他仍对此向投资者发出了告诫。他说：“一些我非常崇拜的、经营业绩也比我好许多的企业经营者，在固定价格期权这个问题上，不同意我的看法。这些企业经营者已经在他们的企业中建立了这样一种企业文化，认为工作和固定价格期权是对他们有所帮助的工具。在这些人的领导和榜样带动，以及把期权作为一个激励性因素使用的情况下，这些经营者已经教会他们的员工要以企业主人的姿态来思考、处理问题。但是，具备这样一种企业文化的企业毕竟是极少的。所以只要不存在妨碍股票期权计划的非效率和不公平现象，那么这种做法就应该原封不动地保存下来。”

因此，投资者们应该努力去找出那些在股票期权报酬监管方面处于领导者地位的企业董事会。但同时要清醒地认识到，这样的董事会是很少见的。

13.3　制定企业交易决策

聪明的投资者，不仅要避免企业随机地向高层管理者支付高额报酬所带来的各种弊端，而且还要避免企业制定不谨慎的兼并政策和被兼并时不合理的防守策略所带来的过高成本支出。

攻击性的兼并策略

企业在购并过程中所采用的攻击性策略，需要引起董事会的极大关注，因为在这些交易过程中，很可能企业高层管理者的个人利益会与企业所有者（即股东）的利益发生冲突，而且发生概率很高。企业购并（尤指获得了新的企业）会扩大企业管理者的管辖范围，创造出更多的企业活动，从而给管理者带来巨大的实际利益。因此为追求个人利益，企业管理者会不顾股东利益盲目采用企业兼并策略。这种冲动型的兼并会带来股东花费的大量增加。

绝大多数的企业兼并活动并不会带来企业价值的增加。由全球性会计公司 KPMG 公司 1999 年进行的研究报告表明，“在 1996 年至 1998 年间发生的总价值达数十亿美元的兼并交易中，83% 的合并者并没有给企业股东带来任何好处，更应引起人们警惕的是，超过半数的合并活动实际上损害了企业的价值。”这项研究还根据对参与合并活动的企业经理们的访问，发现只有不到半数的企业在并购完成后对并购交易做过事后检验，来检验企业价值是增加了还是减少了。

这其中，存在一个管理方式的问题，因为绝大多数的企业并购计划是由企业高层管理者们制定的，只有在购并程序已开始步入正轨或在企业首席执行官向对方企业投入大量个人资金之后，这项计划才会报交董事会讨论。这样的话，尤其是在首席执行官投入大量个人资金的情况下，如果董事会拒绝这项计划通常被认为是对首席执行官本人的否定，因为计划是由他提交给董事会的。如果碰上一个不愿听到反对意见的首席执行官，问题就会变得更严重。最终结果往往是愚蠢的企业购并计划得以通过，而且通常董事会给出的评价还很不错。

这些时间安排上的问题，使得企业难以设计出一套管理机制来缓解董事会的压力。考虑私利行为是难以控制和治愈的，正如巴菲特所说："尽管企业购并交易在实际操作中经常由于各种原因而流产，但在立项设计阶段它从不会。如果企业首席执行官明显地表现出渴望达成某项并购交易的话，那么他的属下们和顾问机构就会为他计划采用的任何价格提供充分的理由。"

举例来讲。Mattel 公司在玩具设计、制造和销售方面是全球的领导者企业。1999 年 3 月，该公司购入了 Learning 公司，这是一家生产个人电脑教育软件的企业。Mattel 公司支付的买价达到 38 亿美元，以股票形式支付，交易发生时该公司股票交易价格约为 26 元/股（远远低于上一年平均达到 40 美元/股的交易价格）。Mattel 公司董事会主席吉尔·布莱德在 1997 年 7 月宣称，Learning 公司已对 Mattel 公司的总体收入和利润带来了"异乎寻常的增长"，并称"这是这项合并交易对 Mattel 公司具有深远意义的原因之一"。

布莱德没有说，Learning 公司的计算机软件业务与 Mattel 公司的传统产品，像芭比娃娃、呼啦圈等，之间有什么样的相关性。但在 3 个月后，即 1999 年 10 月，情况骤然发生变化，Mattel 公司发表公告，宣称 Learning 公司的收入大幅下降，并认为收入下降的最主要原因是顾客对公司软件的退货要求远远超过了预期水平，和企业核销大量坏账的作用。在这个季度，公司并没有取得布莱德所估计的 5000 万美元利润，相反亏损了近 1 亿美元。Mattel 公司股价也狂跌到每股 11 美元。许多投资分析专家事后诸葛亮似的报告说，Learning 公司的这些问题是早就存在的，在 Mattel 公司购买它之前，这些问题就应该得到妥善的处理和解决。

这些分析专家们还认为 Mattel 公司是进行一项差劲并购交易的企业典

范。理论上来讲，如果一个企业核心产品的销售额增长率大幅下降，并且不能通过产品改进、销售策略改进和营销手段改进来对它做一定的拉动，那么一种简单而冲动的做法，就是通过企业的并购交易，为你自己买到一定的增长率。很巧合，在购买 Learning 公司之前，Mattel 公司核心产品的销售增长率出现了下降，同样地，Learning 公司也是如此（Mattel 公司董事会在 2000 年初做出决定，免除了布莱德的职务，她的职位由 Kraft Foods 公司首席执行官罗伯特·伊克特接任）。

不妨把 Mattel 公司的做法与迪斯尼公司的政策做一番比较。迪斯尼公司奉行的企业合并哲学是，只购买那些与本公司业务相关或互补、自己对对方管理状况完全掌握、并且交易价格公平合理的企业。迪斯尼公司最重要的一项购并交易，是购买了 Capital Cities ABC 公司。已任迪斯尼公司主席多年的米歇尔·伊斯尼先生，在 1966 年至 1976 年间任职于 ABC 公司，亲身经历了 ABC 公司从被广播电视网络专家批评为“不入流”的企业，一直成长为各项业务中的领导者。

Capital Cities 集团在 1986 年买下了 ABC 公司，在此之后，汤姆·墨菲和丹·布奇两个人把公司发展到了一个新的高度，进行了与迪斯尼公司的合并。迪斯尼公司的老板怀特·迪斯尼本人也十分喜欢 ABC 公司，毕竟 ABC 公司在 1955 年帮助过迪斯尼公司进行融资。怀特把 ABC 公司带到了好莱坞，主要源自于他的“迪斯尼的美好世界”计划的执行和实现。迪斯尼公司的网络业务从 ABC. com、ESPN. com 和大量有线电视资产中取得巨大的好处，创造出许多十分重要的发展机会。

防守策略

接管防御恰好是攻击性兼并战略的反面。反收购策略，如毒丸计划等，通过打消对方收购企业的努力或撤换企业主要领导者等做法（在前文提到过的 AMP 公司防御 AlliedSignal 公司攻击案例中被使用过），来保护企业管理层制定决策的权力。如果一部分或绝大多数企业股东，认为企业被收购最符合企业和他们的利益，并且收购方愿意在现行市场价格或企业普通股内在价值基础上额外支付一笔补偿金，在这种情况下这些反收购策略就是用来对付企业股东的。

迪斯尼公司的并购哲学在相反一方面也同样具有说服意义。在20世纪80年代初期，有许多图谋不轨的企业意欲对迪斯尼公司展开突然袭击，想让它破产，但是罗伊·迪斯尼严阵以待，不会让那种情况发生。他把迪斯尼保存下来，成为一家伟大的美国企业，他还把公司业务收缩集中到基础业务上来，也正是这些基础业务，造就了迪斯尼的辉煌。以迪斯尼动物乐园为例，在罗伊当政期间，他重新建造了动物乐园，并以此为基地，拍摄出一系列精致的受欢迎的流行电影。在这样做的过程中，迪斯尼公司也建立起了它最好的收购防御战略，那就是：一个独一无二的企业（有关迪斯尼公司的更多内容，将在下一章详细介绍）。

现实中，敌意收购者对收购准备不够充分、或对企业利益或其他利益集团的利益不感兴趣的情况也是存在的。然而，即使这样，面对有可能被收购的企业现任管理者们，从本质上来讲一定会坚决抵制对方的收购行动，采用各种手段来防御打击对方，而不管这些手段对企业会造成什么影响，原因很简单，企业管理高层们的工作受到了威胁。

在美国企业中，或许在其他地区企业中也会更多出现这种情况：收购使得企业已发行的尚未到期的股票期权处于极大风险之中。面对这种威胁，企业管理者可能会把设计用来抵制低收购出价的防御机制用来抵制高的收购出价。因此，他们可能会使用"毒丸"计划来反抗对股东们有利的出价，尽管毒丸计划的设计初衷是为了防范对股东不利出价情况的。这种行为的特征具有两面性，它一方面是对企业的积极的正面的管理措施，另一方面又是反企业利益的措施。

在这些情况发生时，企业董事会必须认识到首席执行官和他的管理团队们是在玩火，正如董事会对管理层的攻击性并购计划提出挑战的情形一样。

在这两种情况下，董事会应该劝说或迫使管理高层放弃对攻的心愿，静下心来真诚地考虑一下企业所有者的利益。不论是在攻击，还是防守情况下，都不存在明确的机制可以确保董事会会做出正确的反应。但是，董事会至少应该认清每一种情况对企业有什么影响，进而做出正确有效的处理。对于投资者而言，确认出企业董事们是否具备这种能力，则是最为关键的。

13.4 进行资本分配

对于一个创造出过多多余现金的企业来讲，可以通过4种途径来分配这部分资金的使用：把资金投资于其他企业或业务中进行投资；股份回购；把现金以股息形式分派给股东；第四种途径就是上文刚刚提到过的，进行企业收购。

除了极少一些形式上和内容上的限制之外，美国法律赋予企业董事会不受约束地自由决定多余资金分配的权力，董事会可以选择发放股息，也可以选择进行股份回购等等各种可行的选择方案。企业章程中对股息政策几乎没有什么限制，尽管企业的贷款或负债协议有时会对它有一定限制。

绝大多数美国企业所采取的股息政策，是以一个稳定的股息增长率，按季度进期支付股息。这种股息支付模式与企业的现实情况不大一致，因为企业的经济业绩不可能一直都那么平稳。企业的利润水平几乎总是在不断波动起伏的（和股价波动起伏是一个道理）。

由于各种原因，企业实际支付的股息水平远远高于应该支付的股息水平。如果已知股息政策在资本配量决策中具有极大重要性，那么企业董事会用来证明其股息政策是正确的一些常见原因，如通过高股息创造股东对企业的信心或是企业可靠性的证明标志等，看起来不是奇谈怪论，就是故作狡辩。

我们应该对那些使用严格的方法来设计股息政策的企业表示赞赏。最理想的股息政策方法是由沃伦·巴菲特设计的。这种理想化方法的做法很简单，即企业要么把所有的盈利都以股息形式分发出去，要么就留存在企业内部进行再投资。具体地讲，如果企业内在价值的增长比率会超过股息收息率，那么企业该期每1元盈利都应留存在企业内部，通过再投资取得较高的投资收益率；否则，企业的盈利都应该被作为股息分发出去。微软公司就严格地采用了这种股息政策，因为公司的增长率远远高于股息收息率，因此公司从不发放股息，把利润用于再投资创造出巨额的投资收益。

企业董事会决定把企业利润作为留存收益保留在企业内部，这种做法只有在一种情况下才是正确的，即企业利用这部分留存收益所创造出的利润增加值至少不低于股东利用这笔钱可能创造出的一般收益。如果一个企业能以这种方式进行利润的再投资，那么该企业就完全不应该发放股息，董事会也要忽略所谓的不分股息企业就会丧失投资者信心和信任的那种说法（但是董事会也不能不考虑股息支付可能对股东产生的税收效应的影响）。

对于股价被低估的企业，在进行多余资本分配决策时，最明智的做法是利用这部分资金买回自己的股票。很显然的一个事实，如果企业股票的市场交易价格只有企业内在价值的一半，那么企业在股票回购时，支付出1美元的现金，就会买到2美元的价值。你不太可能会发现有比这更好的资金使用方式。企业进行股票回购，通常会为股东带来一个微小的税收优惠。我们知道，股东对企业投资的收益来源于两部分，一部分是企业向股东支付的股息，对于这部分收入，股东纳税的税率高达39.6%；而对于另一种收入形式——价差或称作资本利得，如果股东对该股票持有期限在1年以上的话，这部分资本利得所适用的税率最高不会超过20%。

股票回购并不像表面上看起来的那样简单。通过股票回购，企业可以减少企业发行在外的流通股数量，因而会增加企业股票的每股收益水平。这种做法的最常见结果，是投资者购入更多的该股票，从而把股价拉抬上去。投资者们错误地认为股票回购是企业股价被低估的一种管理上的信号，因而大家疯狂抢购。然而，实际上股票回购的真正作用或说原因，与股票发行程序是相似的，它是为了提供或满足企业已发行的给予管理者股票期权到期支付所需要的股票。那么，企业股票价格的上升，意味着已发行的股票期权合同的价值上升。当股票回购与股票发行两种程序同时进行时，你应该更加努力地辨别判断出企业管理层正在干什么，其意图是什么。

基于以上分析，我们可以看出，可能会存在这样的情形——股票回购效应会促使企业管理层（这些人拥有许多股票期权）更愿意采取这一行动，尽管回购可能并不是企业最佳的资本使用方式，事实也正如此。期权合约的存在，刺激合约持有人（多为企业高层管理者）借钱来购回企业股票，以此提高股票的每股收益和权益收益率，进而拉高股价，提高期权的价值。这种做法隐含了一个巨大的风险，即企业净资产（即权益资本）基础如果很小的话，当企业处于危机或危险情况时，会推动企业向破产方向迈进，那样的话，会严重损害企业股东的利益（当然也损害其他相关者的利益）。

股票回购尽管造成的后果可能很严重，但在有些情况，仍不失为企业的一种很好的选择。而与股票回购相对比，股票分割的做法总是愚蠢的。股票分割会造成3种后果，其中没有一个会对股东有益。这3种后果分别是：在创造高的股东周转量的过程中，提高了股票的交易成本；吸引了大量短期投资者，这些人对股票的市场价格关注过度，常会做出过度的反应；作为几种效应共同作用的结果，使得企业股价偏离企业的内在价值。

由于不能给股东带来补偿性收益，因而股票分割是没有意义的。尽管如此，还是有许多公司采用这种方式，包括通用公司、微软公司和亚马逊公司在内。巴菲特控制的哈撒韦公司是少数不使用股票分割的公司之一。而亚马逊公司自从1997年年中股票上市以来，仅在1998年6月到1999年9月期间，该公司股票就分割了3次！通用公司在它的百年历史中，股票分割了9次，其中有3次是发生在90年代的最后6年当中。

股票分割这种做法的惟一可让人赞赏的好处，就是要降低股票的每股价格，从而使得更多的投资者可以对该股票进行投资，扩大了企业股东的范围。如果在整个美国的发展历史当中，没有企业进行股票分割的话，那么一些最优公司的每股股价可能会达到成千上万美元（哈撒韦公司的情况就是一个例证）。这种极高价格限制了许多投资者的投资。但是，这种说法并不说明经常性的股票分割也是正确的，尽管经常进行股票分割可使企业股价降至几百美元之内，使所有的投资者都能够买得起。

13.5　检查监督责任

正如第十章所说的那样，为了让企业会计数据真实有价值，报表使用者必须先对企业管理者诚实正直程度经过验证，有了对这些人的信任，会计数据才会有价值。然而，要保证企业是诚实正直可靠的并不那么容易，有许多力量迫使企业不能不那样做假，如企业革新和企业复杂性，还有一个因素是尽管会计规则对各种事项处理有着明确的规定，但企业管理层在决定财务报告时，仍有一定的管理上的自由选择决定权，他们可以按某种特定方式来处理这些财务信息。

通过企业内部的控制体系和外部审计机构的保证，企业财务报表中造假现象已大大减少，报表数据越来越走向真实，因为这两种监控方式都在一定程度上限制了企业管理上自由选择的能力。但是，要想让这种约束真正发挥积极的作用，企业董事会必须出面，确保内外这两个监控体系正常运转。

设计企业内部财务报告控制体系的初衷，是要确保企业所有交易都按照管理方针政策的要求来进行，并且所有交易情况都被正确地反映在会计记录当中（同时也要确保企业资产分配与管理政策协调一致）。这个内部控制包括的内容很广泛，从各类新闻报纸杂志的每日报道评论，到对企业折旧方法确定程序手续的评价，到企业风险管理政策的确定和评价等等。在这些监控工具中，有一些是“联邦证券法案”中要求企业必须具备的。

在企业内部，董事会和管理层在确定、执行和评估企业内部控制体系中都具有重要的作用。然而，从根本上讲，内部控制体系是否有效和正常发挥作用，主要和最终的责任，仍然落在董事会身上，这样做不仅有实际意义，而且也是企业章程所要求的。董事会相对管理层而言，具有相对的信息优势和监督管理决策的更大动机激励。董事会的这种控制责任，具体表现为对内部控制系统设计的监督和对该系统管理运行上的支持。

企业外部审计机构在每年对企业财务报表进行审计时，对企业提出的一些必要条件要求，证明了企业内部控制财务报告真实性的重要性。这种审计活动，要求企业能确保财务报表是有价值和可靠的，并依据对财务报表的一般评价和报表中内含的每日账目记录、定期汇总等的审查，来对企业的报表给出审计意见。

审计是一种监督机制，评估企业财务报表的可信程度。然而，为了使审计结果更有说服意义，审计师们必须和企业董事会成员密切合作，两方都要以一种勤勉、独立和警觉的态度来从事这项工作。而在这个审计过程中，董事会和审计机构都会面临以下几个挑战：

第一，尽管审计工作是由企业外部独立机构完成的，但这并不能改变企业报表是由企业管理层准备并为之负责的事实。审计是对这些报表的评价，但这种评价只是对企业财务报表一段时期内的表现做一个综合性评述，并不能对这段时期内包含在财务报表中的每一笔交易都给出评价意见。这样做也是不可能的，不仅对单个审计师，就是对一个审计委员会也是不可能做到的，因为企业在一个典型的报告期（一般为一个会计年度）内，可能发生大量的各种业务往来和交易。实际上，审计工作只是对企业一段时期内所发生的数百或数千件交易活动，抽样进行代表性的评估。

第二，在审查会计欺骗方面，不论是审计师，还是审记委员会，并不总是处于一个有利位置，把这些欺诈行为发现出来。这主要是因为，对审计师而言，他们不可能对企业从事的或企业管理者宣称已从事的每一笔业务和交易，都进行单独核算审查。

第三，审计人员必须独立于企业之外，这是由审计行业的职业规则所要求的审计前提，同样还有另一项要求——审计人员必须是审计委员会的成员，这个要求是证券交易委员会在证券交易规则中提出的。审计工作如果缺乏了公正和客观的职业作用，就不能提高企业财务报告的真实性。你不可能对支付给这些人的报酬水平进行讨价还价，最好的情况是，把这种功能只作为另一种内部控制机制而已。

如果审计结果提供的独立性审计意见会招致公众对企业的过度信任，那么这种工作是有危害性的。同时，因为有影响力的外部独立审计机构参与了对企业内部控制效果的检验，所以，如果审计工作是以一种非客观和有潜在偏向性的原则进行的话，那么它就不但没有提高企业总体真实性，反而破坏了这种真实可靠性，也削弱了各种控制系统的可靠性程度。

审计公司的独立性，一直是一个热门话题，全球最大的一些审计公司，它们的业务内容已远远超出了传统的审计业务，加入了一些咨询顾问功能和其他活动，这些新业务在某些情况下可以提高企业加强财务报告真实性的能力。这些大公司，总是一直处于相互合并、重组、收购等状态。而且，它们的客户和生意范围，已更多地涉及到一些成熟老练的、以技术型为主的跨国经营活动。

证券交易委员会建立了一个专门机构——独立性标准委员会（简称为ISB），来加强对审计师独立性的监管，但是实际上，确保财务评估独立性的主要责任，仍然落在董事会和审计委员会身上。这两个机构有责任、也有义务建立勤勉而警觉的观念，即严格按照程序来评估企业的内部控制情况、对报表的检验结果，以及账面显示与实际业务情况相符的可能性。

审计委员会要求企业的独立董事参与，但是按照最新的证券交易法规，这种独立性要求远不及参与者的会计和审计方面的专业技术知识的要求那么重要，那样必不可少。尽管这种要求不一定十分有效，但是它确实是重要的一步，用证券交易委员会的原话来讲，它可以确保“一个知道所有相关情况的理性的投资者，会信任审计机构与被审计企业之间是没有任何共同或发生冲突的利益关系的，同时也会相信审计机构会对所有审查内容给出客观公正的审查结论”。

只有在上述这种情况发生时，企业的财务报表才值得我们进行研究分析。审计工作就是要检查企业董事会是否承担起监控和领导责任。那么一直坚持这样做的董事会，是值得称赞的。而那些没有这样做的企业，就应该受到惩罚，而且这种惩罚要先于外部审计机构发出警告意见之前。例如，1999年末，当Rite-Aid公司的外部审计机构不再对企业管理层真实操作业务记录保持信任，从而取消了与该公司签订的审计合约时，企业股东们才明白上当受骗了，事实其实早就存在，只是股东没有发现而已。现在剩下的就只有后悔和损失了。

从以上分析中，我们可以看出审计师、审计委员会和企业董事会在各自的工作内容中，发挥了重要作用。但是，对于投资者而言，他们关注的人物还有一位，那就是代表企业的首席执行官本人。对此，巴菲特说道：

“‘利润’这个词有一个精确的定义。当一个企业的利润数据出来了，而给它做审计的却是一家不合格的审计公司时，天真的投资者或许会认为这个审计过程和利润计算会像计算圆周率那样复杂，要计算几十位小数，其实不然。

“在现实中，当领导企业进行财务公开报告的是一位骗子时，那么利润数据就具有十分大的可变性，可以按领导者的愿望随便捏造。尽管最终真相总会浮出水面，但在此之前，大量资金已被换手。确实，有这样的实例，美国有一些重要的财富就是通过把会计空想货币化的途径创造出来的。”

避开这样的骗子甚至比找到优秀董事会还要重要，因此让我们接着来讨论这个问题。

第十四章

首席执行官们

投资业的传奇人物菲尔·费舍（Phil Fisher），在描述他的投资方法时，认为对企业管理层应进行大量勤奋的调查。费舍本人曾经大胆地拜访企业的客户、供应商和企业员工，让这些人谈谈他们对企业管理者的看法，有时甚至直接同管理层做面对面的直接交流。这个费舍工作方法，在今天仍然被风险资本家所使用，但这对一般的投资者是不可行的，因为绝大多数投资者并不能上门拜访那些有关人物，更别提同管理者直接交流了。

在这种情形下，投资者们只能找一些比较容易获得的替代品来代替上述直接访问。例如，你可以参加企业的投资者会议，这种会议，对绝大多数公司，都是每季度召开一次并由首席执行官亲自主持（会议的联系电话从公司或从经纪公司那里可以得到）。你也可以参加企业在你所在地区定期举行的“路演”活动，如果首席执行官也在场的话，你就可以从旁观者角度对他本人有一个了解，这种做法特别有价值。你还可以阅读由企业撰写的关于首席执行官的文章，也包括首席执行官本人写的一些东西。

通过读文件来了解首席执行官的性格和商业运行情况的最高级形式，是阅读首席执行官每年写给企业股东的公开信。注意：绝大多数的这些公关型文件，一般都是由别人撰稿的，是格式化的、充满了吹捧论调的，我们不应该被这些信息所蒙蔽。但绝大多数的封面文章、重要文件、图像或图表较多的材料，一般都是由首席执行官本人亲笔撰文的。这些文件才是真正值得一读的东西。

14.1 主人的奴仆

一般而言，风险资本家来考评一个企业管理者时，主要看他（她）是否具备7个基本特征，它们是：诚实、成就、精力、智力、知识水平、领导能力和创造力。这7个因素中，又有哪一个是最重要的呢?

很显然，你并不会想把你的财产委托给一个聪明的恶棍，或是一个可信赖的白痴。首席执行官的智商要高于平均水平并具有其他的一些特征，这样的人才值得考虑，但注意他并不需要在每个方面都是全世界最好的10%之内（这样的人可能并不存在)。

如果你曾看过弗莱德·史威德（Fred Schwed）写的《客户的游艇在哪里?》一书，相信他也会在首席执行官选择上采用书中介绍的方法。在这本书中，史威德开玩笑地说，他宁愿选择一个聪明的犯罪者来担任首席执行官，也不愿选择一个诚实的笨蛋，原因很简单，因为当首席执行官经营不善给自己带来损失时，从聪明的犯罪者那里你至少还可以得到法院的命令和警方的参与，而从诚实的笨蛋那里，你所能得到的只是可怜的道歉而已。

巴菲特一直强调，认为首席执行官个人本质的最根本，也是最重要的一条，是诚实。这意味着首席执行官首先要把你的利益放在第一位，这样的人，就是巴菲特所说的具有所有者导向的人。企业首席执行官的这种所有者导向程度如何，可以从他们的公开信中揭露出来，正如巴菲特每年为哈撒韦公司股东们写公开信时为自己设定的规则那样，他说道："为了让大家知道我们现在所处的情况和位置，我要告诉你们企业的真相。……那些公开愚弄别人的首席执行官，最终愚弄的是他自己。"因此，在评价企业首席执行官是否值得你信任时，就应该采用这个标准。

每个人都知道沃伦·巴菲特是一个极为成功的投资专家，但并不是每个人都知道他同时还是一个相当成功的以所有者利益为导向的企业管理人。打个比喻来讲，巴菲特在企业管理上取得的成就，就如同泰德·威廉姆斯在棒球事业上取得的成就一样引人瞩目。这两个人都是十分优秀的，泰德长期以来击球击中率接近0.4，巴菲特则在哈撒韦公司的各种股东报告中，以易懂的语言坦率地报告他的成功和失败之处（详细情况见《沃伦·巴菲特论文集：美国公司的教训》）。

巴菲特的做法为后来者设定了学习的榜样。越来越多的人开始通过研究首席执行官的信件来对他们个人加以研究，这是一项有价值而且充满乐趣的投资活动。本章的主要内容是讨论 3 个主要企业领导人的公开信，看一下其中揭示了什么道理。这 3 位领导人不仅具有诚实的本性，这是作为首席执行官的最主要特征，而且还具有其他一些特征，如成就巨大、精力充沛、智力过人、知识水平高、具有卓越的领导能力和有创造能力。

14.2　通用电气公司的做法

几乎没有别的首席执行官，可以像通用电气公司首席执行官杰克·韦尔奇那样，对美国企业经营造成那么大的影响。自从 1979 年入主通用电气公司以来，韦尔奇重新定义了企业管理的主要方向。在他写给通用电气公司股东的年信中，韦尔奇创造性地把企业的核心经营要素连接在一起构成一个整体系统，并解释了这些核心经营要素如何创造出一个新型公司，这个拥有巨大资源的超级大公司，是由一些稍小的公司连接在一起构成的，所有这些公司拥有一个共同的企业文化，以创造出最佳的实践和应用。

通用电气公司是世界上最大公司之一。韦尔奇上任以后，对通用电气公司进行了大改造，把公司由原来的具有 350 多项业务和主要产品线的多元化公司，改造成为一个他称为“综合性的，多元化的企业”。韦尔奇在决定企业的多元化选择时，只保留了那些在各自特定市场中居于第一或第二位置的业务内容。对不符合这项需求的其他业务，按照“调整、出售、关闭”的政策进行处理，最终使得通用电气公司在它现在所从事的 12 个业务领域内都处于市场领导者地位。这 12 个业务领域被集中构成了一个总公司，其中联系的桥梁和纽带，是各业务公司共享的一致的企业文化：对更快工作、达到更高目标的最佳理念的渴望。这种追求给各个业务公司带来了共同的发展动力和目标。

通用电气公司股东们从这种无界限的企业文化和集中多元化中，得到极大的好处，权益资本的平均年收益率在韦尔奇当政期间超过了 24%。通过鼓励员工参与企业管理的不断加强的企业内部报酬系统和人才识别系统，上百万的通用员工从中受益。许多在通用电气公司工作过的人，后来成为其他企业的领导者，其中包括赖里·伯思蒂，他是 Allied - Signal 公司的前任首席执行官，曾经是韦尔奇许多公开信件的联合作者。

通用电气公司创造和采纳的思想观念，被其他企业和企业领导者广泛采用，尤其对于无界限的思想，已经被逐字不变地照搬到全世界的企业当中。韦尔奇提出，通用电气公司的核心价值观，是把资源分配当成一个动态的过程。他说："有时企业的一个业务领域取得了净利润，而有的时候，为了整个公司整体的利益，这个业务领域会被要求承担一定的亏损。"

在韦尔奇当政通用电气公司期间，各种荣誉和赞歌接踵而至。《财富》杂志把通用电气公司称为"全美国最令人钦佩的企业"，1998 年和 1999 年连续两年都是如此。《财经时报》也在这两年中把通用电气公司评为"全世界最受人尊敬的企业"。《时代》杂志提高赞美的级别，把通用电气公司称作"世纪公司"。1999 年，《商业周刊》的一份调查，认为通用电气公司有最好的董事会。总之，正如韦尔奇在 1999 年末给股东的公开信中所说，公司创始人汤姆斯·爱迪生将会对这家他于一个世纪以前创立的公司感到非常满意和高兴。

韦尔奇先生的公开信，不仅包含了通用电气公司发展独特文化观念的第一手资料描述，而且反映了韦尔奇的创造力、思想精髓和洞察力。这些都是通用电气公司核心价值观的具体表现形式。但仍有一个严重的问题摆在老练的投资者和聪明的企业管理者面前，那就是：这些价值观念是如何被实施执行的，它们的效果如何，以及什么样的领导关系才能使这种价值观实施取得成果成为可能？

企业的核心经营要素

韦尔奇设想中的企业应该是没有边界区分的，那些组织内部设立用来把企业划分为若干部分的人造墙要被推毁掉。这样，整个企业就是一个团队，所有的责任要共同承担。这种无边界的文化，使得以前常用的规避责任的各种借口，如"不是这儿制造的"等，不再有用。在这个文化中，韦尔奇创造了"一个巨大的实验室，它的主要产品是各种新思想"。一个地方产生的思想同样应用于其他的地方。

在这种企业文化中，企业的外部界限也被打破。员工通过志愿性工作而参与更广范围的社区活动，企业本身也不断参与各种超出本身范围的工作。企业把应付各种活动和角色的要求，看成是日常生活的一部分，从中学习到如何更好地服务于客户、投资者、销售商和其他人等。通用电气公司乐于从自身学习，同样也乐于吸收采纳别人创造出的好思想，包括供应商，甚至竞争对手提出的思想看法。

界限的划分，妨碍了发展，窒息了创造力，使企业经营活动复杂化。打破这些界限，帮助通用电气公司把韦尔奇提出的 3 个其他核心经营要素更加繁荣地发展出来，更加充分地加以利用。这 3 个要素分别是：速度、扩展、简单化。

速度在变化中才能充分发展起来。团队工作会提高速度，能在企业业绩衡量时创造出巨大的业绩增长。例如，通过大量消除从下定单到再次合同确认环节间的各种不必要循环步骤，可以提高存货周转率。而对于一个像通用电气公司这样规模的企业来说，存货周转率的一个百分点的提高，就会创造出不止 10 亿的自由投资现金。

速度的乐趣和好处也促进了“扩展”的作用，所谓扩展，其思想就是设定一个非常大的目标。这种思想认为，如果你觉得在下一个企业周期中，你可以把存货周转率提高一个百分点，那么在设定目标时，你要把目标定为把周转率提高两个百分点。无边界的企业文化是扩展目标思想取得成功的关键，这种思想强调“为达到这个‘不可能’的目标所付出的努力，是对最终绩效的衡量标准”。

扩展目标做法，与企业许多传统的实际操作和激励结构恰好相反。在许多企业中，管理者首先要设定目标，并以企业最终是否达到这个目标来衡量管理者的经营业绩。这种激励机制显然会让管理者在设定目标时，只选择一些中等程度的目标。而在扩展目标做法中，管理者被鼓励去设定一些超出原定计划的，有野心的目标，而评估的指标是他（她）们在这一期相对于上一期做得怎么样，是好于还是不如。总而言之，“绩效衡量要看的是最终达到什么样的成果，即企业参与变化以及变化的效果如何，而不是一些设定的‘计划’或一年前商定下来的数字指标”。

速度和扩展这两个要求要得到第三个核心经营要素——简单化——的补充。复杂化，不论是企业组织架构的复杂化，沟通的复杂化，还是目标设定的复杂化，都会削弱速度和扩展的作用，它与无边界的企业文化是格格不入的。而简单化可以带来自信，它可以通过直接的计划和坦率的讲话来传递。设定“大而明确的目标”。由简单化所带来的任务清晰明确，还具有另一个优点：它可以提高速度。正如韦尔奇所说，“简单信息可以更快地传递，简化的设计就可以使产品更快地到达市场，各种混乱程序和局面的消除，有利于企业管理者更快地做出各种决策”。

执行实践

通用电气公司具体执行了它的这3种核心经营要素：速度、扩展和简单化，以实现这些要素的成果。产生这些成果的关键是综合多元化的概念。这是企业从它的每一个业务领域都成为行业第一或第二，以及每一个业务领域的资源都与其他业务领域资源相互支持和加强的做法中创造出来的一种强大力量。

在通用电气公司，为达到这个综合多元化，要采取两个必要的步骤。第一步是只保留那些在各自市场中居于第一或第二地位的业务，达不到这个要求的业务被出售、关闭或调整。这样，为了加强整个企业的力量，它的每一个业务都是力量绝大的。第二步，这些业务的集合体，生产出“相当强大的竞争优势”。为了充分利用这些竞争优势，需要改革以前的管理结构，韦尔奇打破了以往惯用的妨碍企业发展的多层管理框架，采用不分层式管理结构，取得了极好的效果。这种做法提高了企业的劳动生产率，使得由企业各部分构成的总体的力量远远超过各部分力量之和。

通过一种被称为“共同参与”战略的实施，韦尔奇试图让企业中每个人都参与到公司管理中来，最终也如愿达到这个目标（一些企业外部人员也参与到其中）。克林顿总统在美国政治中大力宣传普及市民会议概念之前很久，通用电气公司就已经开始这样做了，从中得到了一些与该问题有关的极好的思想立意。这种技巧不仅可能会产生出最佳的解决方案，而且也通过亲身参与和对付赌博念头带来的不安全、目光短浅、妨碍速度和扩展目标的障碍等，建立起对自己的自信心。

在无边界的企业文化中，除了这些实际活动之外，韦尔奇逐渐向企业员工灌输这样一种思想——只有使用各种优秀的管理者，通用电气公司才会更加繁荣壮大。为此，通用电气公司给管理者划分了4种类型，前两种是非常易于理解的：第一类管理者认可通用电气公司的价值观，并能传递表达这种价值观（公司观念的坚定支持者）；第二类管理者既不认可通用的价值观，也不传播这种观念（这种人在公司呆不了多长时间）。第三类管理者认同公司价值观，并不是一个稳定的传播者，有时会有其他的企业就职机会。第四类是最狡猾、最靠不住的一类人，他可以传播公司的短期业绩但不认同企业价值观。这类管理者并不是给无边界企业文化赋予新的生命力和活力，去鼓励人们达到新的创造力和生产力高度，相反，他们只会控制、压迫、威胁和虐待员工。韦尔奇在企业短期业绩基础上大力提倡共享的企业价值观念，从而解决第四类管理者的问题，因此，这一类人在通用电气公司也不会呆很长时间。

通用电气公司的报酬和人才识别系统，通过加强企业的无边界性和速度/扩展文化，把这些管理活动的质量水平同企业价值观紧密联系在一起。通用电气公司在韦尔奇当政期间，满足发放股票期权奖励的员工人数，从400人激增到近3万人。公司主要会议发言人的选取，不根据他的头衔和行政等级，而是根据发言主题是否会被公司共享、引用并进一步发展这个原则来选择的。

最后，通用电气公司开发出一套“360度”管理评估方案，要求对企业管理者的业绩考评，不单由上级主管来进行，其下层员工也参与其中。这种评估机制，使得通用电气公司领导者把精力集中在“发现那些在组织有能力一直提出新想法的人才，并给予其回报”。

文化的成果

通过综合多元化和共同参与战略执行核心经营要素的具体成果，体现在通用电气公司的克朗顿威利管理学院创造出来的成果，和遍布公司的员工发言权上。通用电气公司的许多经典做法已成为全世界企业热衷学习的标准模式，也成为韦尔奇的通用电气公司的标志。克朗顿威利学院是管理和商业思想的发源地，几十年以来产生了大量的思想和创意，这些思想成果不仅被通用电气公司所享用，也让全世界的企业和管理人员从中受益不少。

韦尔奇撰文指出“共同参与战略的智力基础，由像员工参与管理、信任和充分授权这些过时的、老生常谈的思想组成。”然而他接着说道，在通用电气公司，“不同之处在于我们的整个组织，事实上，是每天都生存在这些思想基础之上的。”通用电气公司把这些“软的思想”作为取得战役胜利的真正竞争武器，而不仅仅把它描述为“员工端着咖啡杯，穿着T恤衫”的一种外在形式。

克朗顿威利学院，正如韦尔奇所描述的那样，具备了“小公司才有的积极学习环境和对专业学习的渴望”。让通用电气公司的思想文化蓬勃而有生气是一种思考方式，它与两种核心经营要素：速度和扩展目标，紧密联系起来被称为“飞驰列车式思考”。这个思考方法是由 Yokogawa 公司首席执行官发明的，这个隐喻的含义是，如果你想把火车的时速提高 10 公里，修一修火车的发动机就可以了；但是如果你想让火车的速度翻一番，那么你就必须放弃这些传统的思考方法和目标设定方法，从另外的角度来重新考虑。

这种学习文化的成果，通过创造出额外的机制，加强了企业的核心经营要素。让我们来看一下通用电气公司采纳的两个大的思想，“联合办公”和“快速反应”。这两个思想也建立起一种速度—扩展哲学。如韦尔奇所说，联合办公是“最终的无边界行为”，它意味着一种产品所有功能的制造都在一个没有围墙的房间内完成，所有有关人员共同参与其中，包括设计者、制造人员、销售人员，也包括供应商和客户。快速反应是一种减少循环时间的技术，同样也消除一种产品各种功能间的障碍。伴随着联合办公的作用，快速反应极大地减少了企业的平均存货数量，并相应地提高了存货周转率。

这种学习文化从通用电气公司外部也引入了一些成果，它们帮助通用电气公司更好地执行核心经营要素。“需求流星技术”，是通用电气公司从它的客户美国标准公司那里引进的，这种技术使得存货周转率提高了好几倍，带动通用电气公司朝前文提过的零营运资本目标迈进了一大步。“快速市场新闻”（QMI），是沃尔—玛特公司采用的一种战略，它可以让公司每周得到直接的顾客意见反馈，“采用外部思考和多功能工作小组，专门从事消除妨碍成本降低的障碍”。东芝公司提出的“半移动”思想，与“速度—扩展”经营要素很相似，这种思想的设想是每一种产品的生产，只使用一半的零部件、一半的重量和一半的时间。

“6Σ质量”标准可能是韦尔奇在通用电气公司提出的最出名的概念。这个标准的提出，可以“从本质上消除通用电气公司每天在全球各地的每个产品、工序和交易的缺陷”。它并不是一个口号，而是一个实实在在的衡量标准：它意味着“在某一个制造生产或服务过程中，每100万件经营活动中有缺陷的不能超过3.4个”。韦尔奇认为这是一个近乎完美的质量水平，因为美国企业的平均“Σ质量”是在3或4左右，它们的成本占到企业总收入的10%～15%。

根据质量专家们用“6Σ”方式思考的技能水平，把他们划分为主黑带、黑带和绿带3种级别。在这些专家的领导下，企业业务的每一个工序都被详细加以剖解，从中找到哪些环节应该是企业重点关注的，如加强劳动生产率，降低资本费用支出等，同时提高通用电气公司所有经营活动的“质量、速度和效率”。

自从1995年开始创建以来，“6Σ质量”标准已在通用电气公司上上下下被广泛采用，同时为这项总额超过10亿美元的投资创造了丰厚的回报。例如，在1997年，“6Σ”给通用电气公司营业收入中做出了超过3亿美元的贡献；1998年贡献达到7.5亿美元；而1999年高达20亿美元；而且这种增长势头仍在持续。通用电气公司历史上的利润率在10%左右，而采用了“6Σ”之后，利润率猛增到15%～17%，甚至可能更高。

所有这些都在引导通用电气公司朝韦尔奇长期梦想的目标前进，即成为一种新型公司，这个新型公司由具有雄厚资源的有代表性的大公司，和具有不满足的发展欲望的有代表性的小公司混合而成。韦尔奇不愿接受通用电气公司是一个聚集物的这种说法。韦尔奇的模式是与众不同的。具体对于通用电气公司来讲，它只保留那些在行业中占据第一或第二地位的业务，从这些业务中创造出思想，然后推广到其他方面。所有这些，都是在一个充满精力的、兴奋有创造力的企业文化中进行。

由“共同参与”战略和“6Σ质量”标准应用带来的无边界性创造出

的学习文化，帮助通用电气公司比同规模的其他企业，以更快的速度，更大的深度和广度，转型成为一个电子商务企业。从电子商务业务中，通用电气公司创造了数十亿美元的收入，但韦尔奇认为这不是最重要的，最重要的是这种业务所带来的企业全面改造。

但是为什么网络革命首先发生在小的新公司里，而不是发生在像通用电气公司这样的资源丰富的大公司呢？在回答这个问题时，韦尔奇认为这是一个人们所未了解的神秘之处。然而，在通用电气公司，公司员工没花多长时间就克服掉了对网络和整个企业数字化的恐惧。韦尔奇认为这个任务要比员工想像的要容易实现得多，他说，通用电气公司也搞电子商务这个事实，告诉我们通用电气公司引入电子商务也是公司学习文化的一部分，并且赋予这种学习文化一种全新的意义：它可以驾驭各种新思想、新潮流。

领导能力

企业无边界文化中建立在速度、扩展目标和简单化基础上的实践活动的创立、执行和收获，都需要领导能力的支持。成功领导的基础是认清组织中哪些是重要的。韦尔奇不断重复强调这一点，认为这是“共同参与”战略的本质，是优秀实践活动的基础，是卓越的企业管理团队的一个重要特征。

领导者必须时时保持警惕，必须实事求是地检查问题、解决问题，一定要避免随处可见的空想和见风转舵的妥协思想的诱惑。不但领导者自己要这样做，他还要鼓励属下也去这么做。要想让像通用电气公司这样的庞然大物也能像小企业那样充满活力，就需要领导者要有“热情、渴望、变化的欲望，以顾客为中心，以及最重要的一点，认清现实并做出快速反应的速度”。韦尔奇根据自己的经验，得出结论，认为企业领导者要做到上述这些要求，就必须要发展建立一种企业文化，在这个文化中，所有的事情都“归结到人身上——他们的思想，他们的动机，他们的获胜欲望”。

卓有成效的领导者会与他的企业团队一起分享这些价值观念。通用电气公司巨大的规模和业务的多元化通过一些一般价值观念被约束在一起，这些价值观念包括：对顾客满意度的很好测量，把接受变化作为一项持久的发展动力，坦率地进行各方面沟通，以及接受这个组织管理上的矛盾问题——它既是一个独立的实体，同时又是一个许多不同业务的集合体。

通用电气公司所有这些创新的驱动力，是韦尔奇称为“21世纪企业领导者的独一无二的品牌”。在通用电气公司，有许多领导者具备“这种愿望和能力，可以把企业的远景与团队的愿望连结成一个整体，生动而且有力，以致这个企业远景也成为他们每个人的远景。”在这些人身上，充分体现出通用电气公司对领导能力的“4E”要求，即有精力（Energy），激励能力（Energize - ability），像刀刃一样锋利（Edge）和执行能力（Execution）。具体来讲，就是要有充沛的个人精力，有激励鼓励别人的能力，“具备”在紧急时刻做出果断决策的才能和勇气，同时保证绝对的“诚实”和“把企业远景变为现实的稳定可靠的能力”。韦尔奇认为满足“4E”要求的领导者，是A级领导者。他下结论说道，这些最好的A级领导者，就像最出色的教练一样，他们一定会坚持使用本领域内的A级球员。

韦尔奇在通用电气公司创造性地建立了一种企业文化，它把大公司和小公司的优点集中在一起。这种文化强调的是一个无边界的概念，这样就把企业所有员工以快速和驱动力联结成一个团队，一个整体。通用电气公司提出的“共同参与”战略，概括来讲就是不论来源，尽力创造并利用好思想的一个程序。这种企业和这些操作程序为通用电气公司刻上了深刻的标识：是一个积极行事的公司，就像它的领导者一样。

14.3　迪斯尼的观点

迪斯尼公司不是仅做米老鼠生意的这一点，公司首席执行官伊斯尼十分清楚。伊斯尼有着世界上最令人羡慕的工作，但他通过自己的努力使这项工作变得看上去很容易轻松。自从1984年以来，伊斯尼一直主持迪斯尼公司，好像他就是公司老板怀特·迪斯尼一样。迪斯尼公司创造出的产品：动画片、各种人物形象、电影、广播电视、和新近进入的出版业以及大型主题公园等，使伊斯尼立于不败之地，为迪斯尼这家综合性娱乐公司每年创造数以十亿计的利润。

在给企业股东的公开信中，伊斯尼总结了他对于管理的观点和在多次的变化及经济逆境中采取的特定的发展战略，对迪斯尼公司涉足娱乐业的各项方面做了直接的评述。这些方面包括动画片、卡通人物、电视、欧洲迪斯尼乐园，公司在网络上表现出的可靠质量，也包括企业的创造力和领导能力方面的内容。重点讨论了一些重大问题，一些像迪斯尼公司这样时刻处于公众注意的焦点的敏感性大公司所经常碰到的问题。

变化中的许多事情

伊斯尼用如下的语言来总结他的企业经营哲学：“当讨论一些重要的大问题时，召开公司大会，并亲自参与。”与韦尔奇的通用电气公司不同，迪斯尼公司的这种大会是一种“协同作战型会议”，它把企业各部门的主管们集中到会议上，让大家一同分享由某个部门提出的、但可扩展到其他部门的各种绝妙思想和主意。在会议中，受迪斯尼公司长期以来一直鼓励这种共同创造思想的熏陶，每个与会人员为了给他的同事们留下深刻印象及为本部门本人争脸，往往都会提出一些具有相当深度的有创造性的主意。伊斯尼认为所有与会人员在参加会议之前都做过详细而周密的准备，会议也造就了巨大的成就。

这种协同作战型会议，反映了迪斯尼的一种总体战略思想，这个战略思想是建立在4个指导性观点基础之上的。这4个观点分别是：第一个，也是最重要的一个，是增加股东财富价值同时以合理方式履行企业对员工和社区责任的企业目标；第二个，是“通过卓越的工作增加企业的劳动生产率”，强调一种“以更高的标准来达到更高的结果”的思想；第三个，是“把注意力集中在不断领导创新上来”；第四个，是“注重质量和创新的战略方向”。

这些精神特征，是企业创造市场机会和面对变化环境带来的压力所必需的。“变化是企业增长的动力和创造能力的来源”，伊斯尼如是说。在现实经济活动中，也正是这些环境的变化使得迪斯尼公司不断走向发展壮大。伊斯尼以一种格外清晰明确的态度强调技术变化的重要性。许多经济专家曾预言，充分的技术进步甚至可能会让某些特定产业走向灭亡，如娱乐业，在面对像500－频率新型电视这种技术时，面临严峻的生存挑战。

伊斯尼很喜欢这种预言，就像当年面对电视的发明，许多预言者认为电影已走到尽头时，怀特·迪斯尼面对这种预言所表现出的喜欢一样。事实证明，电视的出现并没有使迪斯尼公司停止它的任何一种业务，反而给迪斯尼的产品创造了一种新的销售机会。对于那些具有创造能力和驱动力的企业来讲，这些技术进步和其他的许多变化意味着的是更多的机会，而不是毁灭。

当然，话说回来，面对挑战，企业常常会处于困难时期，但最好的处理方法是在经济处于健康发展时期，在这些挑战来临之前就做好应对准备。对此，伊斯尼是这样想的，迪斯尼的经营活动也是按这种思路来组织的。尽管伊斯尼并不喜欢人们用“永不萧条”来形容迪斯尼公司，但是他仍在经济困难时期，花费很大精力和财力，提高企业的抗冲击能力和战略保证，力图让这种称谓更名副其实。

20 世纪 80 年代的经济不景气，使得许多缺乏长远眼光的以不安全方式经营的企业（和个人）走向倒闭，但迪斯尼公司没有这样。它压缩企业的过度支出；对不需要的东西坚决不盲目购进；保持资产负债表平衡、有吸引力和保守的财务政策；注重企业内部的成长；通过培育企业的核心价值观而保持企业的对外优势；避免与其他企业的联盟，因为这样会损害迪斯尼的品牌。

当然，机会是会自己出现的，即使一个保守的企业也必须随时做好利用这些机会的准备。迪斯尼公司做到了。前苏联的共产主义阵线的解体，开创了一个巨大的新兴市场，迪斯尼公司及时推出欧洲迪斯尼计划和电视程序计划，迅速占领了这一大片诱人的市场。

在经历了许多企业困境和发展机会之后，伊斯尼认为他所面对的这些挑战，与五六十年以前怀特·迪斯尼所面对的，并没有太大的不同。怀特·迪斯尼先生执政时期，公司 1940 年的年度报告中所列示的那些企业面对的严峻挑战，与伊斯尼领导下的 1990 年的报告陈述惊人的相似。都面对如下问题：外部世界的巨大危机，如战争、电影制作业膨胀迅猛、电影产品泛滥成灾、外汇汇率出现巨大波动和杰出创作人员成本费用激增难以控制。所有这些问题，到现在仍然存在（包括，战争的危险，这远远超出一般投资大众所能做出的预测能力）。

迪斯尼公司超强的抵御外部环境影响的能力，来自于多方因素的综合作用，包括强有力的品牌，保守的财务政策，和对企业增长的有重点的强调。迪斯尼公司的企业增长，以企业的内部扩张为主，辅之以通过慎重收购的有选择的外部扩张。迪斯尼对于外部扩张的态度是十分谨慎的，只有当必须要采取一定的措施来保持企业的娱乐产品传播途径，特别是面对家庭娱乐产品大幅增加情况下，才会进行一些企业收购活动。这种扩张方式通常要求企业承担技术进步带来的扩张要求，伊斯尼对此十分小心，他告诫说他不会让迪斯尼公司为了自身利益而对技术进行投资。

伊斯尼认为，迪斯尼所从事的业务应该是娱乐方面的内容，而不是信息传递机制。他认为米歇尔·麦克鲁汉声称的“媒体就是信息”的说法已经落伍了，这话在当年提出的时候或许是正确的，但在当今时代已不再成立。因为各种信息传播系统已大量出现——大量的广播网络、独立电视台、家庭录像机、卫星和因特网的出现及迅速增长。“对于文学作品来讲，从荷马、莎士比亚时代直到今天，不论以什么样的媒体来传播这些作品，真正吸引人的，仍旧是作品本身。”伊斯尼这样评论道。

即使是这样，伊斯尼仍然还是领导迪斯尼公司加强公司在因特网方面的力量。现在，在迪斯尼公司的主要资产当中，包括好几个访问量极高的网站：从事娱乐服务的 Disney. com 网站，从事体育方面的 ESPN. com 网站，和从事新闻业务的 ABC. com 网站。通过最初的与一家领先的技术公司 Starwave 公司的合作，和后来的与全美最受欢迎的门户站点之一 Infoseek 的合作，迪斯尼公司也建立了自己的网络系统 Go Network，收集并发送迪斯尼各单位的信息内容。

魔力和老鼠

伊斯尼认为 20 世纪 80 年代早期的许多动画片思想是无生气的失败的艺术。罗伊·迪斯尼并不同意这种看法，认为这个时期的动画片做得很好，动画片总是充满神奇魔力的。伊斯尼也说，“魔力是迪斯尼的精髓”。迪斯尼公司在重新恢复动画片吸引力方面的成功，是该公司实行的一个两部分战略的结果。第一步，迪斯尼公司成功地重播了一些经典动画影片，先在新旧各种影院播放，然后是公司自己的“迪斯尼频道”和家庭电视中。第二步，迪斯尼增强了自己的动画片制作组织的力量。这种努力取得极其辉煌的成就，创造了许多经典的动画影片，如《谁陷害了兔子罗杰》、《美人鱼》、《美女与野兽》、《阿拉丁》、《狮子王》等。这种经典不断推出的局面持续到 90 年代的《人猿泰山》，这部影片是迪斯尼公司曾制作的所有动画片中第二个最成功的，为公司带来了滚滚财源。

与这些震撼人心的巨片名称相媲美的，是迪斯尼公司的标志性产品——米老鼠，正是米老鼠这个形象，使得迪斯尼公司成为家喻户晓的明星企业，也帮助迪斯尼公司避开了其他影视公司所必须面对的“成功—失败”的赌博式业务运作模式。电影制造业是一个风险极高的行业，一部影片可能投资几百万上亿元，最终却一无所获。正因为这个原因，许多知名影视公司一年都要推出十几二十部甚至更多的新片，希望其中能有一两部取得巨大成功，可以抵消掉其他影片的损失。

迪斯尼公司为克服这种行业状况所采用的战略是集中精力控制成本和对影片精挑细选。这种战略应用在两个方面。第一，迪斯尼公司不断强调和加强它已有的家喻户晓的品牌识别，加深消费者的印象。这样做，为迪斯尼公司创造一大块空间，可以在很大程度上避开娱乐业特有“成功或失败”的固有模式。第二，对品牌的强调也使得迪斯尼公司在生活类电影（电视）业中获得了较大的经营空间，并创造出一系列佳片杰作，如《新娘的父亲》、《摇动摇篮的手》、《玩具总动员》、《马语者》等等，数不尽数。

电视制作业的竞争甚至比电影业还要激烈，迪斯尼仍然利用它在动画片方面的强大力量帮助公司克服了这些行业困难。“迪斯尼频道”是主要用来播放动画片的，它成为迪斯尼公司在电视业务方面超越其竞争对手的主要竞争优势。在公司 1995 年收购了 ABC 公司之前，迪斯尼公司已成功地在自己的传播网络上播放了大量经典的影片，包括《Home Improvement》、《Golden Girls》和《Empty Nest》等。后来迪斯尼公司在 ABC 公司联手帮助下，其影片《谁想成为百万富翁》取得了空前辉煌的业绩，这部影片被伊斯尼评论为“超越了仅仅电视剧的范畴，成为美国文化的一部分”。

如果说魔力是迪斯尼的精髓，那么米老鼠就是迪斯尼的标志。米奇这只小老鼠是如此有名，以至于伊斯尼都不得去研究一下这个极有趣的问题

——“到底是先有米老鼠呢，还是先有迪斯尼公司呢?”答案是显而易见的。从建立时间和逻辑上来讲，当然是先有迪斯尼公司，但是应该说正是米老鼠的诞生，才使得迪斯尼公司有了以后辉煌的发展，它是迪斯尼腾飞的真正基石。谈到这个问题，伊斯尼总喜欢引用怀特·迪斯尼以前常重复的一句话来形容，他说“我们一定要记住，我们所有的一切都是从一只小老鼠身上开始的”。过去是，现在也是，正因为如此，伊斯尼才会决定在1992年，排除了所有的障碍，历尽艰辛为米奇的65岁生日举行了盛大的全球庆典。

伊斯尼和迪斯尼公司近年来所面临的最严峻的挑战，是欧洲迪斯尼的发展问题。欧洲迪斯尼计划是要在欧洲建立一个庞大无比的主题公园，该计划已进行了好几年。在迪斯尼公司的许多主题公园中，伊斯尼对欧洲迪斯尼寄予了很高的期望和乐观态度。但随着计划的深入实施，麻烦不断，进程被拖延，人们对它的期望值也下降了许多。但是由于长远战略眼光的考虑，伊斯尼和迪斯尼公司没有放弃，坚持完成了整个计划，并让公园成功地开业经营。伊斯尼本人也承认计划存在一些麻烦，认为其中有一些他个人的失误。这种坦诚的表白，正是一个值得信赖的信号，任何投资者都不该忽略这一点。

时刻处于公众焦点中的管理

欧洲迪斯尼计划承受了巨大的压力，但这种压力正是美国企业文化长期以来构成要素中的一种，它让迪斯尼公司成为一家受社会公众关注的企业，由此也带来许多特殊的管理难题。伊斯尼认为这些困难只是小菜一碟，不值得大肆喧张。在欧洲迪斯尼计划中，迪斯尼公司主动承认自己犯了一些错误，结果由此而得到外界的广泛表扬。在伊斯尼主政迪斯尼公司期间，迪斯尼公司一直是全世界上最好的娱乐公司，也是最优管理公司之一，还是最有盈利能力财务状况最稳定的公司之一。在1991年，迪斯尼公司荣幸地成为道·琼斯指数的成分股，成为这个被称为美国经济晴雨表的历史悠久的指数中，娱乐业的惟一代表。

伊斯尼把这些成功归功于他的管理团队和所有的迪斯尼员工，他深情地把公司员工称为“迪斯尼的柱石”，这种思想恰与美国社会的大众文化标准相吻合。对于迪斯尼公司来讲，从 1991 年，迪斯尼乐园建立 20 周年庆典上挂牌成立的 AIDs 基金，到 1997 年为洛杉矶商业危机提供财务支持，到在公司范围内执行积极有效的环境保护政策，就这些表现可以看出，迪斯尼长期以来一直是具有公共价值的。迪斯尼公司通过长期宣传教师在社会中的重要性，以此为教育业提供强大支持，它甚至在 1992 年洛杉矶暴乱中面对剧变，表现得十分慷慨大度。

伊斯尼本人从公司获得的高额股票期权，一直是人们争论的焦点话题之一（还有一个焦点是伊斯尼雇佣麦克·奥维兹的决定，这个人在迪斯尼只干了 14 个月，但为解除其合同需支付高达上亿的赔偿金）。伊斯尼的问题值得我们好好做一番检查，公司其他管理者也同样。但伊斯尼并没有意识到工资水平的问题，他争辩说他在迪斯尼公司的管理业绩证明他应当获得这个报酬，那些期权是清白的。那么亲爱的读者，你同意他的说法吗？不管你是否同意，这都取决于你的判断。有的投资者可能会根据伊斯尼的报酬水平和他对这些股票期权的辩白，以此为基础调整他们对迪斯尼公司的价值评估结果，这样一来，你就应该听听会计师们的意见，听听他们是否认为你可以把财富委托给伊斯尼的建议。

14.4　可口可乐的信任

可口可乐公司是世界上最有名的大公司之一。在公司最近一任首席执行官罗伯托 C. 乔伊斯塔的率领下，可口可乐公司优先做了 3 件事：价值创造、强化公司品牌、注重长远发展。正是这 3 个方面的良好执行和发展，使公司在 1997 年乔伊斯塔去世时营业额高达 1500 亿美元，而 10 多年以前公司的营业额只有 40 亿美元。乔伊斯塔在主持可口可乐公司期间，也经常写点文章，他的风格是热情而又清晰，其中有一些是他与唐纳德·凯夫合写的，在这些作品中，给出了可口可乐公司取得飞速成长的原因解释。

首先让我们来看一些背景资料。在 1995 年和 1996 年期间，可口可乐公司的总价值和价值创造能力在《财富》杂志的评选中居于第一位。到 1995 年年末，公司的市场价值总额达到 930 亿美元，其股东价值比上一年增加了 380 亿美元。到了 1996 年年末，价值总额增长到 1310 亿美元，比上一年又增长了380亿美元。公司在1976年是美国20世纪最佳财富创造企业，1995年居于第四位，在1996年它又夺回了第一位置。

在1995年至1996年期间，可口可乐公司股票的总收益率超过40%，而在这之前的15年中，公司平均年复利收益率达到30%（把再投资红利计算在内）。从1980年到1995年，可口可乐股票价格以每年平均24%的速度增长，创造出将近890亿美元的股东价值，与之相比较，同期道·琼斯指数的年增长率为12%，标准普尔500的年增长率为11%。如果把再投资红利计算在内，从1981年至1990年，可口可乐公司的年总收益率平均达到37%，在1986年到1990年期间，年总收益平均达到34%。

为取得这些惊人的业绩，乔伊斯塔一直强调销售量的增长。从1985年至1995年期间，可口可乐公司产品销量在北美以外地区年平均增长8.2%，在美国本土年平均增长4.2%（同行业增长率为2.7%）。在1996年，可口可乐公司创下了又一项记录，它的全球销售增长率达到8%，总销量达到137亿单位，可口可乐品牌产品销量增加了4.5亿个单位（比1995年增长6%），而雪碧品牌产品销量增加了1.38亿个单位（比上年增长13%，连续第三年增长率达到二位数）。

所有者导向和长远考虑

可口可乐公司这个永不停息的发动机，其动力来源是乔伊斯塔个人的企业哲学。乔伊斯塔把他自己看成是股东资本的保管人，总是把企业所有的活动和行为都与股东价值联系在一起。乔伊斯塔说："稳定的销售增长率是企业创造经济利润的基础，而且以往经验还告诉我们，它也是增加股东投资资本价值的关键。"

在乔伊斯塔的领导下，可口可乐公司把精力集中在企业的核心业务上来，并建立了完善的长期发展战略。通过立足长远的对可口可乐品牌的有耐性而有原则的建设，乔伊斯塔同时也为可口可乐公司打上了一个深深的烙印——可口可乐公司是一家具有无限渴望希望向全世界更多消费者提供更多产品的企业。

乔伊斯塔相信"创造持续的强有力短期业绩的最佳方法，是把眼光驻足于长远发展"。正是这种对长期发展的关注，使得可口可乐公司在20世纪80年代和90年代期间，一步一步地建设成为“能维持强大、有利润增长率的全球性企业机器”。当然，这个建设仍在进行当中，需要几十年时间才能取得最终的成果。

品牌建设

可口可乐公司成为全球企业的基础是它的品牌。它“不仅具有强大的感染力和亲和力，而且迎合了人类基本的、经常发生的需要”。为了让人们选择用可口可乐产品来满足他们日常生活的需要，加强品牌建设是其中关键。在乔伊斯塔看来，品牌力量不仅仅只是把价值传递到市场、或做一些营销活动、或平衡资产负债表那样简单。相反，乔伊斯塔把品牌力量定义为“在产品交易和回报中能带来超额利润的能力”。

对品牌力量的管理是不应该很复杂的。尽管有太多的公司过分挤榨自己的品牌力量，以致其价格与价值远远偏离，被市场所最终拒绝，但是可口可乐公司在乔伊斯塔的领导下并没有犯同样的错误。可口可乐公司不断努力加强其品牌力量的方式是通过产品差异化完成的，即“让自己的产品是独特的，有区别的”。长期以来，可口可乐公司一直采用“3A”方法来加强它的品牌力量，这3个A分别是：产品的有效性（availability）、有购买能力（affordability）和可接受性（acceptability）。这种“3A”战略运行效果一直不错，但在1995年，乔伊斯塔把它发展到一个新的水平，采用了“3P”方法，即遍布的渗透能力（pervasive penetration，而不仅是有效性）、对顾客的价格—价值比率（price to value ratios for customers，而不仅是有购买能力）和偏好（preferred，而不仅是可接受性）。

谨慎的财务政策

在乔伊斯塔领导下，可口可乐公司取得巨大成功的另一个基础是公司采用了谨慎的财务政策。乔伊斯塔1994年在公司的讲话中，对这种政策进行了归纳总结，并提出要对可口可乐公司进行“财务改革”，他认为公司长期以来一直奉行的保守财务政策，在20世纪80年代初期使公司处于僵化境地，“过分收缩企业陈腐守旧的企业外壳，丧失了使企业成为一个有活力有机体的机会”，尽管如此，这种财务政策在80年代末期重新又恢复了活力，乔伊斯塔也再次强调公司坚持谨慎财务政策的原则不会改变。

乔伊斯塔宣布公司采用一种新的企业业绩衡量方法，用经济利润（后来被称为经济增加值），来作为企业每年业绩的衡量标准，而不再像以前那样用收入或利润增长率来衡量。所谓经济利益，就是“从税后净营业利润中扣除掉为产生这些利润而付出的平均资本成本费用”。

采用这种新标准来衡量企业业务绩效，使得可口可乐公司可以识别出那些业绩不佳的经营活动，重新把企业主要精力集于公司的核心业务——软饮料上来（也有部分瓶装饮料，为此业务做补充，还包括一些经济获利性较强的食品生产业务）。

可口可乐公司很少使用负债政策来提高股东收益，公司常采用股票回购方式提高可口可乐股票的每股收益。公司降低了股息支付比率，把留存下来的多余股息作为低成本资本进行再投资。通过这种企业内部筹集的和其他方式筹集的资金的再投资，可口可乐建立了一个范围广泛而又十分有效的商业系统，把它的瓶装饮料业务遍布到全世界。所有这些经营活动，乔伊斯塔都清晰地向公司股东做出了详细的解释。

基础建设

可口可乐公司所有投资中，有一部分是用来改进它的瓶装生产和销售系统的财务状况。这些投资不仅为公司当前和未来的产品销售提供了支持（加强了可口可乐公司与瓶装厂商的合作关系），而且可口可乐公司最终也可以把这些投资的股份卖出，为股东创造出额外的利润。

乔伊斯塔把投资和发展一个广泛而有效的装瓶和销售系统，称为企业的“基础建设”，这项建设需要对瓶装厂商和产品销售环节进行持续而且更深入的投资。为加强这个系统，企业采用了许许多多方法——从鼓励瓶装商进行投资，到可口可乐公司直接参股投资和提供管理力量支持。

通过这些操作，可口可乐公司在全球将近 200 个国家里，创造出数以十亿计的潜在消费者。从 1980 年到 1994 年，可口可乐的潜在消费者数量翻了一番还多。在销量大幅增长的同时，企业价值也保持了稳定的增长势头，公司的平均资本收益率约为资本成本的 3 倍。

为增加公司的核心品牌在这个全球商业系统中的力量，可口可乐公司采用了地域多样化战略。在像美国、德国和日本这样的成熟市场中，可口可乐公司占据了一个强有力，甚至是统治性的地位；对于东欧和印度尼西亚市场，可口可乐的战略是要在这些市场中也占据统治地位；在中国和印度这两个刚开放市场，市场潜力惊人，情况比较复杂，可口可乐公司采取整体多样化策略，希望“利用现存的力量来造就未来的力量”（这种建设策略是可口可乐公司防范1998年亚洲金融危机所带来的公司损失的方法之一）。

资源分配

乔伊斯塔认为，在可口可乐公司的全球商业环境中，他所面对的首要挑战是如何把由发达市场创造的企业资源，以最佳的方式分配投资于欠发达市场。1995年，乔伊斯塔为一群学校学生授课时提到，可口可乐的全球市场中具有最大增长潜能的，是加利福尼亚州南部地区！因为可口可乐产品在匈牙利的人均罐装和瓶装饮料消费量，甚至超过了加州南部地区的人均消费量，这样对比来看，后者在这两个市场更像是一个“新兴”市场，其潜力当然不可小窥。

可口可乐公司长期以来进行的财务改革、基础建设和地域市场开拓等活动，根本目的是要建立一个“最可能的最佳企业机器”。为了给这个机器“装配上一个独特的强有力的增长引擎”，可口可乐公司必须优先做好一件事，那就是设计好针对消费者营销策略以驱动全世界对可口可乐品牌的需求。这就要求可口可乐公司把它的产品宣传成独特的，是“不同的、更好的和特别的”，以此来不断深化公司的品牌力量。

外界对可口可乐公司的做法有一些非议，有人认为可口可乐公司在消费者营销方面已做得足够好了，不可能再有更好的表现；有的人认为其他的许多同业厂商也做得相当不错，可口可乐并不具有什么绝对优势。乔伊斯塔对这些说法不屑一顾，他认为平均每个人为满足正常的生存需要，每天需要至少64盎司的液体，这无疑是可口可乐公司成长的前提保障，也是巨大的发展机会。

乔伊斯塔费尽气力在全世界各地进行品牌促销，并带动了公司在美国、日本和欧洲成熟市场销量的大幅增长。为了垂直深化公司的品牌力量

（即加强对个体的销售攻势，与开展新市场的水平型品牌深化相对应），需要可口可乐公司按乔伊斯塔所说的那样，加强产品差异化。对此，乔伊斯塔这样认为，他说如果说房地产销售的关键是位置、位置、位置的话，那么“消费类产品销售的关键就是差异化、差异化、差异化”。1996 年，可口可乐公司取得令人惊讶的销售业绩，可口可乐饮料的销量超过了在英国占领导地位的茶和在法国占领导地位的矿泉水两者销量的总和。可口可乐公司把以前认为不可能的事情变成了现实。

学习型文化

上述的这些深远眼光指导了可口可乐公司长期以来的经营活动。乔伊斯塔把这些思考以文字形式表达出来，以此来努力在可口可乐公司内部建立一种“学习型文化”，把那些基本原则作为制度规定下来。和通用电气公司的韦尔奇一样，乔伊斯塔也努力从可口可乐业务的所有参与者身上学习，包括消费者、公司客户、合作商、竞争对手，甚至一些与企业无关的组织。例如，乔伊斯塔领导的管理团队具有能发现别人发现不到的机会的能力，这些人在全世界范围内进行搜寻，不是要看哪些地方已有可口可乐了，而是要找出哪些地方还没有可口可乐。

在乔伊斯塔领导下，可口可乐公司创造了另一项特殊的成就：可口可乐会为“每一个接触到它的人”带来价值增值。股东、瓶装商、公司客户、最终消费者都从可口可乐公司那里得到好处。乔伊斯塔特别强调公司与瓶装商之间的关系。在可口可乐的领导下，全世界范围内，以前那些各自为政的瓶装厂商们，已经以国别为基础紧密地连接在一起。在日本、德国和其他国家都是如此，并因此而获得了明显的竞争优势。而对于可口可乐公司的客户，如餐馆，它们卖掉 3 个汉堡所得到的利润才等于卖出一大瓶可口可乐的利润。可口可乐公司想尽各种办法让这些客户们了解到这一点。

征服经济困境

通过强调短期内的谨慎经营来克服未来长期内的经济困境，这是乔伊斯塔和可口可乐公司在克服 20 世纪 90 年代初的经济困境时所采取的做法。

可口可乐公司在全球的经济不景气中重新分配公司资源，通过战略性定价和成本控制来对付衰退。公司通过具有弹性的推销投资，有的放矢地分配资源，来利用这些市场条件。在整个危机应对过程中，乔伊斯塔和他的同事克奥夫及其他高层管理者，从未对自己的做法产生过任何怀疑和动摇，他们坚信这样一种混合思想是最佳的选择，即可口可乐公司区别于其他企业的主要标志，它同时具有“对企业目标的坚定不移”和“对眼前状况不满意”这两种思想。

毫无疑问，这种混合思想在面对危机时是很有价值的，也证明了那句格言的说法——困难时刻强者会更强。可口可乐公司无论是在经济繁荣时期还是经济不景气时期，都为培育企业的长期发展和提高企业价值而进行积极的投资，这种做法，也正是《财富》杂志把可口可乐公司评选为全美国最令人佩服公司之一的原因所在，特别是可口可乐公司的长期投资价值。

乔伊斯塔注重长期发展的思想在经济困难时期也会给企业带来一定的烦恼，尽管他不愿意但却不得不花费很大精力来对未来经济状况做出预测。控制企业的外部事件是几乎不可能的，这些外部事件包括：全球经济趋势、货币动荡和贬值、自然灾害、政治动乱、社会动荡、股票市场发疯等等。但是乔伊斯塔仍撰文指出，他和公司所有高层管理者对自己的所作所为都能完全加以控制。

管理者们一定要保持冷静，不能让这些外部环境搅得心烦意乱。他们所能做而且应该做的，是把整个管理团队的注意力集中在他们可以控制什么这个问题上来，即不论眼前经济状况如何，企业都要照以前一样分配资源为未来发展奠定基础。这样看来，未来情况怎样是无法预先设定的，但相反，它是“一个无限期的由机会和概率组成的时间序列”。乔伊斯塔强调说这种未来不确定性对企业所提出的要求，特别是在经济处于困难环境时，是企业具备成熟老练的“行事能力”，即“具备良好的适应性，并一直处于预备状态”。

实用主义

行事能力中也承认“没有什么事情可以与计划完全吻合”，对新出现事物最重要的是要有“实用的适用性”。并且，新事物不断出现，变化总是不可避免的。可口可乐公司把业务收缩集中就是企业为迎合这些变化所做的最好准备。事实也确实如此，没有几个大企业像可口可乐那样把企业业务紧密集中在一个特定行业上来，这个特定的核心业务对可口可乐来讲，就是软体饮料行业。

在乔伊斯塔的那些鼓舞人心的信件中，描绘出了可口可乐公司的核心主题：企业股东拥有可口可乐公司。所有其他主题，如通过“3A”或“3P”方法来建设品牌力量；进行品牌和产品的差异化建设；采用谨慎的财务政策；收缩企业业务集中发展核心业务等，都是服务于核心主题所确定的最终原则的，即投资者是企业的主人。

乔伊斯塔对公司员工一直强调，可口可乐公司的成功之处，是“给那些向我们投资的人创造出价值”。这也是企业存在（或者说任何商业操作存在）的原因。可口可乐公司通过“为客户和消费者提供服务，创造就业机会，施加积极社会影响、支持所在社区发展”等活动，创造出巨大的社会效益，但是所有社会效益的发生和取得，只有在企业为股东创造价值这个宗旨完成以后才可以进行，没有为股东创造价值，所有的这些社会公益活动就免谈。乔伊斯塔这样说。

乔伊斯塔在他去世前不久，曾引用德国诗人兼剧作家乔斯的话来鼓励他的管理团队——“不论你能做什么或想做什么，马上开始动手吧。无畏进取会造就天才、力量和魔力。从现在就开始吧！”

乔伊斯塔相信不断进取会保证维持企业的增长。他表达了他对所有可口可乐公司合作伙伴的感谢，包括企业的客户、瓶装商、董事会成员等。其中，他最感谢的是公司股东们，他说要感谢股东们对他领导的管理团队价值创造能力的信任和支持，这是可口可乐公司成功的根本。

信任确实是必不可少的。同样必须指出一点是，在企业投资的商业分析中，市场表现、财务数据、管理状况也只是告诉我们商业分析的部分内容而已，并不是全部。因此仍需各位投资者按照本文所述框架和思路，自己去探索完成对企业的分析。

结语：V文化

具有套利思想的读者，可能会感到一些遗憾：本书最后一章所提及的那些伟大的企业首席执行官们，除了沃伦·巴菲特之外，一个已经去世了，一个宣布退休了，剩下的一个不久也将辞职。那么，下一个可能取得这样成就的执行官是谁呢？既然能把成功者的特征描述得很清楚，为什么不能指出下一个成功者的名字呢？

如果我知道的话，我也不会说。这并不是因为我想独守这个秘密，获得一个竞争利器。不，不是这样的，我不说的真正原因是因为本书的主要观点——**判断是关键**，而我的判断必然与你的有区别。我们每个人的能力圈也是不同的，每个人对过去事件有不同的解释，对未来的预测也不会相同。对于我来说，如果我告诉你谁将是下一个韦尔奇、或伊斯尼、或乔伊斯塔的话，那么这就与本书主要观点相矛盾了。我的挑选与你们的判断应该是毫不相干的。

让我们回头去看一下本书的第一章中提及的那些人，仔细考察一下，你会发现正是他们思想的独立性、彻底而深刻的见识，才使得他们取得了巨大的成功。在这里，我是以一个老师和教授的身份，把这些成功人士的思想和做法概括成文，而不是作为投资咨询师。我希望诸位读者用本书来指导你的股票挑选，并成为一个内行的、老练的投资者（当然，选股方面的专家还有许多，最著名者如格雷厄姆和巴菲特）。

企业分析投资方法的基本思想包括3个方面的内容：财务、会计和管理。财务一般被定义为“管理资金和其他资产的科学”。如果你同意财务一半是科学一半是艺术的说法，那么这个定义就不很准确了。只有行为主义经济学，这个包含了哲学、统计学、历史学和社会学知识在内的综合学科，才可以被称为一门社会科学。财务分析的方法是最大有可为的，因为它构成了聪明投资的第一部分内容——格雷厄姆的认为价格与价值是有区别的基本观点。

价值的含义和对价值的衡量是第二部分内容，这就要求我们掌握会计学的基本思想。我们知道会计是企业的语言，企业管理者对具体会计准则具有自由决定权，这就要求聪明的投资者必须要掌握这种语言。如果这种自由决定权总是被滥用，我们就应该支持那些认为会计是一种思想状态而不是艺术或科学的人的说法，这样比较安全一些。清晰准确全面的会计报表会成为你的投资利器，即使是利用谈话式的会计记录都可以让你成为顶级投资专家。

对于企业和最终的投资决策来讲，市场价格和会计数字都是脆弱的。第三部分内容是管理者的可信赖程度。形式上平庸的管理准则对你不会有什么帮助。你所需要的，是你愿意把财富托付给他的那种人。当然，识别出这些人则完全是一种艺术。

在股票市场的森林中，抓住这 3 棵大树吧！它们会帮助你摆脱“Q 文化”的操纵，在格雷厄姆和巴菲特建立的以价值为导向的投资文化——“V 文化”中不断繁荣壮大。

参考文献

劳伦斯·克尼厄姆（Lawrence A. Cuningham）:《沃伦·巴菲特论文集：美国企业的教训》（*The Essays of Warren Baffett*: *Lessons for Corporate America*）

劳伦斯·克尼厄姆：《公司法律和政策》（*Corporate Law and Corporate Gouernance*）

劳伦斯·克尼厄姆：《律师的会计和财务知识读本》（*Introductory Aceonnting and Finance For Lawyers*）

弗雷德·施罗德（Fred schwed）:《客户的游艇在哪里?》（*Waene Are the Crstomers' Yaehts*?）

波顿·麦格克尔（Burton Malkiel）:《在华尔街随机游走》（*A Random Walk Down Wall Street*）

本杰明·格雷厄姆（Benjamin Graham）:《聪明的投资者》（*The Intelligent Inuestor*）

本杰明·格雷厄姆：《证券分析》（*Securities Analyzing*）

本杰明·格雷厄姆：《理解财务报表》（*The Interpnetation of Financial Statements*）

吉姆斯·格雷克（James Gleick）:《混沌》（*The Chaos*）

安德鲁·劳（Andrew Lo）、格瑞格·麦克凯恩雷（Craig Mackinlay）:《华尔街的非随机游走》（*A Vnrandom Walk Down Wall Street*）

译后记

中国股票市场发展历史显然只有短短10多年时间，但发展速度相当惊人，普及率也惊人地高。“炒股”成为人们挂在口头使用率最高的词语之一。但是许许多多的股民朋友们在经过几年的股海冲浪后会发现，每日起早贪黑买这卖那之后其实并没赚到什么钱。为什么会这样呢？如何才能成为股票投资的真正赢家呢？这一切需要从根本上对我们的投资理念进行反思。

中国股市目前还很不规范。一些上市公司缺乏良好的企业经营理念和股东意识，在财务上造假，欺骗投资者；主力机构和庄家兴风作浪，无庄不成股；绩优个股受冷落，ST、PT股反而成为市场追逐的热点；监管工作滞后或不力，等等。而对投资者来说，其投资观念比较单一，奉“炒”信“炒”为上，散户如此，庄家如此，甚至被认为是稳定市场中坚力量的基金也是如此。只看图形，不作价值分析；只做短线，对长线投资缺乏耐心；过分注重价差收益，轻视公司分红。尽管价值型投资方法在目前中国股市中可能还无法被广泛应用，但是它为我们提供了未来发展的方向和一种可能的选择。针对浮躁的市场心态和猖獗的投机浪潮，中国股市需要用一种全新的投资观念，来一次投资理念的思想革命。

所谓思想革命，就是要改变在人们头脑中业已成型的根深蒂固的一些错误的或过时的观念和看法，用新的正确的适合发展主流的观念和看法取而代之。

这场思想革命的目标，是像本书作者克尼厄姆说的那样，让市场中的短线投资者从投机型的“Q文化”中走出，转向以价值投资为主的“V文化”当中。这样做，可以用价值为链条把投资者、股票市场、上市公司三者有机地联系起来，形成一种良性循环。从而不仅于投资者有益，对上市公司也有益，更能促进中国股市乃至中国经济的长远健康发展。

本杰明·格雷厄姆先生是价值投资理论的创始人，大名鼎鼎的“股神”沃伦·巴菲特是其价值投资理论忠诚的捍卫者和坚定的实践者，两人充满传奇的生平和后人无法企及的巨大成就，一次次地向我们证明了价值分析投资方法的永恒魅力与不朽的思想精髓。巴菲特白手起家，成为世界首富之一，在几十年的投资生涯中，他成功挖掘出了一大批具有高价值含量的投资企业，从企业的成长中获得了几十甚至几百倍的投资收益。他所依靠的利器，这是价值投资和商业分析方法，并在此基础上形成了他源于格雷厄姆又超越格雷厄姆的独到见解和精辟论断。

劳伦斯·克尼厄姆先生的这本《向格雷厄姆学思考 向巴菲特学投资》，将两位大师的思想精髓融合在一起，继承了两位投资大师的思想衣钵，深入全面讲述了价值型投资观念和具体操作的战术方法，向我们展示了清晰的思维脉落和操作框架。更难能可贵的是，本书涵盖的内容更加广泛，从主流的市场是否有效之争一直到具体的价值分析方法、企业评价方法；涵盖了财务、会计、管理这三大价值支柱；从经典的传统企业比较和评估直到新兴的网络浪潮和 IT 企业分析。每个方面不仅论述严谨清晰，而且通俗易懂，处处闪耀着名家的风范和思想光辉。从对价值投资论述的范围和对市场结合的程度来看，可以这样说，克尼厄姆在一些方面甚至超越了格雷厄姆和巴菲特！

本书还有一个明显的优势，书中以当今知名大企业为对象进行实际的案例分析和投资价值比较分析，包括通用电气公司、可口可乐公司、迪斯尼公司、微软公司、亚马逊公司等众多企业，可以帮助读者更好地把握商业分析和价值投资的精髓和技巧！同时，对这些案例，作者从经营战略、企业财务、会计处理、经营运作等多个方面进行了比较分析，即使作为管理学的学习，也可以带给我们不菲的收获。

相信本书带给广大读者的，不仅是一种知识的学习，更将是受益终生的财富！

坚信本书会给中国股市带来一股清新的气息，树立一种健康向上的投资风气！

在本书中译本即将面世之际，我们要向李涛、王晓昆、姚立刚3位先生表示深挚的感谢。他们对本书的部分章节做了翻译及资料搜集、译稿校对等工作，并对我在翻译过程中遇到的困难，给予了鼓励和支持。在此一并表示感谢！

译者：王庆、徐隽

2001年9月1日

书系代码	书　　名	作　者	定 价
经营管理			
BM001	《并购成长》(Digital Deals)	Geis	29.80
BM002	《绩效！绩效！》(企业培训版)(Coaching for Improved Performance)	Fournie	39.80
BM003	《质量无泪》(Quality Without Tears)	Crosby	39.80
BM004	《海阔天空——我在 DELL 的岁月》	方国健	20.00
BM005	《心时代——一个情感化的世界及其经济图景》	曹世潮	20.00
BM006	《情境领导者》(The Situational Leader)	保罗·赫塞	18.00
BM007	《EMBA 销售管理》(Sales Management)	Calvin	45.00
BM008	《EMBA 财务管理》(Finance and Accounting for Non-financing Managers)	Weston	49.80
BM009	《EMBA 兼并与收购》(Mergers and Acquisitions)	Weston	38.00
BM010	《EMBA 公司战略》(Corporate Strategy)	Colley	39.80
BM011	《EMBA 创业管理》(Entrepreneurial Management)	Calvin	49.80
BM012	《EMBA 领导艺术》(Managerial Leadership)	Topping	35.00
BM013	《EMBA 战略营销管理》(Strategic Marketing Management)	Parry	42.00
BM014	《EMBA 公司治理》(Corporate Governance)	Colley 等	49.80
BM015	《六西格玛是什么》(What is Six Sigma)	Pande	15.00
BM016	《六西格玛基础教材》(The Six Sigma Basic Training Kit)	Juran	80.00
BM017	《六西格玛团队实战手册》(The Six Sigma Way Team Fieldbook)	Pande, Neuman, Cavanagh	49.80
BM018	《六西格玛团队怎么做》(Six Sigma Team Pocket Guide)	Federico	16.00
BM019	《杰克·韦尔奇领导艺术词典》(Jack Welch Lexicon of Leadership)	Krames	32.00
BM020	《杰克·韦尔奇的 29 个领导秘诀》(29 Leadership Secrets from Jack Welch)	Slater	29.80
BM021	《通用电气"群策群力"》(GE Work－Out)	Ulrich 等	39.80
BM022	《顶峰》(Million Dollar Consulting)	Weiss	48.00
BM023	《战略计划实务》(Applied Strategic Planning)	Goodstein 等	48.00
BM024	《平衡计分卡实用指南》(Balanced Scorecard)	Paul Niven	49.80
BM025	《战略物流管理》(Strategic Logistic Management)	Stock	80.00
BM026	《整合——企业并购成功之道》(M&A Integration)	Schweiger	39.80
BM027	《战略领导》(The Art and Discipline of Strategic Leadership)	Freedman	32.00
BM028	《经理薪酬完全手册》(The Complete Guide to Executive Compensation)	Bruce R. Ellig	65.00

书系代码	书 名	作 者	定 价
BM029	《突破困境的领导艺术》(Leadership When the Heat's On)	Cox, Hoover	39.80
BM030	《朱兰自传》(Architect of Quality)	Juran	50.00
BM031	《卓越领导》(The Extraordinary Leader)	Zenger 等	39.80
BM032	《精益六西格玛案例》(Learning into Six Sigma)	Wheat 等	18.00
BM033	《领袖魅力》(Executive Charisma)	Benton	39.80
BM034	《西南航空案例》(The Southwest Airlines Way)	Gittell	49.80
BM035	《危机领导》(Leader Shock)	Hicks	29.80
BM036	《应变》(Agile Business for Fragile Times)	麦卡锡 等	35.00
BM037	《绩效导向的领导力》(Results-Based Leadership)	Ulrich 等	49.80
BM038	《企业沟通的威力》(The Power of Corporate Communication)	Argenti 等	39.80
BM039	《贯彻执行 现在就做》(Why Can't We Get Anything Done Around Here?)	李夫顿 等	20.00
BM040	《高效能团队领导智慧》(Leadership Lessons of The Navy Seals)	坎农 等	39.80
BM041	《竞争性销售》(Hope is not a Strategy)	佩吉	39.80
BM042	《丰田汽车案例》(The Toyota Way)	莱克	49.80
BM043	《风险管理》(Risk Management)	科罗赫 等	80.00
BM044	《团队工作》(The Work of Teams)	卡岑巴赫	39.80
BM045	《通用电气案例》(GE Work-out)	Ulrich 等	49.80
BM046	《质量无泪》(修订版)	Crosby	39.80
BM047	《绩效改进19讲》(201 Ways to Turn any Employee Into a Star Performer)	霍利	29.80
BM048	《人性管理》(The Uncertain Art of Management)	奥斯曼	39.80
BM049	《透明管理》(The Transparency Edge)	佩格诺	29.80
BM050	《成本改进181法》(A Manager's Guide to Creative Cost Cutting)	大卫·杨	29.80
BM051	《直觉》(The Art of What Works)	杜根	39.80
BM052	《劣势者的优势》(The Underdog Advantage)	莫里	39.80
BM053	《精益六西格玛服务》(Lean Six Sigma for Service)	乔治	55.00
BM054	《活学活用博弈论》(Game Theory At Work)	米勒	39.80
BM055	《巅峰绩效》(Peak Performance)	卡岑巴赫	39.80
BM056	《丰田汽车:精益模式的实践》(The Toyota Way Fieldbook)	莱克 等	65.00
BM057	《什么是公司治理》(What is Corporate Govermance)	科利 等	18.00
BM058	《MBA名校的10堂课》(What the Best MBAs Know)	纳瓦洛	49.80
BM059	《现代企业管理教程》(Understanding Business)	尼科尔斯 等	50.00
BM060	《领导艺术》(The Art of Leadership)	曼宁 等	50.00
BM061	《产品生命周期管理》(Product Lifecycle Management)	格里夫斯	49.80
BM062	《创新从头开始》(What customers want)	伍维克	29.80
BM063	《创新引擎》(Fast Innovation)	George	39.80
BM064	《苹果电脑案例》(The Apple Way)	Cruikshank	39.80
BM065	《企业外包实务》(The Manager's Step-by-Step Guide to Outsourcing)	Dominguez	29.80

书系代码	书　名	作　者	定　价
BM066	《重塑创业精神》(Lead Like an Entrepreneur)	桑伯里	45.00
BM067	《顾客导向》(The Outside-In Corporation)	邦德	39.80
BM068	《定价与收益优化》(Pricing and Revenue Optimization)	菲利普斯	60.00
经济学			
E-001	《中国经济》(Chinese Economy)	蔡昉,林毅夫	39.80
E-002	《宏观经济学》(Macroeconomics)	Dornbusch	60.00
E-003	《经济学》(Economics)	McConnell,Brue	79.00
E-004	《微观经济学》(Microeconomics and Behavior)	Frank	65.00
E-005	《环境经济学》(Introduction to Environmental Economics)	Field 等	50.00
E-006	《财富的诞生》(The Birth of Plenty)	Bernstein	49.80
E-007	《ArcView GIS® 与 ArcGIS® 地理信息统计分析》(Statistical Analysis of Geographic Information with ArcView GIS® and ArcGIS®)	David Wong 等	58.00
管理学			
MT001	《战略物流管理》(Strategic Logistic Management)	Stock	80.00
MT002	《物流战略咨询》(Supply Chain Strategy)	Frazelle	49.80
MT003	《组织人员配置》(Staffing Organization)	Heneman, Judge	
MT004	《战略管理》(Strategic Management)	Dess 等	40.00
MT005	《数据模型与决策:运用电子表格建模与案例研究》(第1版)(Introduction to Management Science)	Hillier 等	75.00
MT006	《数据模型与决策:运用电子表格建模与案例研究》(第2版)(Introduction to Management Science)	Hillier 等	75.00
MT007	《电子商务导论》(Introduction to E-Commerce)	雷波特　等	58.00
MT008	《供应链设计与管理》(Designing and Managing The Supply Chain)	辛奇—利维　等	40.00
MT09	《管理学基础》(Management)	克尼基　等	48.00
MT010	《定价》(Pricing)	门罗	65.00
MT011	《精通战略》(Mastering Strategy)	雷格斯比　等	39.80
MT012	《战略采购管理》(Harnessing Value in the Supply Chain)	班菲尔德	39.80
MT013	《逆向管理》(Don't Oil the Squeaky Wheel)	Rinke	39.80
MT014	《跨国管理》(Transnational Management)	Bartlett 等	79.80
MT015	《运营管理》(Matching Supply with Demand)	Cachon 等	50.00
MT016	《供应链与价值网创新企业案例》	任建标	35.00
营销管理			
MM001	《定位》(Positioning)	Ries & Trout	39.80
MM002	《营销战》(修订版)(Marketing Warfare)	Ries & Trout	39.80
MM003	《营销革命》(Bottom-up Marketing)	Ries & Trout	39.80
MM004	《新定位》(The New Positioning)	Trout	39.80
MM005	《颠覆广告》(Disruption)	让—马贺·杜瑞	40.00
MM006	《创意的竞赛》(Which Ad Pulled Best?)	Purvis	39.80
MM007	《广告文案名人堂》(The Art of Writing Advertising)	Higgins	29.80

书系代码	书　　名	作　者	定 价
MM008	《产品经理的第一本书》(The Product Manager's Handbook)	Gorchels	39. 80
MM009	《全球整合营销传播》(Communicating Globally)	舒尔茨	39. 80
MM010	《整合营销传播:利用广告和促销建树品牌》(IMC: Using Advertising and Promotion to Build Brands)	Duncan	298. 00
MM011	《市场战略》(The Market Makers)	Spulber	48. 00
MM012	《全球营销》(Global Marketing)	乔尼·约翰逊	60. 00
MM013	《网络营销》(Internet Marketing)	默罕默德　等	65. 00
MM014	《产品经理的第二本书》(The Product Manager's Field Guide)	Linda Gorchels	39. 80
MM015	《营销学基础》(Essentials of Marketing)	佩罗特,麦卡锡	60. 00
MM016	《文案发烧》("Hey, Whipple, Squeeze This. ": A Guide to Creating Great Ads)	苏立文	39. 80
MM017	《小鱼吃大鱼》(Eating the Big Fish)	摩根	45. 00
MM018	《什么是战略》(Trout On Strategy)	特劳特	29. 80
MM019	《整合营销传播:创造企业价值的五大关键步骤》(IMC: the Next Generation)	唐·舒尔茨　等	39. 80
MM020	《促销管理的第一本书》	Schultz	39. 80
MM021	《广告箴言》(And Now a Few Words From Me)	加菲尔德	29. 80
MM022	《营销计划手册》(The Successful Marketing Plan)	赫宾 等	68. 00
MM023	《渠道管理的第一本书》(The Manager's Guide to Distribution Channels)	哥乔斯 等	35. 00
MM024	《项目管理的第一本书》(The McGraw-Hill 36 – Hour Project Management)	库克,塔特	
MM025	《细读杰克·韦尔奇》	Krame, Slater	39. 80
MM026	《品牌资产管理》(Brand Asset Management)	戴维斯	39. 80
MM027	《互愿营销》(Opt-In Marketing)	罗曼 等	39. 80
MM028	《小技巧　大销售》(401 Killer Marketing Tactics)	费尔藤斯坦	39. 80
MM029	《作业成本管理的第一本书》(Common Cents)	特尼	39. 80
MM030	《产品经理手册》(The Product Manager's Handbook)	哥乔斯	55. 00
MM031	《商战》(20 周年纪念版)(Marketing Warfare)	Ries & Trout	68. 00
MM032	《博客营销》(Blog Marketing)	Jeremy Wright	39. 80
MM033	《品牌驱动力》(Building the Brand-Driven Business)	戴维斯,邓恩	39. 80
销售管理			
SM001	《成功销售管理的 7 大秘诀》(7 Secrets to Successful Sales Management)	Wilner	39. 80
SM002	《电话行销,轻松成交》	姚能笔	39. 80
SM003	《摸透顾客心》(Ten Demandments)	Mooney Bergheim	39. 80
SM004	《练就铁齿铜牙》(Secrets of Power Persuasion for Salespeople)	Dawson	39. 80
SM005	《轻松收款》(Collections Made Easy)	卡罗尔	39. 80

书系代码	书　　名	作　者	定 价
SM006	《打倒墨菲定律　挽救我的销售》(Beating the Deal Killers)	Giglio	39. 80
SM007	《增加销售的 12 种核心技术》(Beyond E)	Diorio	39. 80
SM008	《销售管理》(Sales Force Management)	Johnston 等	49. 00
SM009	《汽车销售的第一本书》	孙路弘	39. 80
SM010	《终极销售力》(Ultimate Selling Power)	莫伊,洛伊德	39. 80
SM011	《顶尖销售的 25 堂课》(Secrets of Top Performing Salespeople)	乔诺 等	29. 80
SM012	《引爆销售的 10 大黄金法则》	Desena	39. 80
SM013	《再造销售奇迹》	Eades	39. 80
SM014	《攻心式销售》	Bosworth	24. 80
SM015	《百万销售师》	Gardner	24. 50
SM016	《成交》	Victor	29. 80
SM017	《直销经理的第一本书》(Making Millions in Direct Sales)	马拉汉 等	39. 80
职场发展			
CD001	《外企面试宝典》(More Best Answers to the 201 Most Frequently Asked Interview Questions)	DeLuca	25. 00
CD002	《人才心理测评》(Psychological Testing at Work)	Hoffman	25. 00
CD003	《演讲的艺术》(Strictly Speaking)	Buckley	29. 80
CD004	《五大会计师行》	周年洋 等	24. 80
CD005	《职业经理自修手册》(The Manager's Self-development Guide)	Pedler	35. 00
CD006	《关键对话》(Crucial Conversations)	Patterson 等	29. 80
CD007	《静思录》(Finding Your Strength in Difficult Times)	David Viscott	19. 80
CD008	《商务英语书信写作精益求精篇》	康宁汉 等	29. 80
CD009	《商务人士日常书信写作》(Great Personal Letters for Busy People)	布赫	48. 00
CD010	《销售信函》(Sales Letters Ready to Go)	贝塞尔 等	32. 00
CD011	《商务信函》(Business Letters Ready to Go)	Bayse	39. 80
CD012	《我爱笨老板》(How to Work for an Idiot)	胡佛	29. 80
CD013	《实用英语动词短语》(Basic Phrasal Verbs)	斯皮尔斯	35. 00
CD014	《赛马》(Horse Sense)	里斯,特劳特	29. 80
CD015	《报刊装帧设计手册》(The Newspaper Designer's Handbook)	哈洛维	128. 00
CD016	《君子善言》(Speak Like a CEO)	贝茨	32. 00
CD017	《脱颖而出》(Shine)	汤普森	29. 80
CD018	《量子飞跃》	谢尔顿,刘芊	29. 80
CD019	《纳米说服力》	姚能笔	29. 80
投资理财			
IF001	《投资艺术》(Winning the Loser's Game)	Ellis	19. 80

书系代码	书　名	作　者	定 价
IF002	《向格雷厄姆学思考,向巴菲特学投资》(How to Think Like Benjamin Graham and Invest Like Warren Buffett)	Cunningham	39.80
IF003	《巴菲特怎样选择成长股》(How to Pick Stocks Like Warren Buffett)	Vick	29.80
IF004	《最后的合伙人》(The Last Partnership)	Geisst	29.80
IF005	《财务报表分析与证券定价》(Financial Statement Analysis and Security Valuation)	Penman	98.00
IF006	《技术分析》(Technical Analysis Explained)	Pring	80.00
IF007	《技术分析 A-Z》(Technical Analysis from A to Z)	Achelis	55.00
IF008	《股票价值评估》(Valuing a Stock)	Gray 等	39.80
IF009	《蜡烛图精解》(Candlestick Charting Explained)	Morris	39.80
IF010	《技术分析习题集》(Study Guide for Technical Analysis Explained)	Pring	25.00
IF011	《股票市场的时机选择》(Timing the Stock Market)	亚历山大	48.00
IF012	《最佳卖出点》(It's when You Sell that Counts)	卡西迪	39.80
IF013	《股市名言》(Buy the Rumor, Sell the Fact)	麦洛	29.80
IF014	《向格雷厄姆学思考,向巴菲特学投资》(修订版)	Cunningham	39.80
IF015	《华尔街投资银行史》	Geisst	49.80
IF016	《信用风险:度量与管理》	瑟维吉尼	65.00
IF017	《财务报表分析与证券定价》(第二版)(Financial Statement Analysis and Security Valuation)	Penman	98.00
IF018	《信用评分模型技术与应用》	陈建	60.00
IF019	《现代信用卡管理》	陈建	80.00
IF020	《标准普尔教你做好个人理财》(The Standard & Poor's Guide to Personal Finance)	道尼	25.00
IF021	《标准普尔教你做好第一笔投资》(The Standard & Poor's Guide for the New Investor)	马蒂夫	25.00
IF022	《标准普尔教你做好长期投资》(The Standard & Poor's Guide to Long-Term Investing)	提格	20.00
IF023	《股市法则》(Stock Market Rules)	沙伊莫	29.80
IF024	《股指期货 100 问》	中国国际期货武汉研究中心	25.00
IF025	《巴菲特选股魔法》	洪瑞泰	25.00

(具体数据以出书为准)

图书订购单

（可复印使用）

第一步：请您填写以下资料：

公司名称： 收书人：

发货（邮寄）地址： 邮编：

联系电话： E-mail：

第二步：请您填写您所选购的图书及册数资料：

图书名称（请注明版次）	数 量	单价（RMB）	合计（RMB）
合 计			

第三步：请您到邮局将款项汇至以下地址：

收 款 人：中国财政经济出版社邮购部

地 址：北京市海淀区阜成路甲28号新知大厦

邮 编：100036

电 话：010-88190406 88190488

传 真：010-88190414

邮购费用：书价加15%的邮费

第四步：请确认您是否需要增值税票，如果需要请在传真中注明您的增值税信息：

☐ 开具增值税发票 ☐ 开具普通发票

第五步：如果您想了解其他详细情况，请垂询销售热线：

TEL：010-8819 1017

第六步：请您在以下空白处签字确认：

客户：

日期：

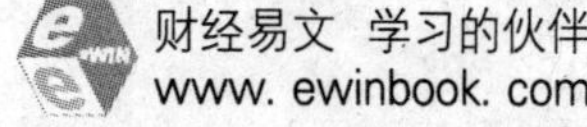